Richard Wagner
Familienbriefe

SEVERUS

Wagner, Richard: Familienbriefe
Hamburg, SEVERUS Verlag 2014
Nachdruck der Originalausgabe von 1907

ISBN: 978-3-86347-774-5
Druck: SEVERUS Verlag, Hamburg, 2014

Der SEVERUS Verlag ist ein Imprint der Diplomica Verlag GmbH.

Bibliografische Information der Deutschen Nationalbibliothek:
Die Deutsche Nationalbibliothek verzeichnet diese Publikation in der Deutschen Nationalbibliografie; detaillierte bibliografische Daten sind im Internet über http://dnb.d-nb.de abrufbar.

© **SEVERUS Verlag**
http://www.severus-verlag.de, Hamburg 2014
Printed in Germany
Alle Rechte vorbehalten.

Der SEVERUS Verlag übernimmt keine juristische Verantwortung oder irgendeine Haftung für evtl. fehlerhafte Angaben und deren Folgen.

Familienbriefe

von

Richard Wagner

1832—1874

Lichtdruck von Albert Frisch, Berlin W

Zur Einführung.

Wenn in Bezug auf die nachfolgende Publikation auf eine vollständige Ansammelung des hierher gehörigen Briefmaterials hätte gewartet werden sollen, so würde ihre Herausgabe wohl noch auf unbestimmte längere Zeit hinaus verzögert worden sein. An Bemühungen für eine solche Vervollständigung hat es nicht gefehlt; doch war es nicht in allen Fällen möglich, an die derzeitigen Besitzer dieser weithin zerstreuten Blätter zu gelangen. Es ist demnach in diesem Bande im wesentlichen bloss dasjenige vereinigt, was sich von Hierhergehörigem im Archive des Hauses Wahnfried vorfand. Der Unterzeichnete, mit der Herausgabe betraut, giebt sich indess der Hoffnung hin, gerade die vorliegende Veröffentlichung werde der beste Anlass dazu sein, manches einstweilen noch Fehlende für künftige Auflagen zu erlangen.

Für das sachliche Verständniss der einzelnen Lebensverhältnisse und Situationen, soweit sie nicht bereits aus den vorliegenden brieflichen Dokumenten klar und deutlich zu Tage treten, darf im Grossen und Ganzen auf das „Leben Wagners" verwiesen werden. Einige erläuternde Notizen über die einzelnen Briefempfänger folgen im Anhang. Den Besitzern der Originale, welche dieselben für den Zweck der gegenwärtigen Sammlung bereitwillig zur Verfügung stellten, sei hiermit, ohne weitere namentliche Aufzählung, der wärmste Dank ausgesprochen; ihrer Güte verdanken sich auch die dargebotenen Vorlagen für die bildlichen Beilagen dieses Bandes.

C. Fr. Glasenapp.

Inhalt.

			Seite
Zur Einführung	. . . .		III
1. An die Schwester Ottilie	. . . . .	1832 3. März . .	3
2. „ die Schwester Rosalie	. . . .	1833 11. Dezember .	6
3. „ die Schwester Rosalie	. . . .	1834 3. July . .	12
4. „ die Mutter	. . . .	1835 25. July . . .	15
5. „ die Schwester Rosalie	. . . .	1835 3. September .	18
6. „ die Mutter	. . . .	1836 31. Mai . . .	20
7. „ Eduard Avenarius	. . . . .	1839 23. August . .	22
8. „ „ „	. . . . .	1839 13. September .	25
9. „ „ „	. . . . .	1839 ohne Datum .	27
10. „ „ „	. . . . .	1839 ohne Datum .	28
11. „ „ „	. . . . .	1840 4. Januar . .	28
12. „ „ „	. . . . .	1840 ohne Datum .	29
13. „ „ „	. . . . .	1840 29. April . . .	30
14. „ „ „	. . . . .	1841 22. Februar .	33
15. „ die Mutter	. . . .	1841 12. September .	35
16. „ Eduard Avenarius	. . . . .	1841 2. October .	40
17. „ „ „	. . . . .	1842 2. März . .	41
18. „ Eduard und Cäcilie Avenarius	.	1842 21. April . .	43
19. „ „ „ „ „	. .	1842 3. Mai . . .	47
20. „ die Schwester Cäcilie Avenarius	.	1842 13. Juni . . .	52
21. „ seine Frau	. . . .	1842 21. Juli . . .	56
22. „ „ „	. . . .	1842 25. July . . .	59
23. „ „ „	. . . .	1842 28. Juli . . .	63
24. „ Eduard Avenarius	. . . . .	1842 24. August . .	67
25. „ Eduard und Cäcilie Avenarius	.	1842 11. September	68
26. „ Eduard Avenarius	. . . . .	1842 8. October	72

27.	An Eduard und Cäcilie Avenarius	1842	21. October	75
28.	„ „ „ „ „	1842	6. November	76
29.	„ Eduard Avenarius	1842	6. November	83
30.	„ Albert Wagner	1842	3. December	84
31.	„ die Schwester Cäcilie Avenarius	1843	5. Januar	90
32.	„ Eduard Avenarius	1843	5. Januar	96
33.	„ „ „	1843	30. Januar	99
34.	„ Cäcilie Avenarius	1843	8. April	100
35.	„ Albert Wagner	1843	17. Mai	105
36.	„ seine Frau	1843	2. Juni	107
37.	„ „ „	1843	6. Juni	112
38.	„ Albert Wagner	1843	14. Juni	114
39.	„ seine Frau	1843	16. Juli	117
40.	„ Cäcilie Avenarius	1843	22. October	118
41.	„ „ „	1844	15. Februar	124
42.	„ Eduard Avenarius	1844	15. Februar	128
43.	„ seine Frau	1844	15. März	129
44.	„ Cäcilie Avenarius	1844	28. Juli	131
45.	„ „ „	1844	12. December	135
46.	„ Albert Wagner	1845	4. August	138
47.	„ Cäcilie Avenarius	1845	9. Januar	140
48.	„ Eduard Avenarius	1845	16. Mai	142
49.	„ seine Frau	1845	ohne Datum	143
50.	„ Eduard Avenarius	1845	23. December	145
51.	„ „ „	1846	21. (?) Mai	146
52.	„ die Mutter	1846	19. September	147
53.	„ die Schwester Cäcilie Avenarius	1847	14. December	150
54.	„ Eduard Avenarius	1848	15. Juni	151
55.	„ Eduard und Cäcilie Avenarius	1848	4. September	151
56.	„ Cäcilie Avenarius	1849	25. Februar	152
57.	„ Eduard Avenarius	1849	18. Juni	154
58.	„ die Schwester Clara Wolfram	1849	1. December	156
59.	„ seine Nichte Franziska Wagner	1850	4. Juni	162
60.	„ seinen Schwager Prof. Hermann Brockhaus	1851	2. Februar	164
61.	„ Eduard Avenarius	1851	10. März	167
62.	„ „ „	1851	7. April	169
63.	„ „ „	1851	15. April	170

64.	An Eduard Avenarius	1851	3. Mai	172
65.	„ seine Nichte Clara Brockhaus	1851	23. October	173
66.	„ Eduard Avenarius	1851	31. October	176
67.	„ „ „	1851	11. November	180
68.	„ „ „	1851	22. November	181
69.	„ seine Nichte Franziska Wagner	1852	21. März	182
70.	„ „ „ „ „	1852	28. September	186
71.	„ „ „ „ „	1852	13. October	188
72.	„ die Schwester Luise Brockhaus	1852	11. November	190
73.	„ die Schwester Cäcilie Avenarius	1852	30. December	193
74.	„ Cäcilie Avenarius	1853	14. Februar	196
75.	„ seine Nichte Franziska Wagner	1853	ohne Datum	197
76.	„ Cäcilie Avenarius	1853	9. März	197
77.	„ seine Nichte Franziska Wagner	1853	17. April	199
78.	„ die Nichte Clara Brockhaus	1853	? Juni	200
79.	„ Cäcilie Avenarius	1853	20. Juni	203
80.	„ die Nichte Clara Brockhaus (?)	1853	4. Juli	205
81.	„ Cäcilie Avenarius	1853	15. September	206
82.	„ Eduard Avenarius	1853	28. September	208
83.	„ Cäcilie Avenarius	1853	22. December	209
84.	„ seine Nichte Clara Brockhaus	1854	12. März	210
85.	„ Eduard Avenarius	1854	3. (?) Juli	212
86.	„ „ „	1854	2. September	214
87.	„ die Nichte Clara Brockhaus	1857	28. Januar	216
88.	„ die Schwester Clara Wolfram	1858	20. August	217
89.	„ Cäcilie Avenarius	1859	28. Januar	223
90.	„ die Schwester Clara Wolfram	1859	7. April	227
91.	„ Eduard Avenarius	1860	10. Mai	229
92.	„ „ „	1860	6. Juni	232
93.	„ Cäcilie Avenarius	1860	31. Juli	234
94.	„ Eduard Avenarius	1860	13. August	237
95.	„ die Schwester Luise Brockhaus	1861	ohne Datum	239
96.	„ Cäcilie Avenarius	1862	7. Januar	242
97.	„ Eduard Avenarius	1862	15. Januar	243
98.	„ die Schwester Clara Wolfram	1862	2. Juni	244
99.	„ „ „ „ „	1862	11. Juli	247
100.	„ seine Nichte Franziska Ritter	1862	ohne Datum	248
101.	„ „ „ „ „	1862	17. November	250

102.	An seine Nichte Franziska Ritter	1862 21. November	250
103.	„ Cäcilie Avenarius	1863 27. November	252
104a.	„ den Schwager Heinrich Wolfram	1863 ohne Datum	253
104b.	„ „ „ „ „	1864 16. Februar	254
105.	„ die Schwester Clara Wolfram	1865 26. April	256
106.	„ Alexander und Franziska Ritter	1865 4. Mai	257
107.	„ den Schwager Heinrich Wolfram	1865 10. September	258
108.	„ die Schwester Luise Brockhaus	1866 3. Januar	259
109.	„ die Schwester Clara Wolfram	1867 15. Januar	260
110.	„ die Schwester Luise Brockhaus	1867 17. Januar	263
111.	„ die Schwester Clara Wolfram	1868 20. October	264
112.	„ die Schwester Ottilie Brockhaus	1868 6. December	267
113.	„ die Schwester Cäcilie Avenarius	1868 22. December	270
114.	„ die Schwester Luise Brockhaus	1869 28. Januar	272
115.	„ Eduard Avenarius	1869 12. October	273
116.	„ die Schwester Cäcilie Avenarius	1870 14. Januar	276
117.	„ die Schwester Clara Wolfram	1870 ohne Datum	278
118.	„ die Schwester Ottilie Brockhaus	1870 25. October	279
119.	„ die Nichte Ottilie Brockhaus	1871 5. Januar	280
120.	„ die Schwester Ottilie Brockhaus	1871 26. März	282
121.	„ die Schwester Ottilie Brockhaus	1871 8. October	282
122.	„ seinen Neffen Alexander Ritter	1873 9. März	285
123.	„ seinen Schwager Prof. Hermann Brockhaus	1873 30. December	285
124.	„ die Schwester Clara Wolfram	1874 27. October	287
Anhang: Erläuternde Notizen über die Briefempfänger			289
Namenregister			297

Verzeichnis der Bilderbeigaben:

Richard Wagner (nach einer Photographie)		Titelbild
Rosalie Marbach geb. Wagner	nach S.	16
Luise Brockhaus geb. Wagner	„ „	80
Cäcilie Avenarius geb. Geyer	„ „	128
Clara Wolfram geb. Wagner	„ „	240
Ottilie Brockhaus geb. Wagner	„ „	272

1. *An die Schwester Ottilie.*

Leipzig den 3ten Maerz (1832).

Meine liebe, gute Ottilie,

So komm' auch ich einmal dazu, Dir in Dein fernes Dänemark ein Paar Zeilen zu schicken, nachdem ich Dich schon so lange nicht gesehen habe, dass mir es ein wahres Bedürfnis geworden ist, wenigstens schriftlich einmal wieder mit Dir zu sprechen; und da möcht' ich Dir denn so viel von diesem für mich so entscheidend gewesenem Jahre erzählen, dass ich wohl fürchten (müsste), mit diesem Blatte Papier nicht auszureichen; also vor der Hand nur das, was mir am meisten auf dem Herzen liegt. — Wie sehr hat es mich doch betrübt, dass ich von Dir nicht Abschied nehmen konnte, als Du von hier wegreistest; das war mir das erste Schmerzhafte, was mich seit Deiner ganzen Abwesenheit betroffen hat; recht wehmüthig war mir es, als ich in dem Gasthofe bei Culm verweilte, wo Du, wie mir die Mutter sagte, den letzten Abschied genommen hattest; — nun, es ist ja wohl nicht mehr lange hin, dass ich Dich wiedersehen werde; denn so wohl es Dir auch jetzt gehen mag, so hoffe ich doch auch, dass Du Dich wieder nach uns einmal sehnen werdest, wenn Du anders mit uns sympathisirest. — Jetzt aber lass Dir einmal von mir erzählen, vielleicht erfährst (Du) doch auch gerne, wie es mit mir steht, da Du Dich noch in einem Deiner letzten Briefe so sorgfältig um mich bekümmertest. — Ach, wie schmerzt es mich Dir sagen zu müssen, dass ich wohl eine Zeitlang recht lüderlich war und durch den Umgang mit Studenten sehr von meinem Ziel entfernt worden war, und desshalb der guten Mutter recht viel Sorgen und Noth machte; bis ich mich endlich ermannte, und durch meinen neuen Lehrer so in meiner Besserung befestigt wurde, dass ich jetzt auf dem Punkte stehe, von dem aus ich meinen höheren Lebensplan schon für fest betreten halten kann. Du musst nämlich wissen, dass ich schon über ein halbes Jahr her der Schüler des hiesigen Cantors Weinlig bin, den man wohl mit Recht für den grössten jetzt lebenden Contrapunktisten halten kann, und der dabei als Mensch so ausgezeichnet ist, dass ich ihn durchaus wie einen Vater liebe. Er hat mich mit einer solchen Liebe herausgebildet, dass ich schon jetzt meine Lehrzeit, nach seinem eigenen Ausspruche, für beendet betrachte, und er mir jetzt nur noch als rathender Freund zur Seite steht. Wie sehr er mich selbst liebt, kann Dir das beweisen, dass er, als ihn die Mutter nach halbjährigem Unterricht, um die Bestimmung des Honorars fragte, äusserte: es würde unbillig von ihm sein, wenn er für die Freude, mich unterrichtet zu haben, noch Bezahlung annehmen wollte; mein Fleiss und seine Hoffnungen von mir belohnten ihn hinlänglich. — Nun kannst Du Dir wohl auch denken, dass das alles Früchte getragen hat: — Vergange(ne) Weihnachten wurde im Theater eine Ouvertüre von mir aufgeführt, und vorige Woche sogar eine im grossen Conzert; — Du musst nämlich wissen, dass das letztere keine Kleinigkeit ist; denn ehe etwas für das Conzert von einem jungen Componisten angenommen wird, muss das Werk von allen Musikverständigen von der Conzert-Direktion für würdig gehalten werden; dass meine Ouvertüre also angenommen wurde, kann Dir beweisen, dass etwas dahinter ist. — Jetzt muss ich Dir über den für mich gewiss wichtigen Abend der Aufführung berichten: Rosalie und Luise waren zugegen. Von lebhaftem Erfolg konnte ich mir keineswegs etwas erwarten, da erstlich im Conzert selten Ouvertüren applaudirt werden, und zweitens kurz vorher neue Ouvertüren von Marschner und Lindpaintner ohne eine Hand in Bewegung zu setzen aufgeführt worden waren; — meine Spannung war aber demohngeachtet ungeheuer, und ich verging fast vor Angst und Zagen; (Ach, wärst Du nur da gewesen!) Denke Dir also mein freudiges Erstaunen, als nach dem Schluss meiner Ouvertüre der ganze Saal zu applaudiren anfängt, und zwar so, als ob sie das grösste Meisterwerk gehört hätten; — ich wusste nicht, wie mir zu Muthe war, das kann ich Dir versichern! — Luise war so ergriffen, dass sie weinte: — Wie hab' ich mir da gewünscht, dass Du zugegen wärst gewesen, Du hättest Dich gewiss auch ein wenig gefreut! — Genug davon! — — Noch eine andere Nachricht: — in dieser Woche ist eine Klaviersonate von mir in Druck erschienen, die ich meinem Weinlig dedicirt habe. Ich habe dafür für 20 Thaler Noten bekommen. — Gern würd' ich Dir ein Exemplar davon zuschicken, wenn ich nicht bedächte, dass der Transport fast noch den Preis übersteigen würde, für den Du sie in Kopenhagen selbst bekommen kannst; gehe deshalb nur in eine Musikhandlung, und lass Dir sie unter dem Titel: „Sonate für das Pianoforte von Richard Wagner, 1$\underline{stes}$ Werk, Leipzig bei Breitkopf und Haertel" aus Leipzig verschreiben. Sie ist nicht sehr schwer, und im Fall Du sie selbst nicht gleich solltest spielen können, so bitte nur in meinem Namen Fräulein Lottchen, Dir dieselbe vorzuspielen; — es soll mich sehr freuen wenn sie Dir gefällt. — Neuerdings habe ich auch zu König Enzio, einem neuen Trauerspiele von Raupach, eine Ouvertüre komponiert, die bei jedesmaliger Darstellung des Stückes, im Theater aufgeführt wird. Sie gefällt allen. — Nun aber nichts weiter von meinen Produkten, so bald Du wieder bei uns sein wirst, wird es mir unendliche Freude machen, Dir, meine gute Schwester, alles mitzutheilen.

Den 21$\underline{sten}$ Maerz.

Solange ist es her, dass ich nicht dazu kam, den Brief zu beenden. Während dieser Zeit haben wir Deinen letzten Brief bekommen, und da Dir Rosalie selbst antwortet, und diese Zeilen nur eingeschlagen werden, so wäre es unnöthig, Dich mit Nachrichten von uns zu beschicken, da Rosalien's Brief Dir gewiss über uns alle genug sagen wird. — Wie sehr hab' ich mich in Deinem letzten Briefe besonders darüber gefreut, dass Dir die Sehnsucht nach uns zurück recht ankommt, sie wird gewiss Deine Herreise beschleunigen: ach, komm nur ja recht bald, dass wenn Rosalie weg geht, ich nicht ganz allein bin, ohne jemand, der mit mir auch durch die Musik verwandt ist. — Ich habe übrigens während der Zeit der Unterbrechung dieses Briefes wieder eine Ouvertüre geschrieben, die ich in dem Musikvereine selbst dirigiren werde; vielleicht bringe ich sie auch noch in dem grossen Conzerte dran; — Ach! Gott, da fange ich schon wieder von meinen Compositionen an; um das alte Lied zu unterbrechen, will ich nur gleich den Brief schliessen. Das einzige was ich Dir nach dem Lebewohl noch zurufe, ist: — bleibe ja nicht mehr lange weg, und Gott gebe, dass Du mich recht lieb behalten haben mögest, wenn Du wieder zurückkommst. Möge es Dir noch die letzten Tage in Kopenhagen recht wohl ergehen, hier soll Dir's gewiss wieder gefallen. Adieu, Adieu

Dein
Richard W.

2. *An die Schwester Rosalie.*

Würzburg, den 11$\underline{\text{ten}}$ Dezember 33.

Ich muss Dir gestehen, meine einzige Rosalie, dass Dein Brief einen unendlichen Eindruck auf mich gemacht hat, da er in einer Zeit kam, in der der einzige Grund meines Schweigens gegen Euch nur der war, dass ich vor einem gewissen Schamgefühl nicht wusste, wie ich vor Euch treten sollte. Ich musste beinah vermuthen, dass es Euch nach den Opfern, die Ihr mir gebracht hattet, äusserst unangenehm sei, den Zweck derselben nicht erreicht zu sehen, und Ihr mir vielleicht gar über die Art und Weise zürntet, mit der ich Euch Nachricht über jene fehlgeschlagene Erwartung gab. Ach, ich war gewissermassen so niedergedrückt, wenn ich Eurer gedachte, wenn ich zu fühlen glaubte, wie Ihr Euch den Zweck meines Aufenthaltes dahier vorstelltet, über dessen Erfolg Ihr doch noch so gar keine Ahnung haben konntet. Ich kann Dir gar nicht beschreiben, wie sehr mich dergleichen beängstigende Vorstellungen quälten, je grösser ihr Kontrast war mit den Gefühlen, mit denen mich meine täglichen Arbeiten an meiner Oper befallen. — Gott, oder vielmehr Dir sei Dank! Von vielen derlei Beunruhigungen hat mich Dein — wie soll ich ihn doch nennen — Dein wunderthätiger Brief befreit, wenn er mir auch auf der anderen Seite neue Unruhe gab, — denn nachdem ich ihn einmal gelesen, konnte ich ein paar Tage nicht arbeiten. — Ich wollte ihn Dir sogleich beantworten, — aber — — es fehlte mir noch das letzte Finale meiner Oper; vorgestern habe ich es und somit meine ganze Oper vollendet; es war grad' Mittag um 12 Uhr, und es läuteten von allen Thürmen die Glocken, als ich das Finis darunter schrieb; — — das hat mir sehr gefallen! — Nun, Liebste, die Composition meiner Oper ist fertig, und ich habe nur noch den letzten Akt zu instrumentiren! Meine etwas pedantische Manier, die Partitur sogleich so sauber und nett wie möglich zu schreiben, hat mir das Instrumentiren am allermeisten bei meiner Arbeit aufgehalten; — jedoch denke ich, wenn ich recht fleissig bin, werde ich ohngefähr in 3 Wochen auch mit dieser letzten Arbeit an meiner Oper fertig sein, und so etwa in 4 Wochen hier abreisen können. — Wie soll ich Dir aber beschreiben, mit welcher Stimmung ich in der letzten Zeit immer gearbeitet habe! — Wie hab' ich doch fast bei jeder Note an Euch — ach, an Dich! — gedacht! — und es war diess ein Gefühl, das mich wohl oft recht antreibt, — das mich oft aber auch so übermannte, dass ich nicht weiter arbeiten konnte, und das Freie suchen musste. Es ging mir oft so, und ich habe es immer für ein freudiges Vorgefühl gehalten, ach, und wie hat es mich entzückt, dass Dein Brief von einer gleichen Sympathie Zeuge ist! — O Gott gäbe, dass ich Dich in Deinen freudigen Erwartungen nicht täusche; — es kann ja aber nicht sein, — es ist mir ja alles so aus meiner innersten Seele geflossen, — und man sagt ja, dass das auch wieder in die Seelen anderer überginge. — — Morgen ist ein Conzert, zu dem ich ersucht wurde, ein paar Nummern aus meiner Oper herzugeben. Eine Dilettantin mit schöner Stimme wird die grosse Arie der Ada singen, und dann wird von derselben, von Albert und noch einem jungen Bassisten ein Terzett daraus vorgetragen. Letzteres schliesst sich an die Introduktion des 2ten Aktes an, und ist die Situation, in der Arindal mit Morald in sein Reich zurückkehrt, und von seiner Schwester Lora empfangen wird. Der Chor begrüsst ihn jubelnd als seinen König, doch er unterbricht denselben mit schmerzvollen Äusserungen: „O Himmel, dieses Jubels Töne, mit Schreckens-Mahnung drängt er mich; denn ach! zum reichen Königsmantel wird mir des Vaters Grab-Gewand!" Er ist den Träumen des Feen-Landes entrückt, findet in seinem Reiche alles verwüstet und verloren, alles mahnt ihn an den aus Gram um ihn verstorbenen Vater, und zu dem Allen kommt noch die Verkündigung Adas von den Schrecken, die ihm an diesem Tage bereitet seien. — Somit wird der Uebergang in jene Stimmung gebahnt, in der er nachher im Finale Ada entgegentritt. Dagegen fühlen sich Lora und Morald durch Arindal's Rückkunft neu erhoben und sehen einem glücklichen Ausgang des Kampfes entgegen. Diese Stimmung bezeichnet das Thema des eintretenden Allegros, dessen feierliche Erhebung Albert in der Probe so sehr packte, wie er mir versicherte, dass er nicht weiter singen konnte, und 16 Takte vorüberliess, ehe er weiter singen konnte. Diese Störung war mir angenehmer, als wenn er richtig fortgesungen hätte. Und diess ist im Grunde noch eine der unbedeutendsten Nummern; da habe ich z. B. im 3ten Akt ein Terzett, in dem Arindla aus dem Wahnsinn erweckt wird, und er allmählig fühlt, dass dieser durch den Ruf seiner Gattin gewichen sei; wo er von den beiden Feen aufgemuntert wird Ada zu befreien, bis er endlich die Waffen ergreift, und im höchsten Entzücken der Befreiung seiner Gattin entgegeneilt; — — von dem verspreche ich mir noch etwas mehr! —

Was sprech' ich Dir doch da von all den Sachen! — Es ist nur die Sehnsucht, Dir Alles ganz mitzutheilen! — Gott, Gott, — die Zeit ist ja nicht mehr so fern, — bald bin ich ja bei Euch — bei Dir! — Doch ich darf mich dem nicht so ganz hingeben, sonst kann ich kein Wort mehr schreiben, — und ich hätte Dir ja noch so viel zu sagen, wenn ich nur alles ordnen könnte! — Ich bin jetzt immer in einem so aufgeregten Zustande, — — diese Nacht habe ich wieder nicht geschlafen; — ach, was sage ich denn, — — die Ruhe der Nächte habe ich jetzt schon lange aufgeben müssen, — — immer denke ich an Euch — und — unbescheid'ner Weise an meine Oper! .. — Ich träumte jetzt viel von Euch, und wie ich bei Euch ankäme, und wie ich von Euch aufgenommen würde! — Sonderbar! Meine Träume dieser Art glichen einer beständigen Klimax: — in meinen ersten war meine Aufnahme bei Euch nicht sonderlich, — kalt-gewöhnlich, — später wurde sie schon inniger — herzlicher; — und jetzt ist sie in meinen Träumen so beschaffen, wie ich sie mir nur in der Wirklichkeit wünschen möchte. — Ich hoffe, es wird nichts zu bedeuten haben; — Ihr werdet mir ja wohl gut sein, wenn ich es auch vor der Hand nur wenig verdient habe.

Was Du über die Annahme und Aufführung meiner Oper in Leipzig schreibst, konvenirt mir ganz, und ich danke Dir für Deine voraussorgenden Bemühungen. Ich denke wohl, es soll Alles gehen, — nein, ich denke es nicht nur, — ich hoffe es, und würde mich sehr vor einer Täuschung meiner Hoffnung fürchten! — — Aber sage mir, Du schreibst unter anderem, **Hans Heiling** gefiele so sehr, und mache fortwährend volle Häuser; — ich muss Dir gestehen, dass mir diese Nachricht auf eine gewisse Art höchst angenehm war. Wir haben die Oper hier auch aufgeführt, und ich finde allerdings die Musik auch recht hübsch und besonders die einzelnen Stücke; aber ein so gänzlicher Mangel an Total-Effekt ist mir noch in keiner Marschnerschen Oper vorgekommen. Ich weiss nicht, die besten Effekte hat er ganz unbenutzt vorübergehen lassen! — Was sind das für Akt-Schlüsse! — in den Chören welche Melodienlosigkeit! Im 2ten Finale behandelt er den Culminations-Punkt des Ganzen: „er stammt vom Reich der Gnomen und der Zwerge, und ist der Geisterfürst der Berge!" so nachlässig und hebt die Steigerung so wenig hervor, dass man denkt, es geschieht etwas ganz Unbedeutendes! — Kurz nicht eine einzige Nummer kann packen! — Ich muss gestehen, das konnte mich fast zu eitlen Hoffnungen für meine Oper verleiten! — — Es ist betrübt, dass es mit Euren Sängerinnen so steht, — eine tüchtige Stimme und ergreifendes Spiel gebrauche ich wohl, — so eine Art Devrient wäre nicht übel; — so viel ich noch die **Gerhardt** kenne, möchte ihre Stimme wohl zu schwach sein; — dass sie jedoch in der Alice gut gewesen sein soll, gab mir Hoffnungen. — Vor allen Dingen ist es nothwendig, dass **Eichberger** bleibt, denn der Tenorist hat unstreitig die grösste und gewiss auch dankbare Parthie; — wenn der fortgehen sollte, wäre mir diess ein unendlicher Schaden! — **Albert** hat sehr viel Lust zu dieser Parthie und müsste auch gewiss vortrefflich darin sein; — vielleicht, wenn er einmal in Leipzig Gastrollen singt! —

Was Du mir da sonst noch schreibst — — liebste Rosalie, — lass mich jetzt darüber schweigen; — es hat mich alles zu unangenehm berührt und zu lebendig verwundet, als dass ich mich über so vieles dieser Art Dir jetzt mittheilen könnte; — — ich bin bald bei Euch, und ich traue mir jetzt eine gewisse Gabe zu, die Dir manche betrübte Vorstellungen wenigstens — erleichtern, und der guten Mutter — manche Grille rauben soll! — — Ich danke Dir für jene Mittheilungen, — die Quelle aus der sie flossen, Dein liebevolles Zutrauen, ehrt mich sehr! — — —

Was macht die Mutter, was macht Ihr Alle? — — Ach, ich werde Euch ja Alle bald wiedersehen! — Ich bin doch ein recht verzogenes Kind, es thut mir jeden Augenblick wehe, wenn ich von Euch weg bin! — — Ich hoffe, meine Rosalie, wir zwei werden in diesem Leben noch recht viel beisammen sein! — Willst Du das? — — Dass übrigens bei Euch Alles recht gut steht, freut mich unendlich — grüsse nur Alles ja recht, und mach' Ihnen nicht bange für meine Ankunft. Ein Jahr werde ich wohl ziemlich von Euch hinweg gewesen sein; — Gott gäbe, dass es seine Zinsen trage! —

— — Wie ich sehe, werde ich zum Schluss — sehr unordentlich mit meinem Briefe, schreib' das meiner immerwährenden Unruhe und Aufregung zu, die mich jetzt immer beherrscht, und zumal wenn ich an Euch und meine Zukunft denke! — Es schwirrt mir Alles durcheinander vor den Sinnen, und es ist die höchste Zeit, dass ich mit meiner Oper fertig bin, sonst würde es mit meiner Objektivität schlimm aussehen. — Also, mit Gott bin ich in 3—4 Wochen fertig, — und dann zu Euch!

Albert schreibt auch, — wie froh bin ich, dass er mir ein Geschäft dabei abnimmt, an das ich nur mit Schrecken denken kann! — Ich kann nichts weiter thun, als Euch innigst bei Allem um Eure Güte und Nachsicht zu bitten! — Gott, ich bin ja erst 20 Jahre alt! — —

— Grüsse nochmals Alles, und meine gute Mutter vor Allem herzlichst, herzlichst von mir, und erzähle ihnen recht viel von ihrem Richard, der ihnen so viel Noth und Kummer macht. Du aber — bleibst mein Engel, meine gute, einzige Rosalie! Bleibe es immer!

Dein
Richard.

3. *An die Schwester Rosalie.*

Prag, den 3ten July (1834).

Meine liebe Rosalie,

Über alles nur ganz kurz — zu was soll ich viel schreiben — ich bin ja bald wieder zurück, und dann mündlich ein Weiteres! — Erst vorigen Montag reisten wir von Teplitz nach Prag, nachdem wir uns 14 Tage dort aufgehalten hatten, besonders der Bäder wegen, die Theodor aus Ernst und ich mehr zum Vergnügen gebrauchte. Dieser Aufenthalt hat mich entzückt und an den Milleschauer werde ich wohl Zeit meines Lebens gedenken. Auch Prag kommt mir jetzt ganz anders vor, ich sehe jetzt erst, was für ein trüber, gedrückter Wicht ich damals war, als ich mich zuletzt hier herumtrieb. Wir haben unverwüstlich schönes Wetter, und das macht mir in der jetzigen schönen Jahreszeit Alles heiter und klar. — Ueber R . . . . .'s habe ich mich sehr gefreut, es geht ihnen gut. Jenny hat wenig abgenommen, Auguste ist noch viel hübscher geworden. Apel ist weg. Die Erbgeschichten sind sehr zu Gunsten der Mädchen ausgefallen, das Haus gehört ihnen, und von dem Gute Pravonin bekommt jede 10,000 fl. W. W. Man schlägt jede mit Allem zusammen auf 30,000 fl. O. W. an. Besonders kommt ihnen das günstige Verhältnis mit Karl Pachta zu Statten, der von Mailand hergereist ist. Er benimmt sich äusserst freundlich gegen sie. — Das animal, die Alte, könnte ich immer prügeln, wenn ich sie ansehe; jetzt ist ein günstiger Wendepunkt für die Mädchen — benutzen sie den, und machen sich frei, so können sie sich noch ganz gut aus der Affaire ziehen; — wenn nicht, so gehen sie unter die genialen Leute und geniessen ein schönes Leben; auch gut!

Wir sind erst zu kurze Zeit hier, und ich noch zu

wenig herumgekommen, um Euch über Anderes viel Auskunft ertheilen zu können; erst heute gehe ich zu **Gerle, Kinsky, Weber** und vor allen Dingen zu **Stöger**, dem ich schon vorgestellt bin. Er scheint mir ein prächtiger Mann zu sein; sein Theater steht auf einem ausgezeichneten Fuss. Das Noble der Decoration, der Garderobe verwandelt die Bühne hier in eine ganz andere, ich erkenne sie gar nicht wieder. Die Oper ist vortrefflich, unter anderen hat sich die **Lutzer** so ausgebildet, dass sie uns später einmal die Devrient ersetzen wird. Ich bin entzückt von ihr; — ganz die neue junge Schule, — durchaus dramatisch, — noch einige Schritte und sie ist vollendet. Ich mache mich an sie, — sie ist eine vortreffliche Ada. Mein Textbuch habe ich ganz sauber abgeschrieben und noch heute geb' ich es dem **Stöger**.

Wir haben unverschämtes Glück; — gestern trat hier **Löwe** seine Gastrolle als Garrick an; das war ein Himmelsgenuss. Aber auch alles andere ist gut, — und noch ist nicht Alles zusammen, — Stöger erwartet noch vieles, unter Anderen auch Vervollkommnung des Ballets. — Prag muss eines der ersten Theater werden! Das Publikum lohnt es aber auch. —

Nun, es freut mich, dass Du mir so viel Schönes von **Ringelhardt** schreibst; — der wird sich gewiss auch tüchtig heben. Ich schreibe heut an ihn, auch an die **Gerhard**, ach, und es wird mir angst und bange dabei. Sollten die glücklichen Tage, die ich jetzt geniesse, sich vielleicht bald an mir rächen? Diese Frage packt mich dann und wann kalt an, und es wird mir dann oft unbeschreiblich zu Muth. Gewiss gehe ich einem Gewirr von Misshelligkeiten entgegen, zu denen ich mich gewaltig rüsten muss, um sie standhaft und glücklich zu besiegen. — Du lieber Gott, lass mir doch noch die paar glücklichen Tage, denn mit diesem Winter wird mich auch die Kälte des Lebens ergreifen, und die Sonne meines Glückes wird mir seine wärmsten Strahlen zusenden müssen, wenn sich

Alles bewähren soll. Mich überfällt deshalb oft eine peinigende Unruhe, die mich je eher je lieber nach Hause treibt, es ist mir, als wenn dort eben etwas meiner harre, dem ich mit aller meiner Kraft entgegen treten muss. Dein Brief, und nur die Erwähnung meiner Oper, hat mich sehr unruhig gemacht, und nur die Gewalt des glücklichen Augenblickes kann dieses Gefühl bannen.

Aus Wien wird wohl nichts werden. Wir haben uns schon zu lang aufgehalten, und mir ist's grad' lieb. Wir werden über Karlsbad zurückreisen. Wenn Ihr deshalb die Noten noch nicht abgeschickt habt, so lasst es sein. — —

Wie geht es Euch? Es freut mich, dass sich die Mutter erfreut hat. — Wie steht es denn mit Laube, — ich denke immer an ihn und fürchte sehr für ihn. — Du erwähnst nichts von Markus? Wenn er sich nicht wieder auf irgend eine Art hat hören lassen, so ist er ein erbärmlicher, feiger Wicht, — und ich hoffe, wir werden keine Mühe haben, Caecilien zu überreden, von ihm zu lassen. Ich grüsse sie herzlichst. Ich grüsse auch Brockhaus und Luise, — richte es ja aus, — ich werde ihm jetzt sehr gut. —

Leb' wohl, meine Rosalie, und weine nicht wieder, wenn Du Abends nach Hause kommst, und Dich in Deiner Kammer auskleidest; ich war in Deiner Stube und hörte Dich. Leb' wohl! Dein
Richard.

Viele Grüsse von Theodor, — er macht mir viele Hoffnung! Grüsse die Mutter nochmals innigst!

Wie sehr wünschte ich dem Julius, diese meine Reise machen zu können, er müsste wieder wohl zurückkommen, ich fühle immer mehr, welch ein herrliches Gut Gesundheit ist, aber glücklicherweise, indem ich im Besitz derselben bin, und mich nicht darnach zu sehnen habe, — dem Julius aber (sie) von ganzem Herzen wünsche!

Mit dem Brief schickt auch die Partituren an Ringelhardt.

4. *An die Mutter.*

Carlsbad, den 25sten July: 35.

Nur an Dich, liebste Mutter, denke ich mit der innigsten Liebe und der tiefsten Rührung zurück; — ich weiss wohl, Geschwister gehen ihren eigenen Weg, — jedes hat sich und seine Zukunft, und die Umgebungen, die mit beiden zusammenhängen, im Auge; es ist so und ich fühle das selbst, es ist eine Zeit, in der sich eine Trennung von selbst findet; — wir gehen dann in unsren gegenseitigen Beziehungen nur noch vom Standpunkte des äussren Lebens aus; wir werden unter einander befreundete Diplomaten, — wir schweigen da, wo es uns politisch erscheint, — und sprechen da, wo es unsere Ansicht von der Sache verlangt, und wenn wir von einander entfernt sind, sprechen wir am meisten. Ach, wie steht doch aber über alle dem die Liebe einer Mutter! Ich gehöre wol auch zu denen, die nicht immer so sprechen können, wie es ihnen im Augenblick um's Herz ist, — sonst würdest Du mich wohl oft von einer viel weicheren Seite kennen gelernt haben. Aber die Empfindungen bleiben dieselben, — und sieh Mutter, jetzt, — da ich von Dir fort bin, überwältigen mich die Gefühle des Dankes für Deine herrliche Liebe zu Deinem Kinde, die Du ihm zuletzt wieder so innig und warm an den Tag legtest, so sehr, dass ich Dir in dem zärtlichsten Tone eines Verliebten gegen seine Geliebte davon schreiben und sagen möchte. Ach, aber weit mehr, — ist denn nicht die Liebe einer Mutter weit mehr — weit unbefleckter als jede andre? — Nein, ich will hier nicht filosofiren, — ich will Dir nur danken, und wiederum danken, — und ich möchte Dir gern alle die einzelnen Beweise Deiner Liebe aufzählen, für die ich danke, — wenn es nicht deren zu viel wären. Weiss ich doch, dass

---

4. (Adresse: Ihr. Wohlgeb. / Madame / J o h a n n a G e y e r / pr. Adrss. Fräulein Rosalie Wagner / zu / L e i p z i g. Reichel's Garten, im Hintergebäude.)

gewiss kein Herz so innig theilnahmvoll, so sorgenvoll mir jetzt nachblickt, wie das Deine, — ja, dass es vielleicht das einzige ist, das jeden meiner Schritte bewacht, — und nicht etwa um kalt über ihn zu kritisiren, — nein, sondern um ihn in Dein Gebet einzuschliessen. Warst Du nicht immer die Einzige, die mir unverändert treu blieb, wenn andere, blos nach den äusseren Ergebnissen aburtheilend, sich filosofisch von mir wandten? Ich wäre ja auch über die Art anmassend, wollte ich von Allen gleiche Liebe verlangen, ich weiss sogar, dass das gar nicht möglich ist, — ich weiss es selbst. Dir dringt alles aus dem Herzen, aus dem lieben, guten Herzen, das Gott mir immer geneigt erhalten möge, — denn ich weiss, wenn mich Alles verliesse, würde es immer meine letzte, liebste Zuflucht sein. O Mutter, wenn Du zu früh stürbest, eher, als ich Dir vollkommen bewiesen, dass Du einem edlen, gränzenlos dankbaren Menschen so viel Liebe gewährt hast! Nein, das kann nicht sein, Du musst noch viele schöne Früchte geniessen! — Ach, wenn ich an die letzten acht Tage Deines Umgangs gedenke! Es ist mir ein völliges Labsal, eine Erquickung, mir jeden einzelnen Zug Deiner liebenden Güte vor die Seele zu rufen! Meine liebe, liebe Mutter, — welch' ein Erbärmlicher wäre ich doch, wenn ich je gegen Dich erkalten könnte! —

Ich werde Euch für die Zukunft wenig von meinem Thun und Treiben berichten, — sie urtheilen nach den äusseren Ergebnissen, und die werden sie erfahren ohne mein Dazuthun. Sei es nun, wie und auf welche Art es wolle, ich bin nun einmal so selbstständig, und ich will mir allein genug sein. O diese Demüthigung vor X. ist tief in mein Herz gegraben, und die bittersten Vorwürfe peinigen mich, dass ich ihm das Recht in die Hände gab, mich zu demüthigen. Ich werde mich ganz mit ihm ausgleichen, aber nun und nimmermehr mit ihm einigen, und wenn ich darum Unrecht hätte, so will ich lieber mit diesem Unrecht sterben. Ich entziehe mich ihnen gänzlich. Recht kann nicht jeder Mensch haben, und ich hatte Un-

Rosalie Marbach
geb. Wagner

recht; — aber ich werde es ihnen — nie gestehen, sondern mich so stellen, dass ich ihnen nichts zu gestehen habe, — und diess ist jetzt meine grosse Sünde gewesen, dass ich mich ihnen in die Hände spielte, dass ich mich so weit brachte, ihnen auch nur das mindeste Recht über mich einräumen zu müssen. Wir stehen übrigens einander so fern, dass es lächerlich wäre, mich mit ihm einigen zu wollen. Und doch wie freue ich mich über diese Katastrofe, die mich nun zu vollkommener Erkenntniss brachte, dass ich von Niemand in dieser Welt etwas zu erwarten habe, sondern ganz allein auf mich angewiesen bin. Nun fühle ich mich erst selbständig. Denn das war es, was mir mangelte, und was mich erschlaffte und fahrlässig machte; — es war ein gewisses unbestimmtes, bewusstloses Vertrauen auf einen Rückhalt, das sich dummer Weise nicht nur auf Apel beschränkte, sondern auch noch andere barocke Richtungen nahm, über die ich fast lachen muss, meiner Dummheit wegen. Ich bin jetzt über Alles enttäuscht, und bin deshalb sehr froh. Meine Weichheit musste diese Erfahrungen machen, — sie wird mir in jeder Beziehung nützen. Ich bitte sie nur vor der Hand, mir ihre Theilnahme zu versagen, — sie würde mir lästig sein, — Du, — Dein Herz — Deine Liebe sei mein einziger Rückhalt, in dem ich in allen Nöthen meines kommenden Lebens Trost und Hoffnung suchen werde —; Mutterliebe bedarf keiner Gründe, — jede andere will wissen warum sie liebt, und wird daher nur zur Achtung.

Ich war in Teplitz und Prag, und fand nichts weiter für meine Besorgung, als die Bestätigung meines Planes, nicht nach Wien zu gehen, sondern nur noch mehr Hinweisungen auf die Richtung, die ich jetzt eingeschlagen. Moritz war in Prag und hat mir in dieser Hinsicht viel an die Hand gegeben. Ich habe an alle Individuen, auf die ich reflektire, von Prag aus geschrieben, damit ich im Voraus weiss, woran ich mit ihnen bin, und keinen Weg umsonst mache. In Nürnberg erwarte ich ihre Antworten, wohin ich morgen oder übermorgen abgehe, da ich nur

noch einen Brief aus Magdeburg erwarte, um mein hiesiges
Geschäft in Ordnung zu bringen. In Nürnberg werde
ich mich aufhalten; wenn ein Theater in der Auflösung
ist, erwischt man manches leicht; — auch können mir
Wolfram's über vieles Auskunft geben, so dass ich auf
ihr Urtheil hin vielleicht manche Reise erspare. —

Meine liebe, liebe Mutter, — mein guter Engel, —
leb' herzlich wohl, und betrübe Dich nicht; — Du hast
einen dankbaren Sohn, der nie, nie vergessen wird, was
Du ihm bist; — mit der innigsten Rührung gedenkt Deiner
 Dein
 Richard.

5. *An die Schwester Rosalie.*

Magdeburg, den 3$\underline{\text{ten}}$ September: 35.
Meine liebe Rosalie,

nur ganz kurz theile ich Dir die nöthigen und erwünschten
Nachrichten mit. Wolfram's sind auf jeden Fall hier fest
engagirt und werden dringend erwartet. Das Reisegeld für
sie, 50 Thaler, — also nicht 100 — sind aber leider erst
vorgestern von hier an sie abgegangen. Sind sie also schon
eher abgereist, so haben sie also dasselbe nicht erhalten;
haben sie sich demnach bis hierher durchgeschlagen, so
erhalten sie dasselbe erst hier, da es wieder hieher zu-
rückgeschickt wird, wenn es sie nicht mehr in Nürnberg
getroffen hat. Es ist also nur die Frage, ob Wolfram's
Beide zusammen von Nürnberg abgereist sind. Cläre
schrieb ja wohl an Dich, dass sie auf jeden Fall in dieser
Woche abreist; — es könnte demnach sein, dass Cläre
allein ankäme, und Wolfram noch zurückgeblieben sei; —
dann theile ihr also mit, dass Wolfram in Folge des erhaltenen Reisegeldes ihr nachkommen würde. Auf jeden
Fall aber haltet sie keine Minute umsonst auf, — es wird

schon und wie auf's liebe Brod dahier auf sie gezählt. — Sind nun beide zusammen von Nürnberg abgereist und haben sie sich durchgeholfen, so erhalten sie das Geld hier. Cläre darf sich auf nichts anderes einlassen, — sondern beide müssen schnell, sehr schnell hieherkommen.

Lass Dich doch augenblicklich auf der Briefpost und auf der Fahrpost erkundigen, ob nicht ein Poste-restante-Brief mit 5 Friedrichsd'or an mich daliegt. Bethmann hat mir den Postschein darüber gewiesen; er ist nach Frankfurt geschickt worden, und ist meinem dort hinterlassenen Auftrag gemäss entweder nach Leipzig geschickt worden, — oder wenn nicht, so kommt er heute oder morgen hierher zurück. Ob Freimüller hier eintrifft werde ich Euch (wohl erst) morgen schreiben, — so lange bleibt wohl All(es . . . . .). Es steht übrigens hier recht passabel, es ist or(d . . . . .) die Leute bekommen ihr Geld. Ich sah gestern das L(. . . . .) der Weiber, was wirklich ganz scharmant au(fgeführt) war, wenigstens eben so wie bei Euch. — Ich glaube (dass) wir mit der Oper hier sehr reüssiren werden; Alles (freut) sich auf Wolfram's; — dass sie nur kommen.

Deine Reisetasche erhältst Du mit demselben (Boten?) zurück, der meinen Koffer abholen soll. —

Grüsse Alles — Alles herzlichst, und nimm (in der) Eile nur mit dem Nothwendigsten vorlieb.

Dein

Richard W.

---

5. Die oben fehlenden und nicht mit Sicherheit zu ergänzenden Stellen sind lauter abgerissene Zeilenausgänge, außerdem ist das Blatt zerdrückt und zerrissen, zum Teil durch ätzende Tintenflecke zerstört, das Papier an diesen Stellen brüchig. Am unteren weißen Rand hat jemand die Feder — ebenfalls mit ätzender Tinte — gereinigt; die Stelle ist dick mit Tinte befleckt, zum Teil ausgefallen und zerfressen.

6. *An die Mutter.*

Berlin, den 31sten Mai. 36.

Liebste Mutter, Du hast gewiss schon längere Zeit einen Brief von mir erwartet, besonders nachdem Du hier gewesen, und wir uns doch nicht gesehen haben. Erst am Abend nach Deiner Abreise erfuhr ich von Eichberger, Du seist hier gewesen. Ich hatte von der Gerhardt schon gehört, Du seist mit Mad: Berthold hier: — ich glaubte es aber nicht ganz, und meinte, wenn Du wirklich da wärest, würde(st) Du es wohl bei Laube angezeigt haben, da Du meine Wohnung wohl nicht wissen konntest. Ich ging zu Laube, — er wusste aber von nichts, bezweifelte es ebenfalls, — und — so falle ich denn ganz aus den Wolken, als ich es endlich und zu spät von Eichberger erfahre. So viel ich von ihm erfuhr, hatte Dich auch mein Brief aus Magdeburg nicht mehr in Leipzig getroffen, und das war mir doppelt unangenehm, denn Du hast gar nicht gewusst, dass ich nach Berlin gehen wollte. Nun, Unglück und Missgeschick ist ja jetzt immer mein Theil gewesen, mir schaudert noch die Haut, wenn ich an Alles denke. Meine Berliner Expedition hat endlich meinen Unstern ein wenig gewendet. Ich und Cerf, wir sind die innigsten Freunde von der Welt, und umarmen uns so oft wir uns sehen. Ich gefiel dem Kerle, und er bedauerte sogleich, dass er mit dem Musikdir: Kugler wieder Contract auf ein Jahr abgeschlossen habe. Für jetzt nur so viel: — Der Kapellmeister Gläser hat im Sommer einen grossen Urlaub, und während dessen Abwesenheit nun trete ich einstweilen in seine Stelle und seinen Gehalt; während ich so eine Zeit lang das Heft in den Händen habe, studiere ich meine Oper hier ein, führe sie auf, und wenn Gläser zurückkommt, lege ich meine Stelle wieder nieder. Ich muss dann zwar für's nächste wieder ein neues Engagement annehmen, habe dann aber auch hoffentlich meinen Contract

---

6. (Adresse: Ihr. Wohlgeb. / Madame / Johanna Geyer.) Leipzig. Reichels Garten, Hintergebäude, rechts.)

mit Cerf von künftigem Jahre an als alternirender Capellmeister in den Händen, und im schlimmsten Fall mache ich mir hier doch Renommée, und kann dann eher mich einmal zurückziehen. Laube und die ihm dienenden Schriftsteller, wie z. B. Glasbrenner, machen einen furchtbaren Halloh von mir, als von dem ersten Genie der Welt; — die Anzeige von Allem, was ich Dir hier gemeldet habe, kannst Du auch eben sogut schon gedruckt im Konversationsblatte lesen: — es geht gar nicht anders, ich muss hier mein Glück machen, und so etwas fehlte mir auch; — nach Leipzig durfte ich nicht kommen, das ist keine gute Luft für mich. — Ich hoffe, diess wird Dich, sobald es dessen bedarf, ein wenig beruhigen. —

Also Cläre ist bei Euch, — das gute, gute Geschöpf! — Wie geht es denn nur mit ihrem Manne? — in meiner furchtbarsten Noth und Verzweiflung schrieb ich ihm einmal von Magdeburg aus; — habe aber keine Antwort erhalten. — Wohlbrück aus Riga ist hier. — Dort wird ein neues Theater gebaut und zum Herbst eröffnet; — vielleicht gehe ich dorthin. Erst aber will ich hier noch berühmt werden! — Verzeih', ich muss zu meinem guten Freund Spontini, der Mann läuft mir sonst das Haus ein; er ist ausser sich, dass er meine Oper nicht geben kann; — warum kommt er zu spät, ich kann ihm nicht helfen! Der König, mein guter Freund, hat mir Spontini's Stelle angetragen, was soll ich aber damit? So eben wollen mir sechs Schriftsteller ihre Aufwartung machen; — man reisst sich um mich, — ich halte das nicht lange mehr aus, — besonders da ich keinen Groschen Geld in der Tasche habe. — — Mein guter Freund, — Theodor Apel, hat mir auch nach Magdeburg einen sehr hübschen unfrankirten Brief geschickt, worin er mir schrieb, dass in Ermlitz gebaut würde und daher kein rechter Platz für mich da wäre; — ich behaupte, das war wieder ein neuer Witz aus seinem neusten Lustspiele. Recht offen, liebe Mutter, ich habe selbst Dich ein wenig im Verdacht, dass Du mir auch diesen Mann etwas auf den Hals gehetzt hast, ich habe dazu meine Gründe.

Nun Du siehst, wie herrlich es Deinem Sohne geht.
— Cerf weiss unter anderem vor Liebe zu mir gar nicht
wohin, er wird sicher seine Nachkommenschaft aus dem
Testament streichen und mich dafür einsetzen, — er weint
oft still an meinem Busen die Schmerzen seiner Direktorei
aus. Er ist ein ebenso niederträchtiger Kerl, als für den
von Nutzen, der ihn zu behandeln weiss. Meine ganze
Politik ist jetzt die, Gläser sobald wie möglich in's Bad
zu schicken; — er muss sich einmal recht tüchtig erkälten
— denn unmässig ist er, glaube ich, nicht. Gott gebe
mir seinen Beistand! — Bis dahin lebe recht herzlich
wohl, grüsse Clären und die ganze Familie tausendmal von
Deinem
Richard W.

7. *An Eduard Avenarius.*

Boulogne, den 23. August 1839.

Verehrtester Herr und Freund,

Erlauben Sie mir, dass ich Sie jetzt schon bei diesem vertraulichen Namen nenne, da ich für meine Person durch Alles, was ich von der Liebenswürdigkeit und Redlichkeit Ihres Charakters vernommen habe, mich bereits so sehr für Sie eingenommen fühle, dass ich Alles aufbieten werde, ebenfalls den Namen und die Rechte eines Freundes zu verdienen. Im Voraus darauf Anspruch machend habe ich Sie durch meine gute Schwester Cäcilie schon wiederholt belästigt, und die Bereitwilligkeit, mit der Sie schon eine ziemlich schwierige Besorgung für mich übernahmen, ist mir Bürge, dass ich auch mit der

---

7. (Adresse: à / Monsieur / Monsieur Avénarius / pr: adresse: / la librairie de Brockhaus / et Avénarius / à / Paris. / Franco.)
(Poststempel: Boulogne-sur-mer, 24 Août 1839.)

Bitte, die wohl der nächste Anlass dieses Briefes ist, keine völlige Fehlbitte tun werde. Durch Cäcilie sind Sie wohl bereits davon in Kenntniss gesetzt, dass jetzt mein etwas kühner, ja vielleicht abentheuerlicher Plan auf Paris geht; in wie weit ich vorbereitet bin, der Unmasse von Hindernissen keck entgegen zu gehn, mögen Sie selbst beurtheilen, wenn Sie die Gefälligkeit gehabt haben werden, in Paris meinen Mittheilungen und Ansichten Gehör zu schenken; wobei ich denn hauptsächlich auf Ihren guten Rath mit rechne, um dessen Ertheilung ich Sie im Voraus recht sehr bitte.

Ich bin vor ungefähr 12 Tagen, nach einer grässlichen und sehr gefahrvollen Reise von beinahe 4 Wochen, auf einem Segel-Schiffe in London angekommen, auf dessen theurem Pflaster ich durch die Confusion meines Capitäns, der mit meiner Bagage dummes Zeug angefangen hatte, 8 Tage, gold-schwere Tage, zubringen musste. Den 20sten kam ich mit dem Dampfschiff in Boulogne an, wo ich mich denn nun so schnell wie möglich auf dem Lande, d. h. ungefähr eine kleine halbe Stunde von der Stadt, so wohlfeil wie möglich auf einige Wochen eingemiethet habe. Ich habe diesen Aufenthalt aus mehreren Rücksichten gewählt; 1. glaube ich, dass ich jetzt wohl manche für mein Project wichtige Person noch nicht in Paris antreffen würde; 2. habe ich noch für ein paar Wochen an dem zu arbeiten, was ich gern fertig mit nach Paris brächte, um sogleich nach meiner Ankunft daselbst unverzüglich meine Machinationen beginnen zu können; 3. aber wünschte ich mich wirklich hier erst etwas von den Strapazen ausruhen zu können, die ich überstanden, bevor ich mich wieder von neuem in einen solchen Wirrwarr stürze, wie doch jedenfalls der Pariser werden wird. Dürfte ich Sie demnach wohl bitten, mir während dem in Paris eine Wohnung zu besorgen, dabei aber folgendes gefälligst zu beachten: — ein gewöhnliches Zimmer mit einem Alkoven ist natürlich für mich und meine Frau völlig hinreichend; ein grösseres Zimmer allein würde es am Ende auch thun; — meublirt muss es nun freilich sein, jedoch besitzen wir selbst Betten, sowie Bett-Wäsche, Tischzeug, Leuchter, Geräthschaften, da wir unsre kleine Wirthschaft so ziemlich ganz mitgebracht haben, und nur das intransportabelste in Russland verkauften. Meine Frau wird selbst Wirthschaft führen, d. h. Lebens-Mittel einkaufen, kochen u. s. w.; bedarf daher keiner weiteren Bedienung, als einer Aufwärterinn, die ihr nur in den gröbsten Arbeiten behülflich ist. Das Logis kann ich natürlich nur immer von Monat zu Monat miethen, und da ich im Uebrigen den Preis nicht recht kenne, für den man in Paris dergleichen erhält, so setze ich auch hiermit keinen fest, sondern überlasse das der Nothwendigkeit und Ihrer gefälligen Einsicht. Dass ich es natürlich in jeder Hinsicht gern sehen würde, wenn ich nicht zu weit von Ihnen wohnte, brauche ich wohl nicht erst zu versichern. — Hätten Sie also wohl die Güte, sich in einer Musse-Stunde darnach, worum ich Sie ersuche, umzusehen, und mir darüber hieher nach Boulogne poste restante zu berichten? Ich würde Ihnen dann vor meiner Abreise von hier noch einmal schreiben, um Ihnen genau den Tag meiner Ankunft in Paris zu melden, damit Sie gefälligst das Logis von dem Tage an miethen könnten, um uns das Absteigen in einem Gasthofe zu ersparen?

Ich weiss wohl, dass ich hiermit keinen geringen Dienst von Ihnen erbitte, hege aber dennoch das vielleicht unbescheidene Vertrauen, dass grade Sie mir das Opfer zu bringen im Stande sind. Zugleich aber bitte ich Sie nun auch recht sehr, mir doch zu schreiben, wie jetzt Ihre und Cäciliens Angelegenheiten stehen. Gar sehr würde es mich freuen, darüber etwas Erfreuliches zu vernehmen, um somehr, da ich jetzt leider sehr lange keine Nachrichten von zu Hause erhalten konnte. Wenn ich Hoffnung hätte, die gute Cäcilie bald in Paris sehen zu können, sollten mir wirklich alle Hoffnungen auf einen günstigen Erfolg meiner zukünftigen Bestrebungen um ein nicht Geringes theurer und werther werden. Gott gebe seinen Segen, und lasse es allen Rechtschaffenen wohl ergehen!

Mit freudiger Spannung hoffe ich auf einen Brief von Ihnen, und empfehle mich Ihnen mit aller Innigkeit, deren mein Herz fähig ist.

Ihr
ergebenster
Richard Wagner.

8. *An Eduard Avenarius.*

Boulogne, 13<u>ten</u> Sept: 39.

Mein werthgeschätztester Herr,

wenn ich so spät erst auf Ihren so freundlichen und zuvorkommenden Brief antworte, so geschieht es, weil dieser Brief zugleich den Zweck haben sollte, Ihnen definitiv den Tag meiner Ankunft in Paris anzuzeigen, was mir aber aus mehreren Gründen heute erst möglich ist. Aus demselben Grunde schreibe ich auch jetzt nur mit wenigen Zeilen, weil ich Sie selbst ja nun sehr bald zu begrüssen und mich persönlich und mündlich über Alles mit Ihnen besprechen zu können hoffe; denn Montag, den 16<u>ten</u> dieses Monats reise ich von hier mit der Diligence ab, und treffe somit Dienstag sehr früh in Paris ein. Um nun sogleich zu einem der Hauptpunkte zu kommen, so nehme ich nun Ihre nicht genug anzuerkennende Güte in Anspruch, und ersuche Sie mir vorläufig ein Zimmer, genügend geräumig für mich und meine Frau, in einem Hôtel garni nach Ihrem eigenen Vorschlage, und zwar vorläufig wochenweise, zu mieten. Sie haben vollkommen recht

---

7. Vermerk des Empfängers: beantwortet 27. VIII fr. poste rest.

8. (Adresse: Monsieur / Avénarius / libraire / à / Paris / No: 60, rue Richelieu.)

(Poststempel: Boulogne-sur-mer, 15. Sept. 1839.
Pariser Poststempel: 16. Sept. 39.)

mit dem, was Sie mir über den Plan eines Logis für eigene menage sagen, und es ist diess ein Punkt, über den Sie mir erlauben werden, mich mündlich mit Ihnen zu besprechen, um darüber in's Klare zu gelangen. Sie schrieben mir, man könne in einem Hôtel garni schon ein ganz artiges Zimmer für monatlich 30 Francs bekommen, und ich muss gestehen, dass ich mir es nicht so wohlfeil vermuthet hätte; ich bitte Sie demnach, wenn Sie mir ein solches miethen, sich nicht zu ängstigen, wenn die Miethe sich auch auf 40 bis 50 Francs belaufen sollte; soviel hatte ich mir überhaupt nämlich im Voraus bestimmt zu diesem Zwecke. Jedoch, natürlicherweise, — je wohlfeiler, desto besser. Da ich nun aber **Dienstag jedenfalls sehr früh** in Paris ankomme, und ich doch nicht gern in einem Gasthof erst absteigen möchte, so würden Sie mich unendlich verbinden, wenn Sie sich die grosse Mühe geben wollten, ein Paar Zeilen mit der Adresse des hôtel garni, in welchem Sie für mich gemiethet haben werden, auf der Barrière St. Denis, über welche wir von Boulogne ankommen werden, niederzulegen, damit ich sie bei meiner Ankunft finden und demgemäss sogleich in mein Asyl fahren kann.

Diess ist denn nun das Hauptsächlichste, um was ich Sie im Voraus gebeten haben wollte; erschrecken Sie dadurch nur nicht, ich will mich für die Zukunft so sehr wie möglich mit meinen Anliegen menagiren!

Nochmals, über Alles übrige, was jetzt wohl mittheilungswerth wäre, verspare ich mir eine mündliche Unterhaltung. Was meine Affairen betrifft, nur soviel, dass ich keines Falls so lange in Boulogne geblieben sein und die englischen Preise bezahlt haben würde, wenn nicht ein glückliches Ungefähr es gefügt hätte, dass ich Meierbeer hier antreffen sollte, der mir bei meinem Vorhaben von unermesslicher Wichtigkeit werden kann, und mit dem ich mich auch bereits so gut wie möglich liirt habe. Doch auch darüber — — mündlich, so wie über Alles in Betreff Ihrer Mittheilungen über meine Familie.

Dass ich mich wirklich recht innig freue, nun Ihre persönliche Bekanntschaft machen zu können, darf ich Ihnen wohl nicht erst versichern. In dieser Voraussetzung empfehle ich mich mit meiner Frau auf das herzlichste Ihrer Freundschaft und Geneigtheit

Ihr
ganz ergebener
Richard Wagner.

9. *An Eduard Avenarius.*

$4^1/_2$ Uhr.

Mein werthester Freund, — müde und abgehetzt, wie fast noch nie zuvor, komme ich eben jetzt nach Hause, nachdem ich seit 10 Uhr schon ausgegangen war, und mich (bei) der Garcia, bei Joly, bei Dumersan, Meyerbeer u. s. w. herumgeschlagen hatte; ich muss Ihnen daher herzlich für Ihr Anerbieten, mit Ihnen heute die italienische Oper besuchen zu dürfen, danken, mir es aber wohl für ein anderes Mal aufsparen. Ich habe übrigens heute in der Garcia ein sehr liebenswürdiges und zuvorkommendes Geschöpf kennen gelernt, die sich mir angeboten hat, in Allem, was ich von ihr verlange, behülflich zu sein, — somit hoffe ich, wird sie mir wohl auch dann und wann einmal Billete zur Oper zu verschaffen wissen etc: etc.

Ich bin müde wie ein Hund! Viel Vergnügen auch — ohne mich, wünsche ich herzlich.

Ihr

In grosser Eile und	ergebener
Zerschlagenheit:/:	Richard Wagner.

---

9. (Adresse: à Monsieur / Monsieur / Avénarius / rue Richelieu No. 60.)

10. *An Eduard Avenarius.*

Werthester Freund!

Meine Frau ersucht Sie ganz ganz ergebenst, durch Überbringer dieses ihr gefälligst 10,000 Franken zuzusenden; — sollte dies in der Schnelligkeit nicht gleich möglich sein, so bittet sie wenigstens für 12 Stunden um Ihre gütige Kaffee-Mühle, die Sie morgen früh wieder zurückerhalten sollen.

Ich bin heute zum Diner bei Dumersan eingeladen.
Bis in den Tod
Ihr
Richard Wagner.

11. *An Eduard Avenarius.*

Paris, 4$\underline{\text{ten}}$ Jan. 40.

Mein werther Freund und Gönner,

Antworten Sie mir doch ganz einfach Ja oder Nein, ob es in Ihrer Macht steht — (wollte Gott, es stünde nur bei Ihrem Willen —) die bewusste Summe meiner Schuld noch um fünfzig Franken zu meinen Gunsten zu vergrössern, die Summe selbst würde auch dann gerade rund, oder doch viereckig werden. Ich fühle im Übrigen wohl, dass diese meine Anfrage, wie die Sache hinsichtlich der Schuld grade jetzt steht, etwas an Unverschämtheit gränzt; — indessen — Noth lehrt nicht nur beten, sondern auch einen gewissen Grad von Unverschämtheit, die jedoch Sie vielleicht eher als jeder Andere zu entschuldigen wissen werden. Um nämlich meine diesmalige Miethe etc: zu bezahlen, habe ich denn nun gestern mit dem letzten Entbehrlichen das Leihhaus besucht, ohne jedoch genug bekommen zu können; da es sich nun grade um nicht mehr

---

10 und 11. (Adresse: Monsieur / Avénarius / rue Richelieu / 60.)

als netto fünfzig Franken handelt, so nehme ich also nochmals meine (diessmal letzte) Zuflucht zu Ihnen. — Können Sie eine bejahende Antwort zugleich mit dem eigentlichen nervus rerum begleiten, so können Sie sich wohl denken, dass mir's lieb sein wird.

Ihr
Richard W.

Es war mir gestern unmöglich, diese Anfrage mündlich über meine Lippen zu bringen.

(Rückseitig der Entwurf der Antwort:) „*4. Jan. 1840. Ich schicke Ihnen, lieber Freund, die gewünschten 50 fr. — nun im Ganzen 400 fr. — und werde sehen, zu was ich Ihre Frau Schwester geneigt finde. Weiter kann ich aber bei dem besten Willen nicht gehen, was ich zur Beseitigung von sonst möglichen Missverständnissen Ihnen nicht verhehlen darf. Ganz der Ihre E. A.*"

12. *An Eduard Avenarius.*

Werther, lieber Freund, — Sie werden sich nicht haben erklären können, weshalb Sie nicht schon längst den bewussten Brief meiner Frau an Cäcilien zur gefälligen Besorgung erhielten. Sie bittet Sie wegen dieser Verzögerung hiermit um Entschuldigung, denn ich selbst oder vielmehr meine Krankheit war Ursache des langen Aufschubes. Sie entsinnen sich, dass den Abend, als wir zuletzt zusammen waren, mich ein jäher Zahnschmerz überkam. Diess war der Anfang; ein paar Tage darauf wurde ich beinahe wahnsinnig vor Reissen; nachher bekam ich Fieber, musste das Bett hüten; jetzt leide ich bloss noch an steifem Hals, darf aber noch nicht ausgehen;

---

12. (Adresse: à / Monsieur / Monsieur Avénarius / 60, rue Richelieu / Paris.)

meine Frau fühlte sich nun nicht eher als endlich heute disponirt, einen vernünftigen Brief zu schreiben, was Sie sich wohl denken können. Voilà tout!
    Danke noch herzlichst!!
    Gruss von uns Beiden!
                            Ihr
                                Richard Wagner.

13. *An Eduard Avenarius*.

                              Paris, 29. April 1840.
    Mein verehrtester Freund und Schwager,
ich schicke Ihnen hierbei einen Brief an Fr: Dr: Laube, die ich ersuche im Verständnis mit meiner Schwester Luise Ihnen sobald als möglich die nöthige Vollmacht, oder was noch dazu gehört, zukommen zu lassen, um mir 200 Franken zu avanciren. Ich bitte Sie für's Erste diesen Brief mit der heutigen Correspondenz gefälligst zu befördern.

    Ein kürzerer und bei weitem weniger umständlicher Weg, zu demselben Resultat zu gelangen, wäre allerdings, mein liebster Avenarius, wenn Sie es möglich machen könnten, diese 200 Frs:, die ich jetzt nun einmal mehr gebrauchen musste, mir auf einen Monat vorzuschiessen, und sich dafür mit dem Gelde, was ich am 1sten Juni zu erhalten habe, bezahlt machen wollten. Denn ich erkläre Ihnen hiermit, dass es sich lediglich nur noch um 200 Frs: handelt, die ich jetzt gleich haben muss, um für das Nächste meine nöthigen Ausgaben zu bestreiten; denn, da ich recht wohl ermessen musste, dass ich auf diese Art nicht lange mehr mein Leben erhalten können würde, so habe ich mich nun in der Art vorgesehen, dass ich,

---

    13. (Adresse: Monsieur / Monsieur E. Avénarius / librairie Allemande / 60, rue Richelieu.)

ausser diesen augenblicklich eben noch nöthigen 200 Frs., nichts mehr von dieser Seite in Anspruch zu nehmen brauchen werde. Ich bitte Sie, diess nicht für Prahlerei zu halten; sondern, seien Sie versichert, dass, wenn ich Ihnen jetzt nicht sogleich angebe, von wo mir diese ausserordentliche Unterstützung kommt, — ich mich dazu verpflichtet fühle. Ich wiederhole nur, dass Sie jetzt in Bezug auf meine Zukunft völlig beruhigt sein können, und ich bis dahin, wo ich einnehmen werde, mit Allem Nöthigen versorgt bin.

Um Sie darin noch mehr zu bestärken, kann ich Ihnen nicht sagen, wie sehr ich gewünscht hätte, nicht nöthig zu haben, selbst noch diese 200 Frs: von Ihnen zu erbitten. Seien Sie überzeugt, dass ich mich jetzt an Sie wende, nur, weil ich bereits Alles vergeblich versucht habe, mir auf anderm Wege das für den Augenblick Nöthige noch zu verschaffen. Ich gestehe daher ein, dass ich mich für sehr gedemüthigt halte, dass ich dennoch gezwungen bin, mich noch einmal an Sie zu wenden, nachdem ich Ihnen bereits versprach, Sie fernerhin mit derlei in Ruhe zu lassen. — Indess — die Zeit war zu kurz, und meine Bedürfnisse sind für den Augenblick zu dringend, als dass ich nicht noch einmal da anfragen sollte, wo ich mich nun einmal für zunächst hingewiesen sehe, nämlich zu Ihnen, der Sie die Freundschaft hatten, durch Ihre Vermittelung mir eine Unterstützung auszuwirken, und der Sie sich damit chargirt haben, sie mir auszuzahlen. —

Diess, liebster Avenarius, wollte ich auch nur darunter verstanden haben, als ich letzthin gegen Sie erwähnte, — „dass Sie mir der Nächste wären, zu dem ich in meiner Lage Zuflucht zu nehmen hätte." Ihre Antwort zeigte mir, dass Sie mich ziemlich falsch verstanden; und ich wiederhole deshalb noch einmal, dass ich Sie nur für so lange als den „Nächsten" ansah, als Sie mir noch zu meiner Unterstützung etwas zu zahlen haben würden.

Aus eben dem Grunde, der letzthin diess Missverständnis herbeiführte, — oder vielmehr um diesem auszuweichen, ziehe ich es vor, in dieser letzten Geld-Angelegenheit zwischen uns Ihnen lieber zu schreiben, als Sie zu sprechen, da Sie übrigens auch noch schwer allein zu sprechen sind, und ich vor Cäcilien nicht gern Ähnliches mit Ihnen besprechen möchte.

Noch einmal also die letzte Bitte der Art: — ist es Ihnen möglich, so haben Sie die Güte mir 200 Frs: vorzuschiessen, wofür ich Ihnen hiermit förmlich abtrete, was Sie mir im Auftrage der Fr: Dr: Laube und Luisen's am 1. Juny d. J. zählen würden. Für diesen Fall würde ich bitten, den inliegenden Brief an die Laube nicht abzuschicken, sondern zurückzubehalten, weil er dann nur eine unnöthige Confusion anrichten würde. — Wollen Sie diess nicht, — oder können Sie diess nicht, so haben Sie die Güte, und schicken Sie diesen Brief heute ab. Da aber eine Antwort nicht so schnell eintreffen kann, als ich das Geld für meinen Unterhalt nöthig habe, so würde ich Sie bitten, im Vertrauen, dass nächstens die Sie zu diesem Schritt bevollmächtigende Antwort eintreffen werde, mir im Voraus die 200 Frs: verschaffen zu suchen. Sollte diess Alles nicht gehen, — so wäre diess wirklich doch der erste Fall, dass Jemand — dem noch etwas angewiesen ist, — der ausserdem in ein Paar Wochen in Stand gesetzt sein wird, sich für seine Zukunft versorgt zu sehen — in diesen Paar Wochen hungern müsste!

Wie sehr, und wie aufrichtig ich Sie beklage, lieber Avenarius, — dass Sie bis jetzt in Ihrer Bekanntschaft mit mir nur noch Beunruhigungen dieser Art zu finden hatten, — seien Sie überzeugt! — Denn ich weiss, dass diese Art von Beunruhigungen für das regelhafte Leben eines Geschäftsmannes grade die unerfreulichsten sind. — Mit wirklicher Betrübniss habe ich denn auch schon bereits gesehen, wie störend und entfremdend sie auf zwei Paare einwirkten, die ohnedem vielleicht in dem offensten und gemüthlichsten Verkehre stehen würden. Da nun aber eben Niemand mehr als ich diess fühle, Niemand auch mehr und inniger wünscht, dass dieser Verkehr eben so sein möge, wie er leider jetzt nicht ist, — so bitte ich Sie hiermit nochmals, vollkommen versichert zu sein, dass es nicht leere Prahlerei ist, wenn ich Ihnen sage, — dass ich hiermit — wenigstens von der unangenehmen Seite — die letzte Berührung mit Ihnen in pecuniärer Hinsicht gehabt habe; — dass ich mich herzlich freue, mit dem Aufhören dieser Berührungen in ein offeneres und traulicheres Verhältniss mit Euch treten zu können, das wenigstens durch Eingriffe dieser Art nicht mehr unterbrochen werden soll; denn nur dann, sehe ich ein, wird diess möglich sein, wenn zwischen uns die Fragen niemals mehr entstehen, die uns bis jetzt wirklich mehr als billig unsren Umgang verkümmert haben.

Adieu, liebster Avenarius!
Ihr
treuer Schwager
Richard Wagner.

14. *An Eduard Avenarius.*

Paris, d. 22. Febr. 1840 (?)
Liebster Avenarius,

Wissen Sie, dass Sie mir einen recht grossen Gefallen thun könnten, nämlich, wenn es der Stand Ihrer Dinge zuliesse, mir bis Ostern fünfhundert Franken vorzuschiessen? Schlesinger, für den ich im Ganzen für dreitausend Fr: Arbeit übernommen habe, nämlich sämmtliche Arrangements von zwei Opern, der Favorite und des Guitarrero, hat mir die Hälfte, fünfzehnhundert Fr: schon

---

14. (Adresse: Monsieur / Avenarius / librairie de Brockhaus et Avenarius / 60 rue Richelieu / Paris.)
(Poststempel: 23 Février 1841.)
Sowohl der Poststempel, als das Datum der Antwort bekunden deutlich das Versehen der obigen Datierung: es muß 1841 heißen!

baar ausgezahlt; da ich jetzt eben erst darüber komme, die zweite Oper anzufangen, so fürchte ich aber, und zwar aus triftigen Gründen, dass ich jetzt nicht so bald wieder eine ordentliche Zahlung erhalten kann, und hätte aus einigen Privat-Gründen es sehr gern gesehen, wenn ich jetzt nicht nöthig hätte, ihn eher wieder um Geld anzugehen, als ich mit allem fertig bin und das Ganze zu fordern habe. Anfang April werde ich auch mit dem Guitarrero fertig, und kann also im Laufe des genannten Monates über eine grössere Summe dergestalt disponiren, dass ich schon mit Sicherheit die Wiederbezahlung der heute erbetenen Summe zu Ostern versprechen kann, ja sogar, trotz meines letzthin gewonnenen dégoûts gegen Billets, mich mit gutem Gewissen erbieten würde, Ihnen ein solches auszustellen. — Nochmals, wenn diess einiger Maassen ohne Opfer von Ihrer Seite geschehen könnte, so würden Sie mir durch die Gewährung meiner Bitte einen recht grossen Freundschaftsdienst erweisen, den ich einmal recht begierig sein würde, Ihnen erwidern zu können; — denn, soweit ich mich nun auch schon aus meiner gränzenlos zerrütteten Lage herausgerissen habe, so ist doch einiges zurückgeblieben, was sich mir immer noch mit drohender Gebehrde zeigt. Lassen Sie mich das augenblicklich entfernen, und — wo möglich ohne diessmal Schlesinger um Vorschuss angehen zu müssen, — wozu ich tausenderlei Gründe habe, es jetzt nicht zu thun, — ich führe davon unter anderen nur diesen an: dass ich heute erst erfahren habe, dass Schlesinger gewöhnlich für einige Arrangements, die ich ebenfalls zu machen habe, fast die Hälfte mehr gezahlt hat; — ich möchte diese Notiz benützen, um mit Schlesinger ein ernstes Wort über eine Honorar-Erhöhung zu sprechen, was ich aber unmöglich kann, wenn ich komme, um ihn um einen bedeutenden Vorschuss zu bitten.

Wenn es also möglich ist, so suchen Sie mir den Freundschaftsdienst leisten zu können, wodurch Sie mir im glücklichen Fall, dass ich meine Vorstellungen gegen

Schlesinger durchsetze, einen Gewinnst von 300 bis 400 Fr: verschaffen können.

Nun, Sie werden sehen, wie es geht, und meines Dankes im voraus sicher sein.

Um ein paar Zeilen bittet nebenbei
>> Ihr
>>> treuer Schwager
>>>> Richard Wagner.
>>>> 25, rue du Helder.

Entwurf der Antwort auf einem einliegenden Blatte:
>> *P. 22. Febr. 1841.*

Glauben Sie mir, lieber Wagner, dass vielleicht keiner Ihrer Verwandten bereitwilliger sein würde Ihnen durch einen Vorschuss nützlich zu sein, wenn es anginge, als ich. Aber ich habe keine Gelder disponibel, — was mir die Handlung abwirft, gebrauche ich für mein doch so bescheidenes häusliches Leben in regelmässigen Raten, welche ich von derselben beziehe, und die Fonds der Hdlg. stehen nicht zu meiner persönlichen Verfügung.

Ich mache Sie auf eine Combination aufmerksam, welche vielleicht ausführbar ist. Lassen Sie sich von Schlesinger ein Billet à 6. mai, oder noch besser à Juny als eine Abschlagszahlung auf den Guitarrero geben. Dadurch ersparen Sie ihm für den Augenblick eine Zahlung baarer Gelder, die er stets gern vermeidet, und ich werde sehen Ihnen behülflich zu sein, das Billet ohne grossen Verlust zu escomptiren. Ihr . . .

(Darunter durchstrichen die Worte: Wenn Sie Freitags zu mir kom . . .)

15. *An die Mutter.*

>> Meudon, 12. Sept: 1841.

Mein bestes Mütterchen,

endlich komme auch ich einmal dazu, Dir einen ebenso freudigen als herzlichen Glückwunsch zu Deinem

---

15. (Adresse: „An die Mutter". Einlage zu einem anderen Brief.)

Geburtstage darbieten zu können! Möchtest Du ja nicht glauben, dass ich Dich jemals vergessen hätte, auch wenn ich schwieg und nichts von mir hören liess! Ach, ich glaube Dir ja schon gesagt zu haben, dass es Zeiten für mich gab, in denen ich wirklich vermied, Deine Theilnahme für mein Schicksal von Neuem anzuregen. Ich habe da im Stillen zu Gott gebetet, dass er Dir Dein Leben und Deine Gesundheit erhalten möge, denn mit der Zeit hoffte ich schon selbst meinem Streben einen Preis zu gewinnen, der es mir erfreulicher machen sollte, mich Dir einmal wieder zu zeigen. Mögen, die mich nicht kennen, immerhin sagen: „er hätte es so machen sollen, — er hätte Diess oder Jenes thun sollen!" — sie haben alle Unrecht! Jeder Mensch, der zur wahren — inneren und äusseren Selbständigkeit gelangen will, soll durchaus so lange, als sich diess mit dem angeborenen Gefühl von Recht und Unrecht verträgt, den Weg gehen, den ihn seine ernstere Neigung, und ein gewisser innerer, unwiderstehlicher Trieb gehen heisst. Die Leiden, die er sich dadurch erschafft, kann ihm die Welt, ohne besonders grossmüthig zu sein, gut und gern vergeben; bloss wer diese Leiden mildern möge, hat das Recht, Rath zu ertheilen, — wer sie trotz dem aber nicht mildern kann, muss es sich auch gefallen lassen, seinen Rath am Ende nicht befolgt zu sehen. Ich bin gewiss keiner von den starren, unbeugsamen Characteren, im Gegenteile wird mir mit Recht eine zu weibliche innere Beweglichkeit vorgeworfen. Wohl aber habe ich genug ausdauernde Leidenschaft, um von dem einmal Erfassten nicht eher abzustehen, als bis ich mich gänzlich vom Wesen desselben überzeugt habe. So ist es mir mit Paris ergangen: — ich habe die feste Ueberzeugung gewonnen, dass es mir, wenigstens so lange ich nur mit meinen eigenen Kräften in den Kampf gehen kann, durchaus unmöglich ist durchzudringen. Denjenigen, die mir diess ungefähr voraussagten, gebe ich zurück, dass ihre bloss auf Hörensagen gegründete Voraussage für mich von keinem Belang sein konnte. Da mir im Gegentheil ein Mann, wie Meyerbeer, Muth machte, den Kampf aufzunehmen, so wird sich wohl keiner verwundern, dass ich als junger Mann es vorzog, zu versuchen — als ohne Versuch feig abzustehen. Und Meyerbeer hatte Recht; das, was mir an eigenen Kräften und Eigenschaften mangelte — Geld und Ruf, konnte mir recht gut durch Andere ersetzt werden, und er selbst bot mir die Hand, durch seinen bedeutenden Einfluss mir behülflich zu sein. Dass nun Meyerbeer genöthigt war, grade diese ganze Zeit von Paris entfernt zu bleiben, das war nun das Unglück, das ich haben sollte; denn Einwirkungen aus der Ferne gelten in Paris nichts, — die Persönlichkeit thut Alles.

Ich musste somit bald einsehen, dass ich dahin gedrängt sei, den Kampf, den ich im Vertrauen auf fremde Hülfe unternommen hatte, mit meinen eigenen Kräften fortzuführen. Auch den Versuch musste ich wagen. Wäre ich eines von jenen frivolen Geschöpfen der heutigen Mode, hätte ich irgend eine glänzende Gabe für den Salon, so würde es mir wohl möglich gewesen sein, mich in diese oder jene Coterie hineinzupoussiren, die mich endlich vielleicht auch ohne inneres Verdienst gehoben haben würde. — Wohl darf ich sagen: Gott sei Dank, dass ich dazu nicht gemacht war! Wen ich noch auf diesem Wege reussiren gesehen habe, habe ich verachten müssen! Mich hat ein so unwiderstehlicher Ekel für diese Nichtswürdigkeiten erfasst, dass ich mich wirklich glücklich preise, ihnen keinen Geschmack abgewonnen zu haben. — Was mir für Paris nun noch übrig bleibt, ist, die Quelle eines mühsamen Verdienstes, die ich mir bei einem hiesigen Musikverleger geöffnet habe, für meinen kärglichen Unterhalt zu benutzen, und so ruhig die Zeit abzuwarten, bis mir Glück und Umstände dahin verhelfen, wohin ich will. Diess werde ich auch nothgedrungen ergreifen müssen, sobald das Glück, welches sich mir auf einer anderen Seite zeigt, nicht vollständig in Erfüllung gehen sollte. —

Dieses Glück ist die definitive Annahme meiner Oper in Dresden. Ich machte in meinem letzten Briefe Euch mit dem Stande meiner Angelegenheiten in Dresden bekannt, zugleich theilte ich die Schritte mit, die ich zum Gelingen meines Unternehmens eingeschlagen. Diese Schritte, meine gute Mutter, herzlich freut es mich, Dir es sagen zu können, — haben vollkommen reussirt. Schon Anfang July habe ich den Brief Lüttichau's erhalten, worin er mir in den schmeichelhaftesten Ausdrücken anzeigt, dass meine Oper „Rienzi" nach vorangegangener reiflicher Prüfung des Textes und der Partitur, zur Aufführung in Dresden angenommen worden sei, und dass diese spätestens bis Anfang künftigen Jahres bewerkstelligt werden solle. —

Schon in dieser Erklärung, meine beste Mutter, habe ich ein grosses, ausserordentliches Glück zu erkennen. Bedenkt man, dass ich als Componist noch ohne allen Ruf bin, und überlegt man, von welchem Genre meine Oper ist, so wird man verstehen, was ich meine. Ich habe mich schon in meinem letzten Briefe darüber ausgesprochen. Winkler hat mich versichert, dass man bei meiner Oper Alles entfalten würde, um das neue Theater in aller Pracht zu zeigen. Entspricht man meinen Anforderungen, so wird man enorme Kosten haben, denn die erste Aufführung einer solchen Oper, die ich eigentlich für Paris berechnet hatte, muss mit allem Luxus von Statten gehen. Nirgends aber, — selbst in Berlin und Wien nicht — könnte ich ein ausgezeichneteres Personal für die Hauptpartien meines Rienzi haben, als in Dresden: — die Devrient und Tichatschek — mehr brauche ich wohl nicht zu sagen. — Kurz, wenn Gott Alles glücklich fügt, so kann diess der glückliche Wendepunkt meines Lebens werden. —

— Ich habe mir vorgenommen, etwa 14 Tage vor der Vorstellung nach Dresden zu reisen: — mein gutes Mütterchen, — so werde ich Dich also endlich — endlich wiedersehen! — Du kannst Dir denken, welches Entzücken mir dieser Gedanke, diese Aussicht bereitet! — Der Himmel wird geben, dass ich Dich recht gesund und wohl antreffe, möge mir dann noch ein recht glücklicher Erfolg in Dresden vorbehalten sein, — so glaube ich schon jetzt mit diesen Wünschen Dir am besten zum Geburtstag gratuliren zu können! — Wie viele, viele Jahre habe ich gewartet, gekämpft und gestrebt, um Dich einmal mit solch einer Nachricht erheitern zu können. Es verursacht mir einen völligen Schrecken, wenn ich daran denke, dass, wenn ich Dich nun wieder sehen werde, fast sechs Jahre verstrichen sein werden, seitdem ich das letztemal von Dir schied! Grosser Gott, wer hätte sich das gedacht! Ich werde Euch Alle wieder treffen, — nur die gute Rosalie soll ich vermissen!! Ach, es war mir immer so ein schöner Gedanke, gerade sie, die den Krämpfen meiner Entwickelung so nahe und oft unter so empfindlichen Berührungen, zugesehen hatte, auch zum Zeugen der glücklicheren Wendungen meiner leidenschaftlichen Bestrebungen zu machen, — — nun muss ich ihr Grab besuchen! — — Gott, Gott! erhalte mir nur mein Mütterchen gesund, und lass ihr die Kraft, sich des Gedeihen's ihrer Kinder zu erfreuen!

Wir werden nicht verkommen! Auch Albert wird, soll, darf und kann nicht verkommen! Möge nur Einem von uns das Glück lächeln, — das Glück des Einen ist das des Anderen! Vielleicht macht selbst mich der Himmel zum Vermittler, und bereitet mir eine Stellung, in der ich Alberts besten Wünschen aufhelfen kann! — Ich will nicht thöricht erscheinen und aussprechen, woran ich denke, — worauf ich hoffe, — denn was sind Gedanken und Hoffnungen! Es muss aber einmal gut werden, und der ist der Würdigste das Glück zu geniessen, der aus dem Sturme heimkehrt und das Unglück kennen lernte! — —

Allen, Allen meine herzlichsten Grüsse! Wir werden uns bald wiedersehen, und mag es dann um uns aussehen,

wie es will, — die Herzen sind die alten geblieben, und
— — es **muss** gut werden!
Erhalte Dich, liebes Mütterchen, Deinem
treuen Sohne
Richard.

16. *An Eduard Avenarius.*

(Meudon, 2. Oktober 1841.)
Allerwerthester Freund und Schwager.

Ein paar Worte zur Bestätigung und Befestigung im Glauben! — Die Eröffnungen, die Sie mir gestern in Bezug auf Ihre mögliche Einmischung in meine Meubel-Verkaufs-Angelegenheiten machten, sind mir von der grössten Wichtigkeit. Da ich darauf die einzige gültige Hoffnung auf eine glückliche Lösung der besprochenen Frage gründe, so mögen Sie mir auch nicht verdenken, dass ich Ihnen heute darüber noch einmal schreibe, — denn gestern drängte mich die Zeit zur Abreise, und für heute und Morgen möchte ich die Stadt gern einmal unbetreten lassen; und doch liegt mir die Sache zu sehr auf dem Herzen. Hören Sie also, Liebster! — Wenn Hr: v. Rochow, — wie mich Hr: Vieweg glauben gemacht hat, — für netto 300 fr: Meubeln von den Meinigen kaufen will, — wenn weiterhin Sie die Güte haben wollten, die Auszahlung dieser Summe sogleich nach abgeschlossenem Kaufe zu übernehmen, und wenn endlich es Hrn: v. Rochow convenirt, dass Sie ihm dieses Geld auf seine Einnahmen avanciren, — so ist mir aus aller Noth geholfen. Denn: — mit diesen 300 Fr. kann ich bezahlen, was ich im Logis schuldig bin, — kann daher auf meine augenblickliche Entlassung

---

16. (Adresse: Monsieur / Monsieur E. Avenarius / Librairie Allemande de Brockhaus et Avenarius / 60, rue Richelieu / à / Paris).

dringen, — die — wie mich der Concierge versichert — für den Fall — dass ich noch vor dem 15ten dazu in den Stand gesetzt werde, nicht ausbleiben wird. Käufer für einzelne andere Artikel, sind mir auch noch vorgeschlagen worden, so dass ich hoffen darf, meinem Tischler auch mit etwas den Mund stopfen zu können, — mit dem Rest meiner Meubles ziehe ich denn in ein kleines Logis und überlasse sie, wenn ich fortgehe, dem Tischler zum Theil als Zahlung — somit wäre Alles passablement ausgeglichen. — Dieser Ausweg wäre in jeder Hinsicht der beste und erwünschteste, denn kann ich schon jetzt das heillose Logis loswerden, so bin ich immer einer grossen Ersparnis sicher. — Sie allein würden durch Ihre Intervention diess möglich machen können, — gelingt es daher Ihrem guten Willen, so verpflichten Sie mich dadurch zum grössten Danke! —

Herzlichen Gruss an Cäcilie und Max von mir und Minna!

der Ihrige
Richard Wagner.

Meudon, 2 Octobre 1841.

17. *An Eduard Avenarius.*

(Paris, 2. März 1842.)

O mein theurer Schwager,

möchtest Du nicht den früher mir einmal gemachten Vorschlag ausführen, und diesen Brief an Meyerbeer mit ein paar Zeilen an Deinen Berliner Vertrauten begleitet nach Berlin abschicken? — Den Herrn müsstest Du jedenfalls ersuchen, mit dem Briefe zu Meyerbeer selbst zu gehen und auf Antwort zu warten: — ich habe meine Zeilen sehr

---

17. (Adresse: Sr. Wohlgeboren / dem / ausgezeichneten Buchhändler / und vortrefflichen / Schwager / zu / Paris.)

kurz eingerichtet, und ihm angezeigt, dass ich, um ihm die Antwort zu erleichtern, einen Freund meines Schwagers ersucht hätte, diese von ihm mündlich in Empfang zu nehmen und mir hieher zu berichten. Er soll sich nur kurz erklären, ob er meinen: „fl. Holländer" erhalten hat, und ob er etwas damit im Sinne führt? —

Thue es doch noch heute! —

Meine Frau ist darauf angewiesen, trotz inneren Widerstrebens, Dir den Betrag des Porto's zuzustellen.

Gott segne Dich mit Weib und Kind! —

Dein
immerwährender

2. März.   Richard.

(Umstehend Brief-Entwurf von Avenarius' Hand:) „3. März 1842. | Hrn. Asher & Co. in Berlin | Erlauben Sie mir heute Ihre Gefälligkeit in einer kleinen Privatsache in Anspruch zu nehmen. Ich bitte Sie nämlich einen Ihrer Hrn. Gehülfen mit dem einliegenden Briefe zu Herrn Meyerbeer zu schicken und ihn um eine Antwort darauf zu ersuchen, die Sie wohl die Güte haben mir in Ihrem nächsten Briefe mitzutheilen. — Die einliegende Zuschrift ist von Hrn. Richard Wagner, welcher mit Hrn. Meyerbeer bekannt und in Verbindung, ihm schon vor längerer Zeit die Partitur einer Oper der fliegende Holländer gesandt hat, ohne von Herrn Meyerbeer, der aber kein sehr pünktlicher Korrespondent zu sein scheint, bis jetzt darüber Nachricht zu erhalten.

Herr Wagner wünschte nun zu wissen ob er die Oper empfangen habe und was er damit zu thun gedenkt, und ich nehme Ihre Güte in Anspruch um meinem Freunde und Verwandten diese Auskunft zu verschaffen — ihm wenigstens keinen Zweifel über den richtigen Empfang der Partitur zu lassen.

Sehr verpflichten würden Sie mich, wollten Sie in jedem Falle in Ihrem nächsten Geschäftsbriefe mit einem Worte erwähnen, wie die Sache steht. Verzeihen Sie gütigst die Ihnen verursachte Mühe p p p p.

18. *An Eduard und Cäcilie Avenarius.*
                    Berlin, 21. April (1842).
    Liebster Eduard! Liebste Cäcilie! — —

So sind es denn wirklich volle 14 Tage geworden, dass ich von Euch fort bin — und jetzt erst schreibe ich Euch! Lebhaft, wie selten ein Ereignis aus meinem Leben steht mir die Stunde und der Augenblick unsres Abschiedes vor der Seele: er wird mir unvergesslich bleiben, denn er hat mich erst zum vollen Bewusstsein gebracht, wie so sehr theuer Ihr meinem Herzen geworden seid. Als ich von Euch fort war, glaubte ich allerdings nicht, dass ich so lange ohne Mittheilung an Euch aushalten würde; auf jeder Station wollte ich Euch schreiben, in Chalons lag sogar schon das Papier bereit. Je weiter wir nun fortzogen, je mehr nahm uns unsre Reise in Beschlag; sie war anstrengend, zumal für die arme Minna, denn aus leicht begreiflichen Rücksichten zogen wir es vor, uns selbst in Frankfurt nicht aufzuhalten, und wir waren also etwas über 5 Tage und 5 Nächte unterwegs. In Dresden ruhten wir uns denn ohne Besinnung einen Tag aus: dann ging ein Tag mit Gängen und Logis-miethen verloren und dann fuhr ich nach Leipzig. Die Mutter, die ich — Gott sei Dank! — in recht gutem Zustande antraf, — Luise, Hermann und Ottilie, ja selbst Julius und Fritz haben mich in den drei Tagen, die ich dort blieb — denn auch von Stunde zu Stunde in Beschlag genommen, so dass ich es endlich auf den ersten ruhigen Morgen im Berliner Gasthof verschob, Euch zu schreiben. Vorgestern Abend kam ich hier an, verlor gestern einen ganzen Tag um Meyerbeer anzutreffen, den ich denn erst am Abend flüchtig zu sprechen bekam. Heute um 2 Uhr hat er mir ein Rendezvous gegeben, und so bleibt mir denn endlich einmal ein halber Tag, um mich ruhig zu Euch zurückzuwenden.

---

18. (Adresse: Monsieur/Monsieur/E. Avenarius/60, rue Richelieu/à/Paris.)   (Poststempel: Berlin, 21. 4. 5—6)

Diess ist, in aller Kürze vorausgeschickt, die Geschichte meiner letztverlebten 14 Tage: nun ein trauliches Wort! — Nie ist uns ein Abschied schwerer geworden, als der von Paris; Gott! was sind all die Leiden, die wir dort ausstanden, gegen das Bewusstsein so innig geschlossener Freundschaft, das wir von dort mit uns nahmen! — Was habt Ihr mit Minna angegeben! Ihr habt ihr entschieden das Herz umgewendet, so dass ihr noch jetzt Paris als ein Paradies erscheint: sie hat auf der ganzen Reise nicht aufgehört zu weinen; kaum war sie einmal ruhiger geworden, als sie mir auf allen Trost, den ich ihr zu geben mich gedrungen fühlte, nur mit der Frage antwortete: „Darf ich nun wieder weinen?" — Ihre Verwandten — Alles war ihr völlig gleichgültig, — und als ich von ihr Abschied nahm, um nach Dresden zu gehen, gestand sie mir sehr naiv, sie weine keineswegs darum, dass ich von ihr fortginge, sondern weil sie nicht wisse, wie wieder nach Paris zu kommen. — Oh, meine lieben Kinder, glaubt mir nur, auch ich theile ihr Gefühl: ich bin noch völlig lau in der Betreibung meiner Angelegenheiten, denn mein Sinn ist noch zu voll von Paris und den guten, lieben Herzen dort, von denen ich weiss, dass sie auch für mich schlagen. In der Gegenwart lebe ich nur noch wenig, und fast erscheint es mir als kein grosses Unglück, wenn sie schlecht ausfallen sollte, denn das Glück, dass ich **ohne Euch** geniessen sollte, dünkt mich nicht preiswürdig. Nun, der Himmel wird schon dafür sorgen, dass es mir nicht zu üppig gehe. — Minna will, es **soll** mir schlecht gehen, damit ich mit Schlesinger einen Contract mache und nach Paris zurückgehe: — die Arme denkt an gar nichts, als an Paris.

Ich für meinen Theil lebe jetzt bereits in einem 14 tägigen Traum: mein waches Bewusstsein ist bei Euch. — In diesem Traum sind mir denn Mutter und Geschwister wieder begegnet: die Strassen und Häuser, in denen sie wohnen, haben sich viel verändert, bei ihnen selbst aber wenig; die junge Brut, die unter ihnen aufgeschossen, bildet die einzige Veränderung. Ich erschrecke vor dem Gedanken, dass ich vielleicht Maxel auch nicht eher wieder sehen sollte, als bis er aufgeschossen sei: — bringt ihn nur bald mit! Wenn Minna durch Thränen und Schluchzen hindurch Maxel's Namen nannte, da war sie sicher, mich auch sogleich in Thränen zu sehen. In dem Gedanken an das liebe Kind konzentrirt sich all unsre Wehmut. Maxel! Maxel! —

Ottilien's Jungen gefallen mir: der älteste ist etwas verweichlicht, der jüngere ist schlau und drollig. Was waren sie Alle neidisch, als ich von Maxel erzählte!

Von allen Seiten her hat man sich aber mit grosser Liebe nach Euch erkundigt: die Mutter bekam Respekt vor mir, als ich ihr versicherte, Ihr liebtet mich. Eure Portraits hängen bei ihr: Dein Bild, liebe Cäcilie, hat mir am besten gefallen, obgleich es in einigen Zügen outrirt ist: das Deinige, guter Eduard, hat einige Aehnlichkeit, ist aber ziemlich ordinär aufgefasst und gemacht: immerhin genügten beide Zeichnungen mir aber, um mich recht zu Euch zu versetzen, ja ich habe sogar mit Euch gesprochen. Wann Maxel's Bild kommt, wird wohl der Teufel wieder losgehen: ich werde es ohne heftige Erschütterung nicht sehen können. Uebrigens freuen sich Alle sehr darauf. Kommt es bald? —

Von Minna weiss ich, dass sie bitter bedauert, Euch diesmal noch nicht mit schreiben zu können. Sobald ich nach Dresden zurückgekehrt sein werde, setzen wir uns zusammen hin, und führen ein Schreib-Duett aus, und ich habe Minna deshalb versprechen müssen, recht bald zurückzukommen. Hoffentlich wird es auch bald geschehen; denn hier kann ich für den Augenblick nicht viel ausrichten, da der neue Intendant, Küstner, noch nicht da ist, und, wie mir Meyerbeer versichert hat, Redern hinsichtlich der Bestimmung der Zeit der Aufführung meiner Oper nichts beschliessen kann und darf. Es ist mir fast Alles gleich, — ich wollte, ich wäre bei Euch. — Wovon ich diesen Sommer leben werde, weiss ich noch nicht.

Luise, die sich unaufgefordert, viel mit meiner nächsten Existenz beschäftigt, sieht unübersteigliche Schwierigkeiten in der Herbeischaffung der Mittel: Schletter, auf welchen die Mutter immer sehr unbefangen hinweist, will Luise ganz aus dem Spiele lassen: — sie hat Recht, — die Sache hat viel Widriges. — Also: — ich bin noch immer derselbe, Hans ohne Geld — mit schönen Aussichten und alberner Gegenwart. —

Recht sehr thut es mir leid, Clärchen nicht anzutreffen, wie wir glaubten; sie ist wieder in Chemnitz: ist es mir nicht möglich, sie schon jetzt zu suchen, so wird ihr das Kleid zugeschickt. Albert reist herum, und befindet sich, — wie mir die Mutter versichert, wohl dabei. Ihn zu sehen, wird mir vorläufig auch noch schwer fallen! zu solchen Freuden gehört Geld — verfluchtes Geld.

Heinrich Brockhaus habe ich sehr unbefangen ausgerichtet, dass Du, liebe Cäcilie, ihn dringend bitten liessest, nicht nach Paris zu kommen, weil Du nur dann die Möglichkeit vor Dir sähest, Deinen Lieblingswunsch auszuführen, mit Eduard nach Deutschland zu kommen. Er musste natürlich lachen, weil er mir recht gut ansah, dass diess eigentlich mein Wunsch sei. —

Ja, liebe Kinder, wenn Ihr diess möglich machen könntet, — wenn Ihr zu uns kommen könntet, wenn Cäcilie und Maxel nun gar in unsrem idealen Töplitz mit uns zusammen sein dürften — — das wäre etwas, was sich des Jubels lohnte. Ach, sehet es doch möglich zu machen. Du, Cäcilie, reisest voran, und Eduard holt Dich zum Herbst ab; nicht wahr, so wird's? — Wenn Rienzi heraus ist, zahle ich die Rückreise. Ach, was möcht' ich nicht thun!

Erfreut uns nur ja mit ein Paar Zeilen und zwar recht bald! Schreibet nur Beide und bedenkt, dass, wenn diessmal Minna nicht mit mir schreibt, daran lediglich die Umstände schuld sind. Schreibt uns von Euch und von dem lieben, lieben Maxel. Schreibt uns auch von Herrn und Mad: Kühne, denen ich diesmal noch nicht

schreibe, weil ich es mir verspare, bis ich mit Minna zusammen es thun kann: versichert sie der grössten Liebe und Dankbarkeit, mit der wir täglich nicht aufgehört haben, uns dieser vortrefflichen Menschen zu erinnern. Alles, was uns tröstet, ist die Hoffnung, komme es wie es wolle, Euch mit ihnen bald wiederzusehen. Das herzlichste und inbrünstigste Lebewohl sei Euch denn gesagt! Lebt glücklich und gedenkt unser. So lange wir Euch nicht sehen, werden uns immer die Augen feucht werden; so oft wir Eurer gedenken! Tausend, tausend Mal seid gegrüsst von
  Eurem
    Richard.

P. S. Ich sitze hier in einem bedenklichen Berliner Gasthof, und der Rest meiner Pariser Baarschaft macht mir noch bedenklichere Mienen, deshalb Pardon, wenn der Brief diesmal noch unfrankirt kommt: es soll nicht wieder vorfallen. Durch die Handlung wollte ich diesmal auch nicht schicken, damit Ihr endlich diese Zeilen doch wenigstens schnell bekämet. —

Unsere Dresdener Wohnung ist Töpfergasse No. 7.

19. *An Eduard und Cäcilie Avenarius.*

Dresden, 3. Mai 1842.
Bester Eduard! Liebste Cäcilie!

Von Berlin aus habe ich Euch meine erste verwirrte Klage um unsre Trennung zugesandt, und es ist nun nicht mehr als Pflicht und Schuldigkeit, dass ich Euch in einer aufgeklärten Stimmung kurz und bündig das Faktische unserer Lage vermelde. Der erste wirklich niederschla-

---

19. Keine Adresse, der Brief auf sehr dünnem, leichtem Papier, als Einlage. (Vgl. „alles durch die Handlung".)

gende Eindruck, den mein Abschied von Euch mir für längere Zeit hervorbringen musste, ist endlich durch die zu materielle Berührung mit der Gegenwart einiger Maassen verwischt worden, und ich kann mir dazu nur Glück wünschen, denn in der dumpfen Träumerei, in die ich die erste Zeit versetzt war, hätte ich mich unmöglich länger befinden dürfen, ohne meinem Wesen und Vorhaben empfindlich zu schaden. — Zuerst wurde ich denn in Berlin aufgeschüttelt: etwas Entscheidendes für Bestimmung der Zeit, in welcher meine Oper aufgeführt werden soll, war allerdings nicht festzusetzen, da Küstner immer noch auf Reisen war; jedoch wurde ich mit Hrn: v. Redern bekannt der mich mit grosser Auszeichnung aufnahm und meinem Wunsch in so fern nachkam, als er mir versprach, vorläufig das Repertoir so zu stellen, dass meine Oper nach der Aufführung der Hugenotten (welche Ende Mai stattfinden wird) — die nächst einzustudirende sein soll. Küstner müsste sich also in entschiedene Opposition mit den bereits getroffenen Verfügungen stellen, wenn er meinen Holländer auf das lange Bret schieben will. Er wird diess jedoch gewiss nicht thun, da erstlich Mendelsohn (mit dem ich in recht freundschaftliche Beziehungen getreten bin) mir versicherte, er sei überzeugt, dass Redern für das erste halbe Jahr jedenfalls die Suprematie ausüben werde, und da zweitens alle Anstalten getroffen sind, Küstner für mein Interesse einzunehmen; dafür muss ich aber Mitte dieses Monates noch einmal nach Berlin und Leipzig, was mir ziemlich hart ankommt. — Meine pekuniären Angelegenheiten haben sich auf eine Weise. gestaltet, wie es mir eigentlich am Liebsten ist. Das Beste ist, dass es mir kein Wort gekostet hat: Luise, Ottilie und Hermann hatten sich untereinander besprochen, und (wie sie mir erklärten) gefunden, dass es an ihnen sei, ohne Zuziehung einer fremden Person, mir soviel vorzustrecken, als ich zu meinem Unterhalt für das nächste halbe Jahr, in welchem ich noch auf keine Einnahmen rechnen darf, für nöthig halten würde: sie frugen mich deshalb bei meiner Rückkunft aus Berlin nach der Summe, deren ich bedürfte, und als ich sie für ein halbes Jahr auf 200 Thler angab, schienen sie dies für weniger zu halten, als sie vermuthet hatten, und boten sich an, mir in monatlichen Raten das Geld von ihren ebenfalls monatlichen Einnahmen zukommen zu lassen, so dass die Sache ganz unter uns bliebe, was mir denn natürlich sehr angenehm war. Ueberhaupt muss ich Euch gestehen, beste Kinder, dass es mir vorkommt, als hätten sich unsre Leutchen alle recht zu ihrem Vortheil verändert: die grässliche Leidenschaftlichkeit scheint mir aus unsrer Familie etwas gewichen zu sein, und in diesem Bezug habe ich mich namentlich auch über Julius gefreut, den ich in jeder Hinsicht besser gefunden habe, als ich vermuthete. — Die Mama lebt nun so recht in der Wolle: sie hat wirklich ein angenehmes Leben: jeden Augenblick kann sie allein oder in Gesellschaft sein, wie sie will; sie hat eine wundervolle Wohnung, gross und behaglich, um die Ihr sie, mit Eurem ganzen Hausstande, sicher beneiden würdet. Sie will dennoch aber auch dies Jahr nach Töplitz: sie will sich dort an Minna halten: wie wär's denn nun, gute Cäcilie, wenn Du wirklich auch kämest? Höre doch an! Wir miethen Dir zum Voraus ein Logis, wo Du gar mit uns zusammen wohnen kannst. Im August, so ist es nun unwiderruflich bestimmt, soll mein Rienzi hier zur Aufführung kommen: dazu kommt der gute Eduard: vom Honorar bezahle ich gleich meine Schuld an ihn, das macht schon etwas zur Zurückreise aus. Sollte denn das nicht alles gehen? Dein Eduard braucht Dir nur wenig Geld zu geben: — wir wirthschaften zusammen. Natalie wäre bis dahin — vielleicht durch die guten Kühne's, irgendwo unterzubringen? — Ach, wie wäre das schön! Du würdest Allen eine grosse Freude machen: Maxel's Portrait, was denn endlich angekommen ist, hat (wie leicht zu erwarten stand) grossmächtige Sensation gemacht: die Mutter hat mir den Eindruck, den es auf sie hervorbrachte, wirklich rührend geschildert: wenn der Junge in natura hier ist, wird Alles des Teufels werden: freilich sind die Schwestern ein wenig neidisch — indess: besser beneidet werden, als selbst beneiden zu müssen. Nun, Ihr kommt doch? Von Dresden kann ich Euch am Ende wenig nur sagen: Die Leute sehen mich für ein grosses Vieh an, und werden gewiss Alles thun was ich wünsche. Anfang Juli soll an meiner Oper angefangen werden zu studiren; von den meisten Seiten her wird mir Glück gewünscht, dass ich dabei zugegen sein kann, weil diess von dem besten Einfluss sein würde. Reissiger fällt mir beständig um den Hals und küsst mich ab, wenn er mich habhaft wird, auch bestätigt mir Alles, dass er es wirklich redlich mit mir meint und den besten Willen hat: leider ist aber der Mensch ein so fauler Philister geworden, dass ich schrecklich daran wäre, wenn ich die künstlerische Ausführung meiner Oper allein seiner Fürsorge überlassen wollte.

So weit war ich gekommen und Minna war eben mit ihrem Briefe an Cäcilie ganz fertig (— sie hatte zeitiger angefangen —) — da kommt Euer Brief an! — Nun ist der Teufel los — ich weine — und Minna heult —! Das ist eine Noth! Ich thät' am Gescheutesten, ich ginge nur gleich wieder fort, denn mit meinen Opern wird's doch nichts — ich habe einen furchtbaren Gegner zu bekämpfen, einen Intriguanten sonder Gleichen, — meine eigene Frau! Sie erklärt mir soeben unter einem Strom von Thränen, dass sie Alles anwenden würde, um meine Opern durchfallen zu lassen, denn dann bliebe mir gar nichts anderes übrig, als wieder nach Paris zu gehen! — Ach Gott! Rechten Eifer habe ich auch noch gar nicht für die Sache, oder müsste ihn wenigstens verlieren, wenn ich oft Briefe erhielte, wie heute, und die mir das Herz so schwer machen. Glaubt mir, liebe beste Kinder, — es geht uns so wie Euch: nur in einem Punkte bin ich freudiger gestimmt: — ich glaube an ein baldigeres Wiedersehen als Ihr. — Gott des Himmels — man ist doch nur so lange Sclave, als man nicht kann: wer aber zuerst kann, — nun der wird ja nichts besseres zu thun haben, als ein Wiedersehen unter uns zu veranstalten. Weiss der Himmel! In diesem Sinne hat es für mich doppelten Werth, wenn ich dem Lächeln des Glückes entgegensehe: habe ich den Gewinn, so bin ich frei und kann thun was ich will, und mein Wille ist, Euch schlechterdings bald wiederzusehen: in Paris oder in Töplitz, das gilt gleich. Wir werden uns bald wiedersehen, das ist mein Glaube und Minna's Trost! — Die gute Seele sah die erste Seite über mit in den Brief, — dann aber konnte sie nichts mehr sehen, die Thränen, die dick hervorquollen, verwehrten es ihr! Und doch war es eine rechte Freude, denn ohne Thränen gibts keine rechte Freude! Grade so wollen wir weinen und uns freuen, wenn wir uns wiedersehen. —

Etwas anderes, als einen allgemeinen Ausbruch meines Gefühles kann ich Dir jetzt, liebe Cäcilie, auf Deinen lieben, theuren Brief nicht antworten. Minna ist es unmöglich noch eine Zeile hinzuzusetzen, denn sie ist aufgelöst. Eduard's Zeilen haben mich innig gerührt, wenn nur das fatale „dernier des derniers" nicht drinnen wäre! Ein Glück, dass es Französisch ist, und ich somit einsehe, dass es Dir, guter Eduard, nur um einen Spass zu thun war, sonst würde ich mich empfindlich gekränkt fühlen. Ich kenne keinen Ersten und keinen Letzten unter denen, denen mein Herz gehört: ich habe nur ein Herz, und wer darin wohnt, der bewohnt es von unten bis oben: wie Ihr Euch darin vertragt, geht mich nichts an. — — Kinder, Kinder! lustig, der Teufel muss bald losgehen! Weg mit den Thränen, hübsch aufgespart bis zum Wiedersehen! — — Maxel, Maxel!!! — Ja, das ist was anderes — das fährt vom Herzen in die Augen! Der Junge! Der Junge! — Da geht's bei Minna wieder los! — Ich muss nun schliessen, 's wird nichts Gescheutes mehr! — Ich wollte noch an's liebe Kleeblatt schreiben, — dieser Brief brennt mir aber unter den Fingern, ich muss ihn noch heute aus dem Hause geben. An die Andern schreibe ich Morgen — Alles geht durch die Handlung, somit bekommt Ihr nächstens auch wieder einen Brief, der Euch Alles das melden soll, was ich heute im Trubel auslasse! —

Gott befohlen! Gott befohlen! Nächstens sprechen wir uns wieder! Tausend Grüsse und Küsse! Thränen, Lachen und Schluchzen!

Ewig Euer
Richard.

20. *An die Schwester Cäcilie Avenarius.*

Töplitz, 13. Juni 1842.

Liebste, Beste!

Da sitzen wir in Töplitz, den Schlossberg vor der Nase, einen Kuhstall unter uns: — da sitzen wir und denken an Euch — an Euch! Deinen vortrefflichen, lieben Brief, gute Cäcilie, haben wir in das wichtigste Hausarchiv niedergelegt: seine Worte stehen in unsrem Herzen. Du braves Geschöpf mit Deiner treuen Anhänglichkeit, wie bist Du uns werth und immer nah! Wir vergessen Eurer nie, nie einen Tag, und in den Tagen giebt es viele Stunden, die wir in Allem, was wir reden und denken, mit Eurem Angedenken ausfüllen. Dass Ihr uns für diesen Sommer geraubt seid, ist uns ein wehmüthiger Schmerz, der uns nie verlässt und unsre Heiterkeit umflort. Bleibt uns nur immer im Geiste nahe durch Eure Güte und Treue, deren geringste Spuren uns überall hin beglückend folgen: Muth und Ausdauer muss dann schon die Entfernung besiegen! Wie steht es? habt Ihr keine Aussicht? — Von Leipzig kommt Niemand nach Paris, — kann denn Eduard keinen Geschäftsvorwand ausfindig machen, um der Leipziger Quer-Gasse einen Besuch abzustatten? Von da ist's nicht weit nach Dresden. — Ach, Gott! das sind so vague Redensarten, über die Du, lieber Eduard, nur den Mund verziehen wirst, wenn Dir Dein verfl—s Geschäft selbst noch dazu Zeit übrig lässt. Was ist zu thun, so lange man ein Sclave ist? Geniessen, was sich Einem ohne Kosten darbietet, von der Zukunft hoffen und — sich lieb behalten, sei es in der Ferne oder in der Nähe! —

Ja, nun sind wir in dem langverheissenen Töplitz! Was haben wir davon geschwärmt, als wir zusammen waren! Sei denn dieses Jahr der Anfang einer freundlichen Wendung meines Geschick's: das nächste Jahr muss mein Glück vervollständigen, — Ihr müsst mit uns sein.

Ach, diess Töplitz mit seiner weitesten Umgegend ist wohl das Schönste, was ich kenne! Unsre Hieher-Reise war verspätet worden durch die Ungewissheit, in welcher ich Ende vorigen und Anfang diesen Monates schwebte, ob ich noch ein Mal nach Berlin reisen müsste oder nicht? Schon war ich abermals, d. h. den 2$\underline{\text{ten}}$ Juni nach Leipzig gereist, um von dort aus nach Berlin zu gehen, als ich dort einen Brief von Küstner erhielt, welcher mir schriftlich ohngefähr Alles das sagte, was ich irgend nur mündlich hätte erfahren können. Ueber die Zeitbestimmung der ersten Aufführung meiner Oper konnte mir Küstner jetzt, wo er eben erst unter tausend Wirren und Chicanen die Intendantur antritt, nichts bestimmteres sagen, als dass sie sobald, als nur die Verhältnisse es ihm gestatten würden, stattfinden solle. Einen unnützen und kostspieligen persönlichen Besuch habe ich demnach vorläufig aufgegeben, und hoffe mit einem Manne, der sich wie Küstner so pünktlich in brieflichen Verhandlungen erweist, jedenfalls auch auf diesem Wege zum möglichst besten Resultate zu gelangen. So reiste ich denn nach Dresden zurück und ordnete mit Minna, die ihre brave Schwester (eine gute Haushälterin) mitgenommen hat, unsren Aufbruch nach Töplitz an. Einzelheiten über denselben, sowie über unsre Einrichtung an Ort und Stelle, wird Euch wohl Minna, die ebenfalls die Feder ergriffen hat, umständlicher berichten, und ich sage nur, dass wir „zur Eiche", dem letzten Hause an der Turnaer

Wiese wohnen, von wo aus wir ungefähr nur 50 Schritt bis zum Turnaischen Garten haben. Wir wohnen in einer Oekonomie, gänzlich ungestört — doch, wie gesagt, das erfährst Du Alles von Minna. — Der Rosenlaube, Deiner ehemaligen Heimath, liebe Cäcilie, sind wir gleich Anfangs, als wir Logis suchten, vorbeigekommen, Alles war darin schon vermiethet. — Den Schlossberg wollten wir heute Morgen bereits erklimmen, um Dir Nachricht geben zu können, ob wir Deinen und Eduard's Namen noch gefunden hätten; Minna hatte aber Krampf in den Waden, und bat mich, die Partie für diesmal noch zu verschieben. — Die Mama, die Dir vor 8 Tagen geschrieben hat, ist ebenfalls hier; sie reiste mit uns an einem Tage von Dresden ab, jedoch in einem anderen Wagen. Ihre ewige Ungewissheit, ob und wann sie reisen wollte? hatte ihr nicht erlaubt, mir feste Bestellungen für das Miethen eines Platzes zu geben. Hier haben sich nun die Mutter und Minna zum ersten Male getroffen, natürlicher Weise mit dem Benehmen zweier Leute, die nun erst Bekanntschaft mit einander machen wollen. Der Mutter scheint es in unsrer Gesellschaft sehr zu gefallen; trotz ihres steifen Knies kam sie vorgestern uns auf die Schlackenburg nachgewackelt, wo ich ihr gesagt hatte, dass wir hingehen wollten. Sie hat Minna gebeten, ihr mitunter einen Braten zu besorgen, — gestern haben wir ihr Kalbs-Braten geschickt. Darauf besuchte sie uns und liess sich mit Schmetten traktiren; sie ist recht heiter und papelt ganze Stunden lang allein; ihr Aussehen ist jetzt wirklich recht gut, und trotz ihrer Magerkeit hoffe ich fest, dass Gott sie uns noch lange erhalten wird. Uebrigens wohnt sie hier höllisch vornehm, in einem ganz neuen Hause („zum blauen Engel") auf der grossen Strasse dicht bei den Bädern, in der ersten Etage, und zahlt ohne Bett 10 Thaler monatlich: recht von Herzen ist es ihr zu gönnen! — Sie liebt Dich sehr, gute Cecilie, und gedachte letzthin auf der Schlackenburg unter hellen Thränen ihres letzten Aufenthaltes mit Dir in Töplitz; Du kannst wohl denken, ob wir mit einstimmten! Ja, wärest Du da, mit dem Teufels-Jungen, dem Max!! — —

— Ottilie hat grosse Lust mit ihren Jungen auf 8 Tage nach Töplitz zu kommen: die Mutter glaubt aber, es werde nichts daraus werden. Wollen sehen! Lieb wäre es mir, denn sie ist mir von Neuem recht werth geworden. — Luise wird in diesen Tagen auch in Carlsbad anlangen. Ich bin ihr herzlich zugethan. —

— Holla! Ende August geht Rienzi gerüstet und gewappnet über die Bretter. Du bist doch dabei? Logis besorge ich. — Alles steht gut damit in Dresden, nirgends bin ich noch auf etwas Feindseliges gestossen. — Apropos! Albert habe ich in Halle besucht: ich fand ihn besser als ich ihn vermuthet hatte; zumal war er in Leipzig seiner „Comödianterien" wegen etwas verketzert; — ich habe 2 Nächte bei ihm geschlafen, und mich viel und herzlich mit ihm ausgesprochen: ihm muss mit der Zeit eine bessere Stellung angewiesen werden, das ist klar — dennoch hat mich etwas getröstet: — **er bekommt die Gage richtig!** — Man weiss was das sagen will. Seine Frau ist schön wie ehemals. Johanna spielt ganz gut Comödie und — hat eine Stimme, die unter Alberts Bildung **zu grossen Hoffnungen berechtigt.** — Clären habe ich nicht besuchen können, wohl ist **sie** aber zu Pfingsten mit ihrem Manne **zwei** Tage in Dresden gewesen und — hat mich nicht aufgesucht! — Die Mutter hatte ihr allerdings meine Adresse nicht geschrieben, wohl musste sie aber vermuthen, dass ich in Dresden sei, und Wolfram hätte nur im Theater nachzufragen nöthig gehabt, so hätte er meine Adresse erfahren. Unbegreiflich ist so etwas! — Nun, wahrscheinlich war nichts Böses dabei im Sinne. — — —

Ehe ich schliesse, bitte ich Dich noch, gute Cäcilie, Kietz zu sagen, dass ich heute ihm bereits ebenfalls hätte schreiben wollen, dass ich jedoch es unterlassen hätte, weil ich erst in **einigen Tagen** in seiner Geldangelegenheit etwas Definitives erfahren kann; was zu thun war,

habe ich gethan, und ich habe die gute Hoffnung, dass meine Schritte die besten Erfolge haben werden. Ich erwarte deshalb einen Brief aus Leipzig, nach dessen Empfang ich ihm unverzüglich schreiben und den Brief direkt mit der Post befördern will. Auf diese Art erhielte er vielleicht seinen Brief noch eher als dieser, den ich durch die Handlung schicke, bei Euch ankommen wird. Heine wird ihm in diesen Tagen ebenfalls schreiben, und zwar viel Schönes über unsre Zeichnungen und die Charge, die er mit einem wahren Halloh begrüsst hat. Mir war es auch wunderbar zu Muthe, als ich in Dresden die langerwarteten Zeichnungen wieder erblickte! Oh! Paris! Oh Leiden und Freuden! Oh, ihr Freunde! Oh, Erinnerungen!! — — Kinder, lebt herzlich wohl! Ich will mich nicht wieder weich machen, denn wenn auf dieses beklexte dünne Papier noch meine Thränen fallen sollten, so würde dieser Brief wohl ein gerührtes, keineswegs aber leserliches Ansehen erhalten. Lebt wohl! Lebt wohl! Eduard, auf! Ermuntere Dich das nächste Mal auch zu ein paar Zeilen an Deinen ehemaligen Pariser Plagegeist! — Schreibt uns ja bald! Grossmächtige Freude, die Ihr uns dadurch macht, ist Euer Lohn! — Gott befohlen! Vorwärts, Max! Erinnere Dich Deines herrlichen Onkels und strebe ihm bei Leibe nicht nach! — Vorwärts Natalie! Werde lang und schlank! — Zu mir! Zu uns, Ihr Lieben, Unvergesslichen! Liebste Schwester, bester Schwager! Ewig der
          Eurige
          Richard W.

21. *An seine Frau.*
    Dresden, Donnerstag früh (21. Juli 1842).
    Liebes, gutes Weib,
  meine Oper wird Ende September gegeben — also ungefähr 12 Tage später, als es ursprünglich bestimmt

war. — Diess stelle ich sogleich als Haupt-Nachricht voran, damit Du nicht lange in Ungewissheit meinen Brief liesest. Wäre ich schon Anfang dieses Monates hier gewesen, so würde meine Oper auch schon Ende August gegeben worden sein, denn, — denke Dir! — die Devrient, Tichatschek und Reissiger sind bereits seit drei Wochen wieder zurück, ohne dass das Geringste geschehen wäre. Es ist scheusslich! Fischer traf ich am Abend meiner Ankunft erst im Theater an: ich konnte ihm keine Vorwürfe machen, nachdem ich ihn betrachtet hatte; — der arme Mann sieht ganz elend und abgezehrt aus, denn er ist der Einzige, der die Faulheit Aller durch die angestrengteste Thätigkeit ersetzen muss, um das Geschäft nur halbweg im Gange zu erhalten. Jetzt ist der Schauspiel-Regisseur Dittmarsch auch schon seit einiger Zeit krank, und nun muss der arme Fischer auch noch die Regie des Schauspieles führen. — Jedoch zur Sache! Der Uebelstand ist der, dass Tichatschek nicht Ende September — wie wir bisher glaubten — sondern im Anfang September auf 12 Tage nach Salzburg geht; er geht schon den letzten August fort. Da ist es denn allerdings nicht möglich, meine Oper vor seiner Abreise herauszubringen. Jedoch habe ich folgenden Plan, der auch von Allen gut geheissen worden ist, entworfen: — Wir beginnen sogleich das Studium meiner Oper — und bis Ende August sind wir mit den Zimmerproben vollkommen fertig, so dass Alles fest ist; — nun mag Tichatschek 12 Tage verreisen, — dies macht dann nicht mehr viel aus: — sobald er zurückkommt, machen wir noch eine Woche lang Nach-Proben im Zimmer, um das etwa Verlernte nachzuholen — dann kommen 8 Tage lang Theaterproben, so dass die Oper ohngefähr den 26sten September gegeben werden kann und die Vorstellungen nicht mehr unterbrochen zu werden brauchen. Tichatschek hat mich gebeten, fleissig im Zimmer mit ihm zu studiren — die Devrient hat sich mir zu Allem bereit erklärt — und Alles war nur über die

Faulheit Reissigers einig. Nun, dieser Faulheit will ich schon abhelfen! Künftige Woche beginnen die Proben! — So viel über meine Oper: Jeder sagt mir, „es ist ein Glück, dass Sie gekommen sind! —"

— Hier bin ich also bei Deiner Mutter abgestiegen und bewohne das Zimmer, welches die Schwester des Wirthes mir abgelassen hat. Sie waren sogleich bereitwillig, — nur war es nicht möglich, zu erfahren, was sie verlangen. „Das wäre das Wenigste — ich sollte nur keine Angst haben — das würde sich schon finden!" etc. — Ich glaube nicht, dass sie unverschämt sein werden. Die erste Nacht war fürchterlich: — obgleich ich sehr müde war, konnte ich kein Auge schliessen. Thurmhohe Betten, in denen ich braten musste, Mäuse, Nachtwächter — Alles hatte sich verschworen; — ich war gestern wie zerschlagen und dennoch habe ich nichts versäumt. Um 10 Uhr muss ich heute nun zu Reissiger, um die Partien austheilen zu lassen! Denke Dir nur, — seit 14 Tagen liegen die Partien in der Kanzlei bereit, damit sie Reissiger unterschreibe — und der Mensch ist vor lauter Dusel noch nicht dazu gekommen. Ich habe besorgt, dass sie heute früh zu ihm geschickt werden; ich bin dann zugegen und in meiner Gegenwart soll er sie zeichnen. Dann gehe ich zu Lüttichau, um Alles bestätigen zu lassen: — in den schwarzen Hosen muss ich da 'was schwitzen. —

An das Logis habe ich nun natürlich noch nicht denken können: von heute Nachmittag an will ich aber daran gehen. Wie es nun mit meiner guten Mama werden wird, das weiss ich allerdings unter so bewandten Umständen nicht: — schreibe mir doch ja schnell, wie sie nun darüber denkt. Für jeden Fall will ich ihr ein Absteigequartier besorgen, und mir Mühe geben, dass es mit in dem Hause sei, in welchem wir miethen: nur auf unbestimmte Zeit — natürlich! — Jedenfalls schreibe ich Euch sogleich, wann ich ein Logis gefunden habe. —

Jedoch, ich muss mich beeilen, dass der Brief heute

noch fortkommt, damit Ihr nicht zu lange auf Nachricht wartet. —

An Dr. Ullrich füge ich noch ein Paar Zeilen bei: — Wie geht es denn? — Ist die Mama wieder aus dem Bette? Gebe Gott, dass ihr Unwohlsein gehoben ist! — — Wenn Ihr nur keine Geldnoth habt — — schreibe ja bald! Du weisst meine Adresse. — Deine Aeltern fand ich ganz wohl und munter — Deiner Mutter habe ich einen Thaler zur Auslage gegeben, — sobald er zu Ende ist, soll sie mir's sagen, dann gebe ich ihr einen andern. —

— — Die schreckliche Nachricht von dem elenden Tode des armen, liebenswürdigen Herzog's von Orleans hast Du wohl erfahren! Ist das nicht fürchterlich — ich habe um ihn mich der Thränen nicht enthalten können! —

Gott gebe uns ein besseres Ende! Vorläufig wollen wir aber noch so ein halbes Jahrhundertchen in Freude und Gesundheit leben! — Leb wohl mein liebes, liebes Weibel! Grüsse meine gute Mutter herzlichst und sage ihr Alles! Lebe wohl und behalte lieb
                Dein

Grüss Jetten!   gutes Männel.
Grüss den Türk!

22. *An seine Frau.*

(Dresden, 25. July 1842.)

Liebe, liebe Minna,

Nun? Wann kommt Ihr denn? Alles ist besorgt und glücklicher Weise zeitig genug, um Dich noch in aller Ruhe davon benachrichtigen zu können. Zuerst also das Logis. — Ich bin so ziemlich um die ganze Stadt herumgegangen, und habe 21 Logis besehen, und darunter

---

22. (Adresse: Ihro Wohlgeboren / Madame / Minna Wagner / „zur Eiche" / in / Schönau / bei Teplitz. — Poststempel: 25. Juli 42.)

viele gefunden, die uns wohl recht sehr convenirt hätten, von denen aber die billigsten zu 20 Thlr. waren. Das machen die neuen Häuser: in ein solches ist es uns für jetzt unmöglich zu ziehen, da sie ausserdem, was Küche u. dgl. betrifft, auch für uns gar keine Annehmlichkeit bieten, sondern meistens nur für die Landstände berechnet sind, welche sich jetzt hier einfinden und die Wohnungen theuer machen. So schätzte ich es denn endlich für ein rechtes Glück, als ich dasjenige Logis fand, welches ich jetzt gemiethet habe. Es liegt an der Promenade, an der sogenannten Johannis-Allee, wenn man vom Markte aus die Seegasse hinuntergeht, rechts in der Promenade, ungefähr 3 oder 4 Häuser vor dem Eckhause, in welchem, wie Du sagst, Emil Devrients wohnen. Es ist allerdings kein neues Haus, 2 Treppen hoch, und die Zimmer ein klein wenig niedrig, d. h. es geht schon immer noch: 5 Fenster auf die Promenade heraus, 2 anständige Zimmer à 2 Fenster, und eines à 1 Fenster: recht hübsch meublirt, 2 Betten mit Matratzen etc. Dazu Mitbenutzung einer Küche. Die Miethe beträgt allerdings 12 Thlr. Alle haben mir aber zugerathen, denn, sagten sie, es wäre nicht möglich, ein ähnliches Logis billiger zu haben. Was mich aber besonders auch mit bestimmte diese Wohnung zu miethen, war, dass sich in derselben Etage ein anderes sehr schönes Logis mit Stube und Kammer befindet, welches an Jemand vermiethet ist, der erst Ende August es bezieht: somit kann dort die Mutter eine oder zwei Wochen nach Belieben absteigen, und was sie dafür bezahlt, steht bei ihrer Grossmuth, da die Leute natürlich nicht gut etwas für Miethe verlangen können, während schon ein Anderer bezahlt. Sie wird also mit wenigem davon kommen, und da sie unter den jetzigen Umständen, wo meine Oper vor Ende September nicht gegeben wird, jedenfalls nicht einen ganzen Monat in Dresden bleibt, so kann ihr diese Art von Absteigequartier nur willkommen sein. — — Diess war also die Logis-Geschichte: sei versichert, ich konnte sie nicht besser besorgen. —

Im Uebrigen werden meine Aussichten hier immer freundlicher. Mein persönliches Dazwischentreten scheint meiner Sache hier wirklich sehr gut zu bekommen. Um Dir Alles zu schildern, was ich unter den schwankendsten Umständen ausgerichtet und befestigt habe, habe ich schriftlich jetzt wirklich nicht Zeit genug: nur soviel, Alles ist für mich und für eine **baldige** Aufführung meiner Oper. Lortzings Casanova (eine kleine Oper) sollte wirklich zuvor erst noch gegeben werden und Tichatschek darin singen: dieser hat aber Lüttichau gebeten, ihm die Rolle zu nehmen, damit er desto fleissiger am Rienzi studiren könnte. Gestern sagte mir Koch, Tichatschek habe ihm gesagt, wenn er dadurch meiner Oper wahrhaft förderlich werden könnte, so entschlösse er sich am Ende sogar, gar nicht nach Salzburg zu verreisen! —

Die Devrient scheint äusserst gut für mich gestimmt zu sein: gestern war ich bei Heine, der sich immer herzlicher an mich anschliesst, — zu Tische, — wen hat er mit eingeladen? — die **Devrient**! — Sie war sehr auf dem Zeuge, und beschlossen ist worden, dass sie ganz am Schlusse meiner Oper (— wo Adriano in Hast hereingestürzt kommt, um Irene aus dem brennenden Capitole zu retten —) zu Pferde hereingesprengt kommen will — denke Dir: als **Mann** reitend. — Das wird ein schönes Halloh machen!!! —

— Reissiger habe ich nun ganz in meiner Tasche — ich habe ihm mein Opernsüjet von der „hohen Braut" geschenkt. Als ich es ihm gestern vorlas, war er ausser sich, ganz Feuer und Flamme: dafür soll er tüchtig fleissig sein! —

Nun, mein gutes, braves, charamantjes Weib, Du kommst doch wohl Donnerstag? Jedenfalls will ich Dich Donnerstag vor dem Thore erwarten — kommst Du aber erst Freitag, so gebe ich Dir hier die Adresse, wohin der Kutscher fahren soll:

„**Waisenhausgasse, No. 5. Links im Hofe:**

diess ist nämlich der Eingang für die Strasse. Morgen Nachmittag ziehe ich schon hinein, um Alles zu Deinem und der Mutter Empfang vorzubereiten.

Mit Gelde bin ich versehen: Luise reiste doch hier durch — das weisst Du, und Bochmann, welcher mit ihr war, bat mich das Geld für nächsten Monat gleich hier in Empfang zu nehmen, damit er nicht erst die Schickerei habe. — Das fügte sich also ganz nach Wunsche. — Es wird sich Alles machen, sei versichert! — — Ueber Luise habe ich mich übrigens recht gefreut, sie hat mir sehr viel Schönes von Dir gesagt. — Jedoch, nun auch etwas Dummes. Wie ich gestern Abend aus dem Theater nach Hause komme, finde ich einen unfrankirten Brief aus Paris vor, der mich 16 ggr. kostet. Er war von Troupenas, welcher mich so freundschaftlich als möglich um die Arrangements mahnt. Sogleich setzte mich hin und arbeitete bis Nachts um 12 Uhr, um das Arrangement fertig zu machen. Jetzt packe ich es ein und schicke es sogleich durch die Leipziger Handlung ab. —

— — Nun, Gott gäbe, dass Ihr Alle recht wohl seid; — die Mama, denke ich, muss sich doch erholt haben: möge sie sich recht frisch nach dieser Crisis fühlen! —

Komm gesund an und lobt mich recht, wenn ich's gut gemacht habe! — Leb' wohl, mein liebes Weib, sei mir gut und komm ja recht bald zu

                 Deinem

Montag   charamantjen Richel.
Dresden, 25. July 1842.

             Was macht Türk?

Nachschrift. Soeben, gute Minna, hatte ich diesen Brief gesiegelt, als ich den Deinigen erhielt. Ich breche ihn daher noch einmal auf, um Dir flüchtig zu beantworten, was Du mir schreibst. Dass Ihr erst Montag kommen wollt, ist mir sehr unangenehm, denn, ausserdem, dass ich mich nach Dir sehne, habe ich aber auch bereits das Logis auf ein Vierteljahr bis Ende October gemiethet. Trotzdem ich Morgen schon einziehen kann, zahle ich doch nicht mehr, als wenn ich den 1^{rsten} August einzöge, Schaden habe ich also nicht, — dennoch ist es mir aus vielen Gründen sehr unlieb, so lange noch allein sein zu müssen. Was das Logis betrifft, so ängstige Dich nur nicht; ich habe die Abmachung so getroffen, dass ich glaube vor Ende October, — nach Ablauf des Vierteljahres — keine Miethe zahlen zu müssen, — denn ich habe gesagt: „ich miethe das Logis bis Ende October, und bezahle Ihnen dann 36 Thlr." Die Leute sind auch in guten Umständen, und werden nicht eher Geld verlangen. Ich habe weislich diese Uebereinkunft getroffen, denn so wird es uns leichter werden, bis zur Aufführung meiner Oper durchzukommen. — Ist aber die Mutter vielleicht nur zu ängstlich, so rede ihr doch in meinem Namen zu, lieber schon Donnerstag zu reisen. — Du mein Gott! Was ist denn das weiter für eine Reise: hier soll sie Alles bequem finden. Sieh doch, ob Du die Mutter beredest. **Im Uebrigen bleibst Du bei mir in Dresden, verstehst Du?** Meine Aussichten sind gut. — Diess in aller Eile, ich muss zu Tichatschek! Leb wohl! Sieh' ob Du bald kommen kannst. —

23. *An seine Frau.*

Donnerstag, um 9 Uhr früh. (28. Juli 1842)

Mein bestes Weib,

ich war gestern eben noch mit meinem Einzuge beschäftigt, als ich im neuen Logis Deinen Brief erhielt. Sehr traurig macht es mich, dass Du mich so lange

---

23. (Adresse: Ihro Wohlgeboren / Madame / Minna Wagner / „Zur Eiche" / in / Schönau / bei Teplitz. — Poststempel: Dresden, 28. Juli 1842.)

noch allein lassen willst! Liebe Minna, wir dürfen uns durchaus nicht auf lange Zeit trennen, das fühle ich nun wieder von Neuem tief und innig. Was Du mir bist, kann mir eine ganze Residenz von 70,000 Einwohnern nicht ersetzen. Habe ich keine Geschäfte, so gräme ich mich um so mehr, allein zu sein: habe ich mich aber den ganzen Tag abgemüht, kommt der Abend und finde ich Dich nicht zu Hause, so widert mich alle Häuslichkeit, die mir sonst doch so wohlthätig ist, heftig an, und was ich ausser dem Hause finde, ist wahrlich nicht im Stande, mich nur um eine Minute zu entschädigen. Eine Stelle in Deinem Briefe habe ich noch nicht ganz verstanden: — Du sprichst von einer Nothwendigkeit, uns vielleicht noch auf länger zu trennen? — Wo ist die Nothwendigkeit? Als ich mich — um meinen hochfliegenden Plänen und Hoffnungen (die Du nicht einmal mit mir theiltest) nachzustreben, unter Umständen, die wohl selbst den beherztesten Mann abschrecken konnten, zur Reise aus Russland aufmachte; als ich mich unter Gefahren jeder Art zu Pillau einschiffte, um eine furchtbar ungewisse Reise anzutreten, die mich zu einem noch schwankenderen Ziele bringen sollte, — sprachst Du damals von Nothwendigkeit, Dich von mir zu trennen? Damals hätte ich Dir, bei Gott! Recht geben müssen! Es fiel Dir aber nicht ein. Als Sturm und Gefahr am grössten waren, als Du zum Lohne für alle mit mir erlebten Leiden einen grässlichen Tod vor Dir sahest, da batest Du mich nur, Dich recht fest zu umarmen, damit wir nur nicht getrennt in die Tiefe hinabsänken! Als wir in Paris am Rande der Hungers-Noth schwebten, bot sich Dir mehr als eine Gelegenheit, Dich zu retten: Ein Wort, und Frau v. Zech, die Dich so herzlich liebte, hätte Dich mit zu sich nach Gotha genommen, — die Leplay, die über Dir selbst ihren Geiz vergass, hätte Dich als ihre Reisegefährtin Deiner Heimath wieder zugeführt: — warum sprachest Du damals nichts von einer Nothwendigkeit uns zu trennen? Sieh, damals hätte ich Dir nichts erwidern können. Jetzt aber, da ich fühle, ich habe meine Zukunft immer mehr in meinen Händen, jetzt frage ich Dich, warum sprichst Du nun von dieser Nothwendigkeit? Sag' mir, was Dich so kleinmüthig macht? —

— Sieh', Alles ist zum Besten geordnet. Logis und Clavier-Miethe habe ich auf Ende October gestellt; — bis zur Aufführung meiner Oper handelt es sich nur um unser Leben, und das können wir zur Genüge damit bestreiten, was ich einmal noch zu erhalten habe. Somit werde ich Niemanden, am allerwenigsten meiner Familie, mehr lästig fallen. Dieser Sorge entschlage Dich also: denn sollte ich wirklich noch Geld nöthig haben, so weiss ich jetzt, dass ich unter Fremden hier nicht mehr fremd bin: ich habe mich überzeugt, dass ich jetzt hier neue Freunde erworben habe, die meinen alten nur noch darin nachstehen, dass sie noch keine Zeit hatten, sich bewähren zu können. Ist mir doch wirklich, gute Minna, als ob ich hier etwas gölte: so habe ich z. B. augenblicklich von der Devrient 200 Thaler für Kietz erlangt. Siehst Du, sie ist eine Künstlerin, und ich und Kietz sind auch Künstler, und nur Künstler müssen unter einander zu thun haben, kein Kaufmann darf sich da hineinmischen, sonst giebt es widerliche Konflikte.

Genug! Ich will Dir nicht viel mehr erzählen, trotzdem ich wirklich Stoff genug hätte. Endlich wirst Du doch wenigstens bald kommen, daher verspare ich mir Alles zur mündlichen Unterhaltung auf! —

Bis dahin aber nur noch diess!

Recht froh bin ich, dass Du mir versicherst, der guten Mama Gesundheit sei bis auf die Schwäche ihrer Füsse wieder hergestellt: da diese Schwäche jedenfalls eine natürliche Folge ist, so muss man sich darüber beruhigen. Was ihr hiesiges Absteigequartier betrifft, so hat sich einiges geändert: es ist wohl sehr schön, das ist wahr — allein sie muss wöchentlich 2 Rthr. ohne Bett zahlen; es ging nicht anders zu machen, auch wird die

Mutter, wenn sie hier ist, es leicht begreifen — somit habe ich es nur auf eine Woche erst gemiethet, — denn etwas ängstlich bin ich in dieser Art Besorgungen wohl. Jedenfalls ist aber alles bereit, und somit rufe ich Euch nur zu: Kommt! Kommt! —

Nach Dir, mein liebes Kind, fragt mich Alles mit der herzlichsten Theilnahme. Man hat Dich sehr lieb, und ich werde meine Noth haben mit steten Entschuldigungen wenn Du sie nicht besuchen willst. Nun, das wird sich ja Alles finden, von mir sollst Du keinen Zwang erfahren. —

Ueber Ulrich sei ruhig: Du hast in Deiner Aengstlichkeit wohl mehr gesehen, als zu sehen war. Ich habe ihm ganz so geschrieben, wie wir es verabredet hatten.

— Leb' wohl! Vater und Mutter lassen grüssen! — Die Mutter macht mir immer zu grosse Schüsseln, ich erschrecke immer, wenn sie aufträgt! —

— Das Logis, wo ich bis jetzt wohnte, sollst Du bezahlen — Du wirst schon fertig werden, gegen mich machten sie zuviel Umstände! —

Kommt bald! Montag! Montag! Ach, wenn doch Montag wäre!

Mein lieber Südwind, blas' noch mehr!
Nach meiner Minna verlangt mich's sehr!
Grüss herzlich! Ade, mein gutes Weib!

Dein
Richard.

Wann werden sie denn den verfluchten Jungen, den Natz vom Hofe jagen? —

Türk! Türk!

24. *An Eduard Avenarius.*
24. August (1842).
Dresden.
Bester Eduard,

Deinen und Ceciliens lieben Brief kann und will ich mit diesen Zeilen, die ich nur in Folge einer augenblicklichen Veranlassung an Dich richte, nicht beantworten. Diess soll aber spätestens in 14 Tagen geschehen, wo ich Euch in Bezug auf eine in Ceciliens Brief angeregte wichtige Frage erst klar und ausführlich schreiben können werde. Alles also suspendirt bis dahin! Ich möchte, diese Zeilen kämen Dir recht schnell zu, daher schreibe ich augenblicklich und in aller Kürze. — Hr. Ferd: Heine, mein und Kietz's Freund, war soeben bei mir, und bat mich in seinem Namen an Dich eine Bitte und Frage zu richten. Er ist nämlich ein tüchtiger Franzos und übersetzt hie und da französische Bücher, Romane etc:, erst neulich unter andern einen Roman für Collmann in Leipz., denn sein Gehalt ist gering und er sieht sich genöthigt hie und da etwas nebenbei zu verdienen. Soeben trug ihm nun ein obscurer Buchhändler aus Leipzig, Zirges, die Uebersetzung zweier Bücher an, deren Erscheinung man in Paris mit Spannung entgegensähe! nämlich der Histoire militaire, de l'exped: de la porte de fer, p. F. duc d' Orléans, und 2^{tens} Memoires du Maréchal Soult, duc de Dalmatie. Nun glaubt Heine, der zu dem p. p. Zirges überhaupt kein Zutrauen hat, Du würdest jedenfalls diese Bücher, weil sie sehr interessant sein würden, sogleich in Paris übersetzen lassen, und falls Du dazu Lust hättest, bittet er Dich nun, ihm diese Uebersetzung zu übertragen, was ihm besonders in der Hinsicht sehr erwünscht wäre, weil er dadurch unter eine tüchtige Firma gelangte. Verhält es sich nun so, und macht es Dir nichts aus, wer die Uebersetzung besorgt,

---

24. (Adresse: Herrn / Eduard Avenarius / in / Paris. / zu gütiger Einlage in den / nächstabgehenden Brief / dringend empfohlen von / Richard Wagner.)

so erwiesest Du mir einen recht grossen Freundschaftsdienst, wenn Du Hrn. F: He i ne damit bedächtest; — er ist ein vortrefflicher Mensch, und mit Leib und Seele meinem Interesse geweiht, dem er sogar schon wesentliche Dienste geleistet hat. — Thue was Du kannst! —

Noch 2 Worte. — Meine Oper, an der wir schon seit dem 1. August studiren, soll erst Anfang October zur Eröffnung des Abonnements zur Aufführung kommen. — — Kietz kann ich vor 14 Tagen ebenfalls nicht schreiben: die Erfahrungen, die ich in seinen Angelegenheiten mache, sind mir sehr lehrreich: dennoch hoffe ich ihm Geld schicken zu können — wie und auf welche Art, erfährt er in 14 Tagen.

Tausend Grüsse an Alle von Minna und mir —
Ausführliche Briefe nächstens von
Deinem
Richard W.

25. *An Eduard und Cäcilie Avenarius.*

(Dresden, 11. September 1842).

Beste Geschwister,

Ihr habt uns von Neuem wieder so reichlich und schön beschenkt, dass wir Euch immer wieder zu neuem Danke verpflichtet bleiben. Je kälter und gleichgültiger uns unsre gegenwärtigen Umgebungen berühren, desto wärmer sehen wir in die Ferne und die Vergangenheit zurück! So ist also unser Wunsch, uns diesen Sommer wiederzusehen, nicht in Erfüllung gegangen: wird er es im nächsten Jahre? — Um Euch recht fühlen zu lassen, wie sehr uns Eure Briefe — und zumal der so überraschende liebe Geburtstagsbrief — entzückten, und wie

---

25. (Adresse: Monsieur / E d o u a r d A v e n a r i u s / Rue Richelieu, No. 60 / à / Paris.)

sehr sie uns als freundliche Sonnenstrahlen erschienen, darf ich Euch nur eine kleine Schilderung unsres hiesigen Lebens entwerfen: dieses ist eine farblose, kalte Langweiligkeit, nur ab und zu durch eine peinliche Geldverlegenheit aufgefrischt. Herrliche Auffrischung! Am 18. July verliess ich schon Teplitz, um meinen Dresdener Faulenzern ein wenig auf die Finger zu sehen: Minna blieb mit der Mutter bis zum 1<u>sten</u> August zurück. Im Grunde können wir nicht sagen, dass wir Teplitz sehr genossen haben: von Partien haben wir keine einzige gemacht, — Minna ist auf dem Schlossberg, der Schlackenburg und der oberen Bergschenke gewesen, kurz da, wo man anständiger Weise zu Fuss hinkommen kann: da sie nun ausserdem nicht einmal weite und anstrengende Fusspartien machen durfte, so kennt sie von der Teplitzer Umgegend nicht viel, oder vielmehr gar nichts. Ich will deshalb nicht murren, denn immerhin war Teplitz für uns und zumal für Minna von grosser, wohlthuender Wichtigkeit: Minna hat endlich eine gründliche regelmässige Kur begonnen, auf die es mir eben vergönnt war mögliche Sorgfalt zu verwenden. Wir wurden an den Badearzt Ulrich empfohlen, welcher Minna's Leiden gewiss sehr richtig erfasst hat: allerdings sagte er, dass es die höchste Zeit sei, ihrer Heilung ausschliessliche Behandlung zuzuwenden, und besonders hat er ihre Diät sehr scharf geregelt. Gebadet hat sie verhältnismässig nur wenig, und zwar im Schwefelbad: mehr hat sie getrunken, Eger-Franzen-Brunnen. Natürlich ist ihr Uebel von einer Art, bei welcher von keiner schnellen Genesung die Rede sein kann, dennoch fühlt sich Minna in manchen Punkten schon erleichtert. Eine grosse Epoche hat bei ihr ihr Bekanntwerden mit unsrer Mutter gemacht. Wie ich Dir früher schrieb, wohnte die Mutter erst von uns entfernt; zum Schluss zog sie noch auf mehrere Wochen mit in unser Haus: als ich Teplitz verliess, war sie etwas erkrankt, und ich liess sie bettlägerig zurück: Minna hat sie auf das Getreulichste gepflegt. Ihr Gesundheits-Zustand ist übrigens sehr beruhigend, — das Bad ist ihr sehr gut bekommen; — die kurze Zeit, die sie mit uns in Dresden zusammen war, sprang sie wie ein junges Reh auf den Promenaden herum. —

Nun sind wir also seit 1sten August wieder in Dresden zusammen. Ich habe es nicht umgehen können, mir hier eine etwas anständige Wohnung zu miethen, so wie einen Flügel: Beides nimmt uns über die Hälfte unseres Monatsgeldes weg: bei der jetzigen Theuerung haben wir daher schrecklich zu würgen, um den äusseren Anstand, den ich in meinen hiesigen Verhältnissen weit mehr aufrecht halten muss, als diess in Paris nöthig war, nur einiger Maassen zu behaupten. Oft könnte ich mit wahrem Gebrüll die Zeit herwünschen, in der wir endlich einmal aufhören sollen, Bettler in anständiger Kleidung zu sein: glücklich, wer die Lumpen auf dem Leibe zur Schau tragen darf! — Ueber den Stand meiner Oper habe ich ziemlich an Kietz geschrieben, der es Euch mitgetheilt haben wird, und mir somit die Mühe erspart, Euch hier nochmals darüber zu berichten: in 4 Wochen findet wohl jedenfalls die Aufführung des Rienzi statt. Eure Glückwünsche, liebe Kinder, sind mir um so willkommener, als sie herzlich gemeint sind: — ich denke wohl, sie werden in Erfüllung gehen. Lasst mich nur einen tüchtigen Schlag machen, — über's Jahr soll dann schon der Teufel losgehen! — —

Recht erschüttert hat uns, liebe Cecilie, was Du uns und der Mutter über die, glücklicher Weise überstandene, Gefahr berichtetest, die Deiner Gesundheit gedroht hat. Ach! wie sehr wünsche ich auch Dir das Glück, bald einmal recht ausschliesslich einer Cur leben zu können! Eduard macht uns ja recht ernstliche Hoffnung, dass Ihr Beide im künftigen Jahre nach Deutschland kommen werdet: da er die Hoffnung ausspricht, glaube ich sie auch sicher verwirklicht zu sehen. — Geht mir Alles nach Wunsche, so besuchen wir Euch den Winter über's Jahr in Paris! Oh! meine Pläne sind schon gemacht.

Was Du mir von Deinem Besuche in Bellevue schreibst, hat mich sehr gerührt! Ach, glaubt nur, uns wird es immer butterweich um's Herz, wenn wir Eurer gedenken: Dieser 5$\underline{te}$ September, und der im vorigen Jahre!!! O Himmel, welch ein Abstand!!! Ich habe Minna fast kaum gratulirt vor lauter Mismuth und Verstimmung: — da kam Euer Brief! Er liess uns wieder so recht fühlen, welche göttliche Macht in der Freundschaft liegt! Ihr sasset bei uns am Tische, und wir küssten uns und freuten uns, als ob wir uns beim Kopfe hätten! Nie, nie, gute Cecilie und bester Eduard, werden wir Eure Treue und Liebe vergessen, und unser Dank soll Euch schon noch erreichen! Es leben die Schmerzen von Paris, sie haben uns herrliche Früchte getragen! — Liebe, gute Kinder! Gedenkt unser immer freundlich — wie Ihr es ja gar nicht anders thun werdet, und seid versichert, dass uns nur gemeinschaftliches Glück treffen kann! Betet somit auch Ihr für Rienzi! Bald sollt Ihr wissen, welch ein Loos ihm beschieden! Lebt wohl! Immer und ewig bleibe ich Euer mit Herz und Seele,

Richard W.

Waisenhaus-Strasse, No: 5
Dresden, 11. September 1842.

(P. S.) Bestens danke ich Dir, lieber Eduard, für die freundliche Antwort auf die Anfrage wegen Uebersetzungen für Hr: Heine; wenn Du wirklich mit der Zeit ihm etwas zuwenden kannst, wirst Du mich sehr erfreuen, denn er hat es um mich verdient durch ungeheuchelte und uneigennützige Theilnahme. —

— Mit Ceciliens Sticheleien von wegen Kindern ist es noch nischt: wir müssen uns, da wir durchaus noch keine Aussicht auf menschliche Jugend haben, immer noch mit Hunden behelfen: wir haben jetzt wieder einen, erst 6 Wochen alt, ein kleines, drolliges Thierchen: er heisst Peps, oder Striezel (weil er wie ein Hundchen vom Striezelmarkte aussieht). Besser wie der letzte Rob(b)er ist er; schlimm ist es aber, dass wir immer noch mit solchen unvernünftigen Creaturen auszukommen suchen müssen. Ich hätte schon lieber ein Maxel — doch das kann nur einmal auf der Welt sein.

Kinder, durch die Handlung geht mir der Brief doch zu langsam; ich schicke ihn durch die Post und zwar unfrankirt — nur der Sicherheit wegen, — Geld habe ich zwar auch nicht — aber das wäre das Wenigste. Ich bin zu ängstlich, das Porto zu verlieren, besonders wenn ich's nicht bezahlen kann!

26. *An Eduard Avenarius.*

Dresden, 8. Oktober 1842.

Bester Eduard,

Letzthin hatte ich Euch wohl geschrieben, ich würde nun erst nach der Aufführung meiner Oper wieder dazu kommen, Euch von mir Nachricht zu geben; dennoch wird es mir zu lange, grade jetzt, wo Ihr gewiss meiner mit gesteigerter Theilnahme gedenkt, Euch in einer zu spannenden Ungewissheit über den Zeitpunkt der Aufführung meiner Oper zu lassen. Eigentlich wollte ich Dir ganz besonders schon am 5ten d. M. schreiben, grade an diesem Tage war ich aber so ausserordentlich beschäftigt, dass ich eben nur Zeit genug fand, während unsrer höchst frugalen Mahlzeit mit Minna Deiner, guter Schwager, gebührender Maassen und mit gehöriger Rührung zu gedenken: Wein hatten wir nicht, um Dir zu Deinem Geburtstage ein tüchtiges Lebehoch zuzutrinken; —

---

26. (Adresse: Monsieur / Monsieur / Edouard Avenarius / Libraire / Rue Richelieu No. 69 / à / Paris.)

wir machten diess mit einem herzlichen Händedruck ab: ein Schelm thut mehr als er kann. Den Toast bei Wein holen wir nach, sobald wir wieder beisammen sind — hoffentlich künftigen Sommer. An diesem Tage stand nun aber noch die Bestimmung fest, meine Oper solle am 12ten d. M. gegeben werden; ich verschob es daher bis zum 13ten Euch zu schreiben: nun ist aber, und zwar aus guten Gründen und mit meiner völligen Zustimmung, die erste Aufführung definitiv und mit grösster Bestimmtheit — unter Berücksichtigung aller unvorhergesehenen Fälle — auf Mittwoch den 19ten d. M. angesetzt, und dadurch gewinne ich Zeit, Euch erst noch einmal zu schreiben. Ja, liebster Eduard, den 19ten geht der Teufel los mit Sturm und Gewitter: ich kann sagen, dass ich mit hoher Freude dieser Aufführung entgegensehe, denn sie wird a u s g e z e i c h n e t sein! Sänger und Capelle studiren mit fast mehr als Liebe: von allen Seiten erhalte ich die erhebendsten Zurufe, und Alles erwartet sich einen ausserordentlichen Erfolg. Es ist gewiss selten, dass Jemand bei ähnlichen Vorhaben sagen kann: — ich bin noch nirgends auf einen Böswilligen gestossen. Erste Sänger, welche nur unbedeutende Partien in meiner Oper haben, und deshalb Anfangs mit etwas Mismuth daran gingen, sind bald doch durch das Ganze mit in's Feuer gebracht worden und wirken jetzt so eifrig mit, als hätten sie die dankbarsten Rollen. Die Kapelle ruft: „Das ist doch einmal eine Aufgabe, wo es sich der Mühe lohnt, fleissig zu sein." Die Devrient ist trotz Heiserkeit und Unwohlsein unausgesetzt auf die Proben gekommen und hat durch ihre begeisterten (so ist mir gesagt worden) Aussprüche aller Orten, wohin sie kommt, nicht wenig dazu beigetragen, meiner Oper im Voraus bei dem Publikum einen solchen Credit zu verschaffen, dass Alles mit der Spannung wie auf etwas Ausserordentliches auf die Aufführung hinblickt. Tichatschek erklärt, der Rienzi würde seine brillanteste Partie werden, weil er in keiner anderen so viel Gelegenheit vorfinde, sich zu zeigen. — Der Einzige, der aus

Eifersucht gegen mich verstimmt sein könnte, Reissiger — scheint in persönlicher Liebe zu mir alle egoistischen Rücksichten zu vergessen: er benimmt sich wenigstens durchgehends, besonders auch hinter meinem Rücken so, dass es mir unmöglich ist, Verdacht gegen ihn zu hegen. Siehst Du, so steht es, bester Freund: nun mag Mittwoch den 19$\underline{\text{ten}}$ das Capitol zusammenbrechen: möge somit auch mein Unglücksstern erbleichen! Gebe mir Gott die Mittel in die Hände, Euch so recht, wie ich möchte, meine Dankbarkeit zu beweisen, und Ihr sollt mit mir schon zufrieden sein! Hol's der Teufel! Was macht Max?———

Ich sollte Dir eigentlich nicht solch dummes Zeug vorschwatzen: Du wirst Deiner häuslichen Angelegenheiten wegen genug in Sorge stecken, und wir Unglücklichen haben sie Dir in einem gewissen Punkte noch vermehrt. Ertrag's mir zu Liebe nur noch eine kurze Zeit, — bald muss mir ja etwas passiren, was den Knoten reissen lässt, dessen Verknüpfung heute noch mich zwingt, Dir diesen Brief unfrankirt zu schicken, und das mich vorigen 5$\underline{\text{ten}}$ zwang, Deine Gesundheit ohne Wein auszubringen. — Ach, nach einem guten Glase Wein sehne ich mich — Du weisst — nach der bewussten Sorte; ich bin durch die schrecklich angreifenden Proben oft so ermattet, dass mir eine so frivole Sehnsucht nach einem feurigen Labetrunk wohl zu verzeihen ist. Nun, trinkt Ihr nur für mich! Bald soll es besser werden: Trost sei Euch, Ihr Theuren! Friede und Segen sei auch Euch, Mr. Loizeaux, Draese, — Schuster und wie Ihr alle heisst! Fluch aber sei dem abscheulichen K i e t z, der auf meinen letzten Brief, auf meine heiligsten Anrufungen, in Zeiten der Noth der w a h r e n K u n s t treu zu bleiben und sich in ihr zu trösten — wie ich es that — der auf dies Alles, was ich ihm schrieb, keine andere Antwort wusste, als seinen hasenfüssigen Brief an Laforgue und die Erklärung, dass er nun die Kunst an den Nagel hängen und sich nur noch auf Brod-Arbeit legen würde! Das ist ein schöner Kerl, der kann nichts, wie Andern aus der Noth helfen, sich selber aber nicht! Von mir erhält er keine Zeile wieder, ehe ich ihm nicht zu gleicher Zeit Geld schicken kann! Geld! Geld! — — Bah! —

Nun, grüss' und küss' mir die Cile feurigst und Maxel zärtlichst! — Meine Freunde alle umarme ich, und rufe ihnen zu: „der Knoten muss reissen!" —

Gott behüte Dich, guter, lieber Eduard! Bleib' immer treu
Deinem
Richard W.

Nun, und ob meine Frau Euch Alle grüsst und küsst!! Muss ich Euch das erst versichern? Gewiss nicht.

27. *An Eduard und Cäcilie Avenarius.*
(Dresden, 21. October 1842).

Na, liebste Kinder! In aller Eile und Abspannung muss ich heute Euch doch wenigstens mit einer Zeile melden was gestern vorgefallen ist. Es wäre mir lieber, Ihr erführt es von einem Anderen, — denn ich muss Euch sagen, — dass noch nie, wie mir Alle versichern, in Dresden zum ersten Male eine Oper mit solchem Enthusiasmus aufgenommen worden ist, als mein Rienzi. Es war eine Aufregung, eine Revolution durch die ganze Stadt; — ich bin viermal tumultuarisch gerufen. Man versichert mir, dass Meyerbeer's Success bei seiner hiesigen Aufführung der Hugenotten nicht in Vergleich zu stellen sei mit dem meines Rienzi. Uebermorgen ist die zweite Vorstellung: — schon auf die dritte sind

---

27. (Adresse: Monsieur / Monsieur / Edouard Avenarius / libraire / Rue Richelieu No. 69 / à / Paris.)

alle Plätze genommen. Ich bin furchtbar ermüdet und abgespannt; nach der zweiten Vorstellung schreibe ich **ausführlich**. Die Aufführung war **hinreissend** schön — Tichatschek — die Devrient — Alles — Alles in einer Vollendung, wie man es hier noch nie erlebt. Triumph! Triumph! Ihr guten, treuen, lieben Seelen! Der Tag ist angebrochen! Er soll **auf Euch Alle** leuchten!

Euer
Richard.

Dresden, den 21. October 1842.

Die Oper wird noch in mehreren Vorstellungen mit erhöhten Preisen gegeben.

Ceciliens Brief habe ich heute Morgen erhalten — mit welchen Gefühlen lasen wir die Glückwünsche!!!

(Am Rande von Minna's Hand:) Kinder, ich bin zu glücklich, meine höchsten Wünsche sind erreicht! —
Minna.

28. *An Eduard und Cäcilie Avenarius.*

(Dresden, 6. November 1842).

An meine Lieben in Paris.

Wem von Euch soll ich nun besonders schreiben? Soll ich jedem Einzelnen von Euch ein gewisses Theil von Nachrichten geben? Oder soll ich glauben, dass ich vor dem Einen ein Geheimniss zu berichten hätte, welches der Andere nicht wissen dürfte? Ruft den heiligen Rath der Fünfe zusammen, gönnt **Cecilien** die Ehre des Präsidiums — Ihr seid sie ihr schon als der einzigen Frau unter Euch schuldig — und erfahrt, wie es Eurem

Bruder geht! Ich hätte Euch längst wieder schreiben sollen: theils aber hielten mich bis jetzt Abspannung, starke Beschäftigung, Besuche Einzelner aus meiner Familie, theils auch der Umstand davon ab, dass ich erst noch einige Entscheidungen in meinen Angelegenheiten abwarten wollte, ehe ich Euch ausführlich schriebe. Zu diesem kam, dass mir Heine sagte, er habe an Kietz einen umständlichen Bericht über die Aufführung des Rienzi abgeschickt, was mir — offenherzig gesagt — recht lieb war, da ich es gern einem Anderen überliess, Details zu berichten, die mir selbst zu sammeln schwer geworden wäre. Durch Heine seid Ihr also Alle — hoffentlich — näher über meinen Erfolg benachrichtigt, und ich könnte Euch somit in Kürze nur noch Thatsachen angeben, und damit will ich wenigstens anfangen. — Kinder, es ist wahr — meine Oper hat hier einen beispiel-losen Erfolg gehabt, und es ist dies um so mehr zu bewundern, da es das Dresdener Publikum war, was diesen Erfolg aussprach. Nehmt an: ein Publikum, welches noch nie in die Lage gekommen war, über eine bedeutende dramatische Erscheinung ein erstes Urtheil auszusprechen. War nicht zu vermuthen, dass die Leute — einen gänzlich unbekannten Autor-Namen vor sich — ängstlich und mistrauisch darangingen, ihr Urtheil abzugeben? Vielleicht schon aus reiner Philistricität? — Da muss ich denn nun zu allernächst dem sämmtlichen Personal unsrer Oper Dank wissen, denn Sänger wie Musiker, bei vorrückendem Studium immer mehr für meine Oper enthusiasmirt, verbreiteten durch alle Kreise der Stadt eine solche Meinung von meiner Arbeit, dass endlich Alles übereinkam, es habe noch nie, und bei keiner erwarteten Oper eine solche günstige Spannung — wie auf etwas ganz Unerhörtes, Ausserordentliches unter dem hiesigen Publikum geherrscht. Dieser glückliche Umstand ersetzte nun völlig den Uebelstand meines unbekannten Namens. Das Publikum erwartete etwas ganz Unerhörtes, Ausserordentliches, — eine Vorstellung erfolgte, wie sie noch nie von allen

Seiten mit einem ähnlichen Enthusiasmus gegeben worden war, und wer nun im Enthusiasmus nicht zurückblieb, das war das Publikum. Nun, über den Erfolg der ersten Vorstellung seid Ihr unterrichtet — also nichts mehr darüber, er hat Epoche gemacht in den Annalen deutscher Opern-Aufführungen. Seitdem ist nun die Oper zum vierten Male gegeben worden, und zwar — ein unerhörter Fall — immer bei erhöhten Preisen und überfülltem Hause; und ich glaube noch nicht, dass die Preise sobald erniedrigt werden, da der Andrang immer noch derselbe ist: nie sind von einer Vorstellung zur andern Billets zu bekommen. Während der zweiten Vorstellung wurde ich abermals mit dem Personale nach dem zweiten und letzten Acte gerufen. Zur dritten Vorstellung machte ich mit dem Regisseur ab, dass ich mich — falls wieder gerufen würde — nicht mehr auf der Bühne einstellen würde, damit von nun an die Sänger allein die Ehre hätten. In dieser Vorstellung wurde nun nach dem 2ten 3ten und 4ten Acte herausgerufen, und mein Name wiederum vor Allen: die Sänger mussten aber allein herauskommen, und sogleich verbreitete sich nun das Gerücht, ich sei schon wieder nach Paris abgereist. In der vierten Vorstellung wurden die Sänger wieder 2 mal stürmisch gerufen. Kurz, die Sache steht fest, und es ist nicht abzusehen, wann der Erfolg nachlassen sollte. Das Merkwürdigste ist mir die Ausdauer des Publikums: ich habe soviel als möglich gekürzt, immer aber dauert die Oper noch bis halb 11 Uhr, und noch bei keiner Vorstellung haben wir gesehen, dass ein Platz leer geworden wäre: mit der äussersten Spannung und Aufmerksamkeit hält Alles bis zum letzten Sinken des Vorhang's aus. Und das will für Dresden etwas heissen. Als ich an das Kürzen ging, musste ich wunderliche Erfahrungen machen: die Sänger sagten: „ja, es ist furchtbar anstrengend" aber keiner wollte sich etwas streichen lassen: Tichatschek habe ich völlig fussfällig beschworen, sich aus seiner entsetzlich angreifenden Partie etwas herausnehmen zu lassen:

Keine Möglichkeit! Immer war seine Antwort: „Nein, denn es ist zu himmlisch! Es ist zu himmlisch!" —

— Nach alle dem war ich denn nun wirklich auf mein Honorar gespannt: Alle Welt fabelte das Unerhörteste zusammen: bald sollten die 3 ersten Einnahmen mir gehören, — bald sollte ich 2000 Thaler bekommen etc. Statt Alle dem erhielt ich endlich nach der dritten Vorstellung einen Brief von seiner Exzellenz, worin er mir in den schmeichelhaftesten Ausdrücken meldete, dass er mir „für mein so vortreffliches und schönes Werk" ein Honorar von 300 Thaler aussetze, „obgleich das gewöhnliche Honorar für eine Oper nur in 20 Louisd'or bestünde; er könne sich aber nicht enthalten, gegen mich eine Ausnahme zu machen, um auch auf diese Weise mir seinen Dank zu bezeugen." Ihr seht also, wie man hier daran ist, so lange man dergleichen Dinge der Grossmuth eines Intendanten überlassen muss; mein einziger Trost ist, dass ich weiss, das Blatt werde sich nun bei mir wenden, und ich werde bei ähnlichen Gelegenheiten ein andermal fordern können. Mit dieser meiner ersten Einnahme, liebe Kinder, kann ich also noch Niemand viel helfen: denn erstlich habe ich davon sogleich Schulden an Brockhausens zu zahlen, zweitens drohen mir meine alten Magdeburger Schuldner mit Verklagung — und ich werde sie so gut wie möglich beschwichtigen müssen; dann ist unsre körperliche Ausstattung — Hemden, Wäsche etc. jetzt in einem Zustande, der unbeschreiblich ist, und auf das dringendste eine Restauration verlangt u. s. w. — Aber: nach einem so fabelhaften Erfolge ist es ja wohl undenkbar, dass es bei dieser Einnahme lange stehen bleiben sollte: hoffentlich werde ich bald wenigstens an einige andere Orte die Partitur verkaufen, und auch ein guter Verleger, der mich ordentlich bezahlt — kann nicht lange ausbleiben. In dieser Voraussicht, die gewiss nicht frivol ist, vertröste ich Euch und meine Pariser Gläubiger nur noch auf eine ganz kurze Zeit und verspreche, — meine erste nächste Einnahme ausschliesslich für sie zu bestimmen. Es ist undenkbar, dass diese lange ausbleiben könnte. Tröstet also mit gutem Gewissen, wen Ihr nach mir schmachten sehet!!! —

Und baldige Einnahmen werden auch auf anderem Wege nicht ausbleiben! Denkt Euch! — Küstner, der jetzige Berliner Intendant, da er nun durchaus erst die Lachner'sche Oper herausbringen will und muss, hat mir geschrieben, dass er meinen „fl. Holländer" vor Februar k. J. nicht geben kann. Nun kommt mir Lüttichau, und bittet mich, ihm auch diese Oper zu geben, damit er sie sogleich und unmittelbar auf meinen „Rienzi" zur Aufführung bringen könne. Somit habe ich sogleich an Küstner schreiben müssen, dass er mir unverzüglich die Partitur des Holländer's zustelle, denn da er sie erst im Februar geben könne, habe er die Partitur zeitig genug, wenn ich sie ihm Ende December wieder zuschicke. Darauf antwortet mir nun Küstner mit Winkelzügen, denn er getraut sich wegen Redern's und Meyerbeer's nicht, die Partitur eines Componisten, der jetzt mit solchem Ruhm gekrönt ist, aus den Händen zu geben. Ich habe ihm aber sogleich sehr energisch geantwortet: entweder er lässt Alles liegen, und gibt den „Holländer" auf der Stelle, oder er schickt mir die Partitur, sonst mache ich ihn für allen Schaden verantwortlich, der mir aus der Verzögerung entstehen könne; denn warum hält er nicht sein früheres Versprechen? — Jedenfalls wird also das Unerhörte geschehen: an ein und demselben Theater werden unmittelbar auf einander zwei Opern von einem Componisten gegeben werden. Die Decorationen sind hier schon bestellt, und geht das Glück gut, so ist heute über 4 Wochen hier in Dresden die erste Aufführung meines „Holländer's." Seht Kinder! Der Anfang ist gemacht!! — Nun muss ich Euch aber noch von etwas sehr Komischem unterhalten, nämlich von den Gerüchten, die hier über mich in Umlauf sind. — Natürlich frug nun Alles: „Was ist das? Wer ist der Mensch? Nie hat man ein Wort von ihm gehört, und mit einem Male tritt er mit einem Werke auf,

Luise Brockhaus
geb. Wagner

welches Meyerbeer, Auber, kurz alle unsre heutigen Notabilitäten in die Flucht schlägt? Ist das ein Anfänger-Werk, der Rienzi? Das ist nicht möglich! Unter welchem Namen muss der schon lange Opern gemacht haben?" etc. Nun sehen sie doch auch, dass ich noch ein ziemlich junger Mensch bin, und die Verwirrung wird immer grösser. — Endlich kommt es denn heraus, dass ich ein Leipziger bin, und dass ich zuletzt in Paris war: richtig — ich bin Meyerbeer's Schüler. Nun aber schöpft die glückliche Familie B. das Fett ab: B. heisst es, hat mich drei Jahr nach Paris geschickt, um dort zu „studiren" und den Rienzi zu schreiben. Jeden Monat habe ich von ihm 100 Thaler Pr. Cr. bekommen, und nun hat er es auch durchgesetzt, dass diese Oper hier in Dresden zur Aufführung gekommen sei. — Kinder, dieses Gerede bringt mich in's Grab vor Aerger! Es ist wirklich niederträchtig, dass die dumme Welt gewöhnlich noch solchen Leuten Triumphe zuschreibt, die . . . . . !!

— Zu der ersten Vorstellung kam erstlich Ottilie und Hermann, dann Luise mit Bochmann. Fritz ist bis jetzt noch gar nicht da gewesen, da ihn die Redaction seiner Zeitung abhält. Der Liebste ist und bleibt mir Hermann. Luise, die so gern exaltirt ist, und über Alles, was Mode ist, aus der Haut fährt, äusserte ihre Zufriedenheit mit meiner Oper etc. Die Mutter kam zur zweiten Vorstellung; sie wohnte bei mir und war recht liebenswürdig, wie sie es ja immer noch sein kann. Julius kam zur dritten Vorstellung: das ist ein guter Kerl, dem es jetzt aber herzlich schlecht geht. — Am meisten Freude hat mir und Minna das gute Clärchen gemacht: sie war zwölf Tage bei uns, fühlte sich und machte uns sehr glücklich: das ist ein liebes vortreffliches Geschöpf; gefühlvoll und ohne einen Funken Affectation. Sie wird Dir, liebe Cecilie, ja schon geschrieben haben: Minna ist ihre Schwester geworden, wie die Deinige: wie viel haben wir von Dir gesprochen! Und wir Beide, ich und Minna, die wir nun wieder allein sind, wie oft, und mit welchen

Gefühlen denken wir an Euch Alle: gewiss, ich wollte bereits, berauscht von all dem Erhebenden, was mir hier widerfahren ist, die jetzt verlebte Zeit die glücklichste meines Lebens nennen, als bittre Thränen mich Lügen straften, und mir die Unvollkommenheit meines Glückes zu Gemüthe führten, da I h r, I h r uns dabei fehlte. Jesus Christus! Was hätte ich darum gegeben, hätte ich Euch hier haben können: denn wisst nur: wir sind immer noch verwaist: des Abends sitzen wir allein, a l l e i n, und Niemand tritt ein wie sonst: ach! wie können doch die trübsten Lagen des Lebens so süsse Erinnerungen hinterlassen! — Heine's sind die Einzigen, bei denen wir Ersatz suchen können; sie gehören ganz und gar mit zu unsrem Bunde, haben Noth und Sorge und sind mir nah. Nach der General-Probe meiner Oper wurde Heine mein Bruder. Das ist ein vortrefflicher Mensch! — Kinder, wir müssen doch auch wieder zusammen kommen! Lasst nur erst meine Oper Zinsen tragen, sind die Gläubiger fertig, so kommen die Gläubigen daran. Es muss werden! Wer weiss, was ich Euch nächstens für Nachrichten gebe. „Trau't fest auf mich, den Tribunen!" Gott wird mich nicht nur derselbe bleiben, sondern auch noch immer mehr werden lassen! —

Grüsst mir doch herzlichst alle Bekannte und Theilnehmende. Kühne und Frau erzählet Alles haarklein, und versichert sie, dass ich und Minna ihrer stets mit dem gerührtesten Danke eingedenk sind! Gott erhalte Euch, meine Lieben, Theuren, mein ganzes Herz bringe ich Euch zum Grusse!

Euer
Richard W.

Dresden, 6. November 1842.

Morgen schicke ich durch die Handlung ein Paquet mit Theaterzetteln und Textbüchern von Rienzi ab.

29. *An Eduard Avenarius.*

(Dresden, 6. November 1842.)

Mein guter Eduard!

Um nicht das, was Euch Allen von gemeinschaftlichem Interesse ist, mit trivialen Specialitäten zu vermischen, schreibe ich Dir besonders ein Paar Zeilen, um Dich zu bitten, mir zu Liebe einen kleinen Auftrag für Hofr. Winkler zu übernehmen. Der Mensch — bei allem Eigennutz — ist mir doch immer wichtig gewesen, und hat nicht geringen Antheil an dem glücklichen Gange meiner Angelegenheiten. Er hat jetzt wieder ein neues Stück von Scribe auf dem Rohre, welches in diesen Tagen im Théâtre français zur Aufführung kommt. Schon vor 10 Tagen hat mich das Menschenkind gebeten, meinen heute erst besorgten Auftrag auszurichten: weiss Gott, ich kam aber nicht zum Schreiben, und fast fürchte ich daher schon, dass es durch meine Schuld zu spät geworden ist. Er will nämlich ganz unter den Bedingungen wie bei der „Chaîne" — nämlich gegen Bezahlung von 200 fr. — diess neueste Stück Scribe's in den ersten Correctur-Abzügen kaufen. Wende Dich daher doch augenblicklich an den Herausgeber: Mr: Beck, und biete ihm die 200 fr. an, wenn er so schnell wie bei der „Chaîne" dem Herrn Hofrath Winkler die Correctur-Abzüge des neuen Stückes zuschicken will. Sollte es durch meine Schuld schon zu spät zu solch einem Handel geworden sein, so schreibe mir — ich bitte Dich um Gottes Willen! — einen Brief, worin Du mir meldest, dass Du meinen Brief vom 26. October d. J. — (— Du verstehst mich —) wohl erhalten hättest, dass leider aber der Auftrag nicht mehr zu besorgen gewesen wäre, weil etc. . . . . Diess ist das Einzige, wie ich mich für den schlimmen Fall aus der Affaire gegen Winkler ziehen kann.

---

29. (Einlage zu dem vorigen Brief, mit der besonderen Adresse: „An Eduard".)

Sei mir nicht bös, hörst Du? wegen dieser Quatschereien! Es geht nun einmal nicht anders —
Ihr kommt also bald zu uns???
Hurrah! Hurrah! Hurrah!
Privatbriefe, besonders an die gute Cecilie folgen nächstens.

30. *An Albert Wagner.*

(Dresden, 3. December 1842.)
Bester Bruder,
je weniger ich meines langen Schweigens wegen zu entschuldigen bin, desto mehr muss ich Dich bitten, gegen mich Nachsicht zu üben, da wir sonst unmöglich ins Reine kommen könnten. Der Vorwurf des Hochmuthes, meintest Du ihn ernstlich, würde mich nur treffen können, wenn ich plötzlich wahnsinnig geworden wäre: hätte ich Anlage zum Hochmuth, so hätte ich ebenso gut vor meinem Dresdner Erfolge hochmüthig sein müssen, als nach demselben, da ich mir einbilde vorher ganz eben derselbe gewesen zu sein als nachher: was dazwischen liegt, ist das Glück, — auf ein Glück kann ich mir aber nichts zu gut thun. — Dummes Zeug! Könntest Du einen Blick in mein jetziges und letztverflossenes Leben werfen, so würdest Du schnell begreifen, wie es kommen konnte, dass ich eine so lange Zeit über nicht dazu gelangte, Dir einen ausführlichen Brief — denn nur einen solchen solltest Du erhalten — zu schreiben. Von der Zerstreutheit, in die ich durch fortwährende Aufregungen von allen Seiten her versetzt bin, hast Du keinen Begriff! Natürlich hat sich mit einem Schlage

---

30. (Adresse: Sr. Wohlgeboren / Herrn / Albert Wagner / Sänger und Schauspieler / in Ballenstädt. / frei.)

mein ganzes Leben geändert: bleibe ich auch immer derselbe, so ist um mich herum doch Alles anders geworden. Zu meiner besten Entschuldigung wird mir daher dienen, wenn ich Dir in Kürze erzähle, was Alles mit mir vorgegangen ist, seit ich Deinen vorletzten Brief — am Tage der ersten Vorstellung meiner Oper erhielt.

Du weisst ungefähr, welches der Erfolg dieser ersten Vorstellung war: sie hat buchstäblich Furore gemacht. Alles Glück habe ich den Sängern und später den Musikern der Capelle zu verdanken. Denke Dir einen Ort, oder vielmehr ein Publikum wie das Dresdener, welches seit undenklichen Zeiten nicht gewöhnt, über eine bedeutende Kunsterscheinung sein erstes — entscheidendes Urtheil auszusprechen, sondern immer in die Lage versetzt war, erst abwarten zu können, welches Urtheil anderwärts ausgesprochen wurde: — dieses Publikum, an und für sich lau, befindet sich zum ersten Male einem so anspruchsvollen Werke gegenüber, dessen Autor den unbekanntesten Namen von der Welt führt! Dieser für mich so kritische Standpunkt entging mir und meinen Freunden von allem Anfang an keineswegs, und ein einziges Achselzucken eines der Herren der hiesigen Oper hätte hingereicht, mein Werk von vornherein zu untergraben. Nun fügte es aber der Himmel so, dass mit jeder Probe die Sänger mehr Aufmerksamkeit — dann Theilnahme, dann Liebe, endlich aber Enthusiasmus für meine Arbeit an den Tag legten, und diese Stimmung theilte sich nach und nach durch die bei meiner Oper Betheiligten in einem solchen Grade dem Publikum mit, dass dieses endlich mit einer Spannung, wie auf etwas ganz Unerhörtes, dem Erscheinen meiner Oper entgegensah. So kam es denn auch, dass gleich der Erfolg der ersten Vorstellung ein so vollkommener war, dass sich hier Niemand eines gleichen, ja nur ähnlichen entsinnen kann. Und dies trotz dem dass die erste Vorstellung bis $11^{1}/_{4}$ Uhr dauerte!!! Man versichert mich, dass Alles bis zur letzten Note mit der grössten

Aufmerksamkeit dieser ersten Vorstellung beigewohnt habe, — dies sei für Dresden mein grösster Triumph. — Diese erste Vorstellung wurde mit erhöhten Preisen gegeben, und Alles war der Meinung, dass die Oper von der zweiten Vorstellung an mit den gewöhnlichen Preisen vorgeführt werden würde: der Andrang blieb jedoch so gross, dass sie Sonntag vor 8 Tagen zum sechsten Male bei erhöhten Preisen und vor stets überfülltem Hause gegeben wurde. Lüttichau hat also beschlossen, die Aufführungen meiner Oper bis Neujahr zu unterbrechen, um sie dann immer wieder mit erhöhten Preisen zu geben. Die besonderen Ehren, die mir in den Vorstellungen von Seiten des Publikums angethan wurden, übergehe ich Dir aufzuzählen; nur sage ich Dir, dass die sechste Vorstellung, welche ich selbst dirigirte, fast noch enthusiastischer als die erste aufgenommen wurde. — Das Ergreifendste für mich war aber, was ich von dem gesamten Personale, besonders aber von Tichatschek und der Devrient erfuhr, als ich daran ging, die Oper zu kürzen: Keines wollte sich etwas streichen lassen, so dass ich völlige Kämpfe zu überstehen hatte und blos dadurch zum Ziele kam, dass ich meine Striche so einzurichten suchte, dass den Haupt-Sängern so wenig wie möglich genommen wurde. Jetzt dauert die Oper blos bis halb 11 Uhr; viele Stimmen aus dem Publikum haben mir aber Vorwürfe gemacht, dass diese oder jene Stelle wegbliebe. — —

Nach der zweiten Vorstellung trug mir nun Lüttichau an, meine zweite Oper „der fliegende Holländer" — da sie in Berlin doch erst im Februar oder März zur Aufführung kommen könnte — sogleich auch in Dresden geben zu lassen. Du begreifst leicht, welches ausserordentlich Schmeichelhafte für mich in diesem Anerbieten lag, und ich habe es gern angenommen: gegen Weihnachten d. J. wird also auch meine zweite Oper hier zur Aufführung kommen: die Devrient hat sich darin die weibliche Hauptpartie — die ich ihr natürlich etwas habe ändern müssen — ausgebeten. — Dass dieses Zusammentreffen meine ganze geistige Thätigkeit in Anspruch nimmt, kannst Du Dir wohl denken: dabei überwache ich das Copiren der Partituren, Aenderungen, Kürzungen, Einrichtungen etc; ein paar Mal war ich auch in Leipzig, zuletzt bei dem Conzert der Devrient daselbst sogar beschäftigt. Alle Tage erhalte ich Briefe in Bezug auf meine Angelegenheiten, von denen viele noch unbeantwortet liegen. Was aber das Betrübendste ist, das sind die **Einladungen**. Vorher krähte kein Hahn nach mir, und nun kann ich mich nicht retten, besonders da meine Freunde behaupten, ich müsse überall hingehen: kurz ich bin hier Mode. — — Was mich nun auch sehr aufregend in Anspruch genommen hat und noch nimmt, ist die Stellung, in die mich der so überraschend eingetretene Todesfall des armen Rastrelli gebracht hat. Sogleich blickten Aller Augen auf mich als seinen Nachfolger im Amte: am Hofe sprach man davon und Lüttichau liess mich ausforschen. Ich liege noch in einem sehr schweren Kampfe: gern bliebe ich natürlich für die nächsten Jahre noch frei. Ich bin jetzt in meinem besten Alter, wo die productiven Kräfte am frischesten gespannt sind: zwei Sujets zu neuen Opern habe ich bereits entworfen, im Laufe von zwei Jahren könnte ich sie componirt haben, wenn ich frei bliebe. Ich gestehe, dass ich diese Freiheit gern mit dem Opfer einiger Sorgen in pekuniärer Hinsicht erkaufte, und am Ende muss ich jetzt doch darauf rechnen, von meinen beiden fertigen Opern noch manche hübsche Einnahme zu machen. Freilich geht bei uns in Deutschland Alles langsam und bedächtig: ich bin sämmtlichen Theatern eine zu unerwartet gekommene Erscheinung, und ehe sie Zeit finden, mich in ihr Repertoir einzuschieben, kann ich schon wohl noch ein wenig zusehen. Zwar habe ich von Braunschweig durch Schmetzer schon vorläufigen Auftrag für die Partitur; gestern habe ich auch einen Brief des Aachener Theater-Direktor's bekommen, worin er mich um die Partitur bittet: indess, wenn ich auch schon jetzt hie und da etwas erschnappe, so liegen mir doch auch meine alten Schulden, zumal die Magdeburger, schwer auf dem Halse, und ich sehe noch lange nicht den Zeitpunkt ab, wo ich ohne Geldsorge sein würde. Ich habe deshalb, und besonders da man mir Vorwürfe machte, nicht mit der Sprache herauszurücken, vor einigen Tagen mich frei gegen Lüttichau ausgesprochen, und ihm erklärt, dass, trotzdem ich eigentlich gewünscht hätte, noch frei zu bleiben, die Aussicht, ein so ausserordentliches Ensemble, wie die Dresdener Oper mir es jetzt bietet, zu meiner Disposition zu erhalten, um mit ihm die höchsten Kunstleistungen zu bereiten, für mich etwas so Verführerisches sei, dass ich leicht meinem früheren Vorsatze entsagen könnte: da eine untergeordnete Stellung, wie sie Rastrelli inne hatte, mir diese Aussicht aber nicht biete, so könne ich auch auf den erledigten Platz nicht reflectiren. Hierauf hat mir nun Lüttichau erklärt, dass es sein Wille nicht sei, die Stelle so wieder zu besetzen, wie sie Rastrelli inne hatte; da er in Reissiger, dessen zu grosser Schlaffheit und Unbeholfenheit wegen, durchaus nicht mehr das Vertrauen setzen könne, welches nöthig sei, so beabsichtige er, einen anderen **Kapellmeister** ihm an die Seite zu setzen, der mit ihm zum Mindesten vollkommen gleiche Rechte theile. — Nun stehe ich denn wie Herkules am Scheidewege: — Jeder, der blos mein materielles Wohl im Auge hat, wird mir natürlich zurufen: „Greif' zu!" Ist damit aber auch Alles abgethan? — —

Siehst Du, so geht es nun bei mir: immer habe ich den Kopf voll — bald mit Kunst, bald mit — Dunst. — Ich hätte Dich wohl gern hier gesehen: bist Du denn immer so fürchterlich beschäftigt? Wenn ich Dir nicht schrieb, so war eine lange Zeit auch der Umstand daran schuld, dass ich nicht wusste, wohin? schreiben. Jetzt seid Ihr also wieder in Ballenstädt, und es geht Euch so gut, wie es eben gehen kann? — Wegen meines Rienzi wollen wir doch wohl noch ein wenig warten. Findest

Du nicht auch, dass es gut ist, wenn er erst noch an einem zweiten bedeutenden Orte gegeben wird? Ich verkenne — weiss Gott — nicht, was für mich Schmeichelhaftes in Deiner Anfrage liegt, und hast Du bessere Gründe dafür, die Oper schon so bald bei Euch zu geben, so sage sie mir, und belehre mich. Jedenfalls ist es sehr viel Vertrauen von Deinem Director, und ich bin ihm herzlich dankbar dafür. Das Honorar wird zwischen uns kein grosses Obstakel sein. Ich richte übrigens die Partitur so ein, dass die Aufführung an kleinen Bühnen keine zu grosse Noth macht. Jedenfalls wird es mir interessant sein, Dich als Rienzi zu sehen und zu hören. Schreib' mir doch bald, was Du auf meinen Einwurf zu erwidern hast.

Und nun — wie geht es Deiner Familie? Was macht die Frau? Wie schreiten die Kinder vorwärts? Ich spreche hier oft von Dir und Johanna. Schreibe mir doch das Repertoir der Letzteren: es debütirt und versucht sich jetzt hier allerhand Gesindel, warum sollte man da nicht eine Anfängerin beachten, die unter Deiner Leitung so viel verspricht? Kommt Zeit — kommt Rath. —

Meine Frau dankt herzlich für Deinen Gruss und erwidert ihn ebenso. Mach', dass wir uns bald einmal zu sehen bekommen; vielleicht findet sich dazu die Gelegenheit, wenn Ihr Euch nach Bernburg übersiedelt? Bei mir kannst Du wohnen.

Leb recht wohl und sei mir ja nicht mehr bös. Grüsse bestens die Deinigen von mir und meiner Frau.

Immer bin und bleibe ich

Dein
treuer Bruder
Richard Wagner.

Dresden, 3. December 1842,
   Marienstrasse No. 9.

31. *An die Schwester Cäcilie Avenarius.*

Dresden, 5. Januar 1843.

Meine beste Cecilie,

es ist lange, sehr lange her, dass ich Dir nicht geschrieben habe, denn ich weiss, dass Du selbst meinen letzten Brief als keine speciellere Berührung zwischen uns Beiden ansehen kannst, da dieser Brief, so ausführlich er war, doch nur einen umständlichen Bericht über den Erfolg meines Rienzi enthielt, einen Bericht, der an alle meine Pariser Freunde und nicht an Dich besonders gerichtet war. Einen Privatbrief, der alles das besprechen sollte, was unsere besonderen Angelegenheiten betrifft, solltest Du — so nahm ich es mir vor, als ich jenen Bericht abschickte — erst noch erhalten, und dass ich bis jetzt noch nicht zu dem Entschluss gelangen konnte, diesen Brief zu schreiben, das ist es, was mich auf der einen Seite gewiss in einen sehr ungerechten Verdacht bringt, auf der andern Seite mich aber seit Monaten lebhaft geängstigt hat. Um Dir begreiflich zu machen, wie es kam, dass ich so lange mit einer so wichtigen als angenehmen Pflichterfüllung zögerte, muss ich Dir durchaus zuvörderst einen Ueberblick über mein letztes Leben geben. Ich bin bis diesen Augenblick noch nicht zur Ruhe gekommen, und wenn ich den heutigen Vormittag endlich dazu bestimme, Dir zu schreiben, so sei versichert, dass ich darüber Besorgungen vernachlässige, die manchem Anderen zu wichtig erscheinen dürften, um nicht vor allen Dingen abgemacht zu werden. Mit dem Erfolge meines „Rienzi" habe ich einen Riesenschritt in die Oeffentlichkeit gethan, und mit ihm bin ich all den tausend Rücksichten verfallen, die ein öffentlicher Name zu beachten hat. Nun geht die Sorge los, den Ruf zu bewahren und zu verbreiten: ich habe in den letzten 2 Monaten mehr Briefe erhalten, als während meines ganzen Aufenthaltes in Paris. Trotzdem ich mir vorgenommen habe, selbst keine Schritte zu thun, andren Theatern meine Oper anzubieten, hatte ich doch sehr bald direkte und indirekte Anfragen deshalb zu beantworten. Kaum war ich nun aber aus den Aufregungen heraus, die mir die Aufführungen des Rienzi verursachten, so ging die neue Arbeit mit dem „fliegenden Holländer" los. Diese Oper hatte ich selbst übernommen einzustudiren und zu dirigiren: zuvor hatte ich meine Noth, die Partitur von Berlin zu erhalten. Zweimal sah ich mich veranlasst nach Leipzig zu reisen. Endlich kam auch noch der Tod Rastrelli's, der mich in eine ganz unerwartete Lage versetzte, in Bezug auf die Stelle, die hier so schnell am Theater leer wurde. Von Allem, was nun in der Entwickelung lag, musste ich einer baldigen Entscheidung entgegensehen: wirst Du mir einen ernstlichen Vorwurf daraus machen, dass ich gern vieler Zweifel erst überhoben sein wollte, ehe ich mich für ruhig genug hielt, Dir zu schreiben? Zudem — ich kann an Dich nicht schreiben, ohne Deines guten Mannes zu gedenken, dem ich jetzt meinerseits so Manches aufgeladen wusste, was durchaus erst gehoben sein wollte, ehe ich Euch mit ruhigem Herzen wieder entgegentreten konnte. Genug, sei versichert, dass ich heute, wo ich Dir schreibe, einen vor 4 Wochen erhaltenen Brief aus Wien, meines Rienzi wegen, noch unbeantwortet daliegen habe; dass ich seit 14 Tagen den Auftrag, das Buch des Rienzi für die Prager Censur einzurichten, unvollzogen lasse; — möge diess hinreichen Dir zu beweisen, dass wenigstens nicht Lauheit meinerseits der Grund ist, wenn ich Dir bis jetzt noch nicht geschrieben habe. Erst heute komme ich dazu, Dir zu sagen, wie ganz unendlich Du uns durch die so überraschende Nachricht erfreut hast, dass Du mit Eduard nächstes Frühjahr uns im lieben Vaterlande besuchen wirst. Solltest Du wirklich glauben, wir hätten solch eine Nachricht dahin nehmen können, ohne darin die Verheissung der Erfüllung unsrer heissesten Wünsche zu ersehen? Dann müsstest Du Alles, was wir Dir früher geschrieben haben, für offenbare Lüge halten. Im Gegentheil hat uns diese Nachricht gewisser Maassen einge-

schläfert: die Erfüllung unsres Wunsches sahen wir erreicht, und wir hatten nun keine Veranlassung mehr, Euch zu bestürmen, eine Reise hierher möglich zu machen; die Sache erschien nun als abgemacht, und wir sahen mit Sehnsucht nur noch Eurer wirklichen Ankunft entgegen. Deine leicht erklärliche, aber immer doch ungerechte Verstimmung gegen mich scheint sich nun allen meinen Pariser Freunden mitgetheilt zu haben: Keiner gibt auch nur ein Lebenszeichen von sich, und mir wird ganz Angst, als ob sie alle gestorben wären. Heisst es denn nur immer „Wurst wider Wurst?" Hat denn Niemand Erbarmen mit meiner Lage, die jetzt für mich so aufregend ist, dass mir eine Vernachlässigung äusserer Pflichten gewiss zu verzeihen ist? Ich denke immer an Euch —
aber es ist mir unmöglich, lange Briefe zu schreiben: der heutige Tag geht mir wieder in die Brüche, — so eben werde ich durch den Bedienten des Geheime-Raths unterbrochen, der mich noch diesen Vormittag zu diesem bescheidet: — Morgen muss ich endlich an die Besorgung meiner rückständigen Geschäfte gehen, deshalb kann ich nur kurz das Wichtigste schreiben, da ich aus anderen Gründen es nicht länger mehr verschieben kann, den Brief abzuschicken. — Nachmittag schreibe ich weiter. —
So ist es denn Abends 6 Uhr geworden, ehe ich wieder zum Schreiben komme: ich muss mich wahrlich dazu halten. Also, kurz und bündig Nachrichten von mir. — Nachdem mein Rienzi sechsmal bei erhöhten Preisen und vor stets überfülltem Hause gegeben worden war, wurde er, um den Sängern etwas Ruhe zu gönnen — denn besonders Tichatschek greift die Oper furchtbar an — mitten im Triumph auf einige Zeit bei Seite gelegt, um ihn dann immer wieder bei erhöhten Preisen geben zu können. Währenddem wurde der fliegende Holländer studirt, die Devrient übernahm darin die Senta. Nach dem Rienzi, dieser rauschenden, glänzenden und prachtvollen Oper, machten wir uns alle vom flieg. Holländer

nur sehr wenig Erwartung, und ich gestehe, dass ich mit
sehr grosser Angst daran ging, weil diese Oper zu verstehen sehr viel Fantasie nöthig ist, und wenig darin für
glänzende Effekte gethan ist. Es ist ein ganz anderer —
wie viele sagen — neuer Genre, der sich nur sehr langsam Bahn bricht: Ihr Alle habt darüber andere Vorstel-
lungen gehabt. Am 2$\underline{\text{ten}}$ Januar wurde sie nun zum ersten
Male aufgeführt, und ich gestehe, dass ich auf den Erfolg,
den diese Oper hatte, bei Weitem stolzer bin, als auf den
Erfolg des Rienzi, weil ich dort zu viele Hülfsmittel hatte.
Wir gaben die Oper in 3 Aufzügen, so dass sie den ganzen
Abend füllte: nach dem zweiten und dritten Aufzuge
wurde ich stürmisch mit den Sängern gerufen. Die zweite
Aufführung war gestern, und ich hatte den Triumph, dass
der Enthusiasmus sich eher noch steigerte: abermals
wurde ich zweimal mit den Sängern gerufen: das erste
Mal liess ich die Sänger allein herausgehen; das Publikum ruhte aber nicht eher, bis ich nach ihnen noch allein
heraus musste. So hätte ich denn auch diese Oper, die
so ganz unter Euren Augen entstand, glücklich durch-
gebracht, ja, mit ihr vielleicht einen neuen Genre be-
gründet: dass sie so gefallen hat, will wirklich viel sagen,
da der Rienzi ungeheure Erwartungen erregt hat. Nun
soll der Holländer Anfang März in Berlin daran kommen.
Durch Rastrelli's Tod ist, wie Ihr wohl schon wissen
werdet, hier die Musikdirektor-Stelle leer geworden.
Alles blickte auf mich, und sagte, dass ich mich nur darum
zu bewerben habe, um die Stelle sogleich zu bekommen:
dass ich unter Reissiger keine untergeordnete Stelle annehmen wollte, verstand sich aber von selbst: ich liess
Alles an mich ankommen, und erklärte endlich Lüttichau,
dass ich nur eine erste Kapellmeister-Stelle, mit 1800 Thaler
Gehalt, annehmen könnte. In der That weiss ich, dass
hier ein tüchtiger Mann von Nöthen ist, dem ein bedeutender Wirkungskreis eingeräumt werden muss, denn
Reissiger ist so sehr zur Null herabgesunken, dass seine
Wirksamkeit für gar nichts mehr erachtet werden kann.

Lüttichau hat mir nun auch ganz neuerdings die Eröffnung gemacht, dass er im Sinne hat, mich zum Kapellmeister mit 1800 Thlr. Gehalt zu ernennen, nur soll ich erst zur Probe ein Jahr als Musikdirektor mit 1200 Thlr. Gehalt dienen. Darauf habe ich ihm nun eben erst heute Nachmittag geschrieben, dass ich diess **nicht** eingehen könnte und wollte. Was er nun darauf beschliesst, weiss ich nicht: gewiss bleibt aber, dass ich nur um eine ganz bedeutende Stelle meine Freiheit aufgebe. Ich weiss zwar, dass ich mich für jetzt dadurch immer noch grosser Noth und Sorge aussetze: Jemand wie ich darf aber nichts scheuen. Geht es mit der Verbreitung meiner Opern auch langsam — wie ja in Deutschland Alles langsam geht — so wird doch endlich ihre Verbreitung über ganz Deutschland nicht ausbleiben, denn der hiesige Erfolg hat zu viel Sensation gemacht. Rienzi wird zunächst in Prag und Hamburg, — zum Frühjahr auch in Braunschweig gegeben werden. Ausser meinem Dresdener Honorar habe ich aber noch kein Geld eingenommen, das kommt nun erst nach. Die Verleger zaudern alle noch mir Anerbietungen zu machen, weil sie doch wohl erst sehen wollen, wie meine Opern in andren Orten gefallen: ich für mein Theil will mir es nun auch nicht vergeben, meinerseits Verleger anzugehen, und so kann Alles erst die Zeit geben. In Erwartung besserer Dinge ist es mir daher von ausserordentlicher Wichtigkeit gewesen, dass ich endlich — und zwar ganz ohne zu suchen — den Menschen gefunden habe, der mir 1000 Thaler baares Geld auf mein ehrliches Gesicht und das Versprechen hin, sobald ich einmal in guten Umständen sein werde, die Schuld wiederzuzahlen, borgt. Diese Person ist Niemand anders als — die **Devrient**: sie lernte meine Verhältnisse, meine Verpflichtungen, meine Schulden kennen, und bot mir ganz von selbst zu wiederholten Malen 1000 Thlr. an, bis ich endlich sie annahm. Es ist ausserordentlich, — und ich gestehe, selbst wenn diess nicht so wäre, so achte und verehre ich die Devrient gränzenlos. Sie ist eine wahrhaft edle, hochherzige Frau. Auch Minna hat sie sehr in ihr Herz geschlossen: zu Weihnachten bescheerte sie uns: Minna ist wirklich luxuriös von ihr beschenkt worden: Alles, was sie sich nur wünschen konnte, erhielt sie. Ziemlich die Hälfte der mir von der Devrient geliehenen Summe bestimme ich für Paris: an Eduard schreibe ich ausführlicher deshalb. Mit der anderen Hälfte will ich suchen meine alten Magdeburger Schulden loszuwerden: es wird schwer halten, denn die Leute knöchen mich bis aufs Blut und drohen alle Augenblicke mich in meiner jetzigen ehrenvollen Stellung zu compromittiren. Wollte ich ihnen Alles bezahlen, was sie fordern mit Kosten und Zinsen, so hätten sie 657 Thalr. zu fordern. Von den 1000 Thlr. verwende ich keinen Groschen an mich. —

So steht es ungefähr mit mir: Ihr seht, vorwärts geht es, und wenn Ihr, liebe Cecilie und Eduard, hierher kommt, werdet Ihr uns hoffentlich noch besser antreffen. Rienzi soll nun in zwei Hälften getheilt an zwei Abenden gegeben werden, weil der Länge wegen zu viel hat wegbleiben müssen, was nun Alles wieder hergestellt werden soll, um nichts dem Publikum zu entziehen. Schliesst daraus, ob die Oper gefällt! Auch in Prag werden sie die Oper wohl in 2 Abenden geben. Hoffentlich, gute Cecilie, wirst Du meine Opern hier zu sehen bekommen, — mache nur, dass Ihr bald anlangt. — Wegen Natalien ist unser Entschluss gefasst, Ihr müsst so gut sein, sie auf unsre Kosten mit Euch hierher zu bringen, dann seid Ihr sie los, und sie mag zu ihrer Schwester nach Zwickau gehen, wo sie am Besten ihr Unterkommen finden wird.

Was machen Herr und Mad. K ü h n e? Um des Himmels Willen grüsst sie ja Millionenmal auf das Herzlichste von uns: nie werden wir aufhören, ihrer mit Rührung zu gedenken. Wie ist es denn nur noch mit den abscheulichen Betten geworden? — Minna, die sich grimmige Vorwürfe macht, will Dir absolut noch schreiben; Gott weiss, ob sie vor lauter nachträglicher Angst um meine Opern noch dazu kommt! Morgen früh muss der Brief fort, — gut, wenn sie bis dahin geschrieben hat. Ihre Schreibewuth ist so schrecklich zahm! —

Ach Gott, ich weiss gar nicht wo mir der Kopf steht! Wollte ich nun bloss noch über Dich und die Deinigen schreiben, so müsste ich dem Stoff nach mindestens noch einen grossen Brief von vorn anfangen. Erspart mir die Schreiberei, und kommt hübsch bald selbst: sind wir wieder zusammen, so werden wir hoffentlich mit einander zufrieden sein, und Ihr werdet Euch überzeugen, dass wir nicht um ein Haar in unserer Liebe nachgelassen haben. Dummes Zeug, das! Ein Hundchen haben wir auch für Deinen grossen Bengel, den Max! Oh, Max! Oh Max!

Lebe wohl, meine gute Cecilie, schlag' Dir die Grillen aus dem Kopf und sei gescheut! Wenn man einmal mit den Herzen so nahe zusammen war, wie wir, verändert man sich nicht mehr. — — Ich will an Eduard auf ein apartes Blättchen schreiben, — hier dringt es so sehr durch! —

Leb' wohl und gesund — küsse Deinen Max schönstens von mir, — theile meinen Freunden aus diesem Briefe mit, was für sie gehört, grüsse sie herzinnigst, und behalte stets und unwandelbar lieb

Deinen
Bruder
Richard W.

32. *An Eduard Avenarius.*

Mein liebster Eduard,

Du hast jetzt gewiss wieder einmal grosse Noth um mich ausgestanden; ich habe Dir so Manches auf dem Halse gelassen, das weiss Gott! Nun sieh einmal, ich

---

32. (Beilage zu dem vorigen Briefe, ohne besondere Adresse.)

hätte auch nicht eher wieder recht das Herz gehabt Dir zu schreiben, als bis ich Dir einiger Maassen in der Sorge um meine Angelegenheiten Luft machen konnte. An Cecilie schreibe ich so ziemlich Alles, was ich über mich zu berichten habe, deshalb wende ich mich hiermit an Dich nur in quasi-Geschäfts-Angelegenheiten. Zuvor bedanke ich mich aber noch recht schön für die Besorgung der Winkler'schen Angelegenheit: Du hast mir diesen Menschen dadurch wieder von neuem verpflichtet, und er hört nicht auf, mich und meine Oper dafür in der alten Leipziger Zeitung auf das Erbärmlichste zu loben. Gut, tausend Dank!

Nun zur Sache! Die Devrient hat mir 1000 Thaler geborgt, um davon so viel wie möglich Schulden zu bezahlen: meine Magdeburger Gläubiger spielen dabei eine Hauptrolle. Aber auch Paris soll bedacht werden. Ich übermache Dir daher einen Wechsel auf 1500 Francs. Sei so gut und bezahle davon sogleich meinen armen, braven Schneider, Mr. Loizeau; ich kann mir die Freude nicht versagen, ihn durch beiliegendes Briefchen einzuladen, zu Dir zu kommen, und sich das Geld: 400 Frs. zu holen.

Sodann sei so gütig, meine unglücklichen Pfänder einlösen zu lassen: das Silberzeug steht mit 250 Frs., — die Uhr mit 100 Frs. fest. Wie ist es denn mit dem Erneuern des Versatzes gewesen? Warst Du so gut, die Kosten für mich auszulegen? — Hast Du dies gethan, so wirst Du mit freudigem Herzen auch die neuen Kosten wieder für mich auslegen: es wird Dich hoffentlich nicht geniren, und da wir uns ja sobald in Sachsen sehen werden, so hast Du ja dann eine prächtige Gelegenheit, mir Alles haarklein zu berechnen, und sogleich die Auslagen von mir in Empfang zu nehmen; denn bei Geld werde ich hoffentlich sein, wenn wir uns sehen. — Auch meine alte Schuld an Dich bringe ich jetzt nicht in Anschlag, — hoffentlich ist es Dir möglich, damit zu warten, bis Du hieher kommst, und dann sei sicher von mir zurückzuerhalten, womit Du mir einst oft aus der Not geholfen hast. —

600 Frs. sind für Kietz bestimmt: so viel bin ich ihm ungefähr schuldig, wenn es nicht mehr ist. Gott gebe, dass ihm die baare Wiederbezahlung dieser Schuld von Nutzen, von **wahrem** Nutzen sei! Ist Kietz ein vernünftiger Mensch, so weiss er was er thut: ich habe nun einmal die Ansicht, dass in Paris **nichts** aus ihm wird. Besprich Dich doch recht ernstlich mit ihm: allerdings weiss er, dass ich ihm, weil ich ihm dies Geld schicke, keine **Vorschriften** zu machen habe, denn er hat mir keine gemacht, als er mir das Geld borgte. Hoffentlich aber ist er für guten Rath noch nicht taub geworden. Nun, an ihn schreibe ich selbst ein paar Zeilen. —

100 Fr. gehören Kietzen's Onkel, Mr. Fechner: Kietz wird so gut sein, sie an ihn zu bezahlen. 40 Fr. gehören meinem Schuster, die Kietz ebenfalls zu entrichten übernehmen wird. —

Auf diese Weise wäre denn die Summe so glorreich wie möglich auf folgende Art vertheilt:

>   Kietz . . . . 600 Fr.
>   Loizeau . . . . . 400 „
>   die Pfänder . . . 350 „
>   Mr. Fechner. . . 100 „
>   der Schuster . . 40 „
> Beliebige Zinsen an den
>   Meistbietenden 10 „
>   Summa 1500 Fr.

Was Natalie betrifft, mein lieber Eduard, so lege doch — wenn ich Dir damit nicht zu viel zumuthe, für sie aus, was sie am Nöthigsten gebraucht. Reiset Ihr dann nach Sachsen, so bringt Ihr sie mit, und sei versichert, dass ich jedenfalls darauf halten werde, im Stande zu sein, Dir hier sogleich alles — Reisekosten und Auslagen, mit dem was ich Dir sonst noch schuldig bin, wieder zu bezahlen. Du wirst mir schon alles in Rechnung stellen;

genirt es Dich aber in der That, so schreibe es mir nur ja, und ich werde es schon möglich zu machen suchen, dass ich Dir das Geld noch nach Paris schicke. — Unser Silberzeug und die Uhr bringt Ihr dann wohl mit? Es wäre diess wenigstens die bequemste Art, es uns zuzuführen. Die Uhr bittet Dich meine Frau zuvor in Paris bei Breguet — von dem sie ist — repariren zu lassen. Bist Du wohl so gut, auch dies zu besorgen? Für alles das sollst Du hier auch in einem wahren Wonnetaumel schweben: — wir wollen einmal so recht das Kalb austreiben, und vor allen Dingen meine Opern hören.

Sei mir nicht böse über alle die neuen Zumuthungen: weiss Gott, an wen ich mich aber sonst wenden sollte! — Sei tausendmal gegrüsst und nimm die Versicherung der ewigen Dankbarkeit und wärmsten Freundschaft
                Deines
                      treuen Schwager's
                                Richard W.
Dresden, 5. Januar 1843.

Herzliche Grüsse an Vieweg, Rochow, Venedei etc.

33. *An Eduard Avenarius.*

                        (Dresden, 30. Januar 1843.)
        Liebster Eduard!

Ich bin in grosser Unruhe, dass ich noch keinen Brief von Euch habe. Am 5ten oder 6ten d. Ms. schrieb ich an Dich, und legte dem Briefe einen Wechsel von 1500 Frs. bei. Den Brief habe ich nicht recommandirt,

---

33. (Adresse: Monsieur / Edouard Avenarius / Libraire / Rue Richelieu 69 / à / Paris.)

sondern nur frankirt. Sollte er verloren gegangen oder in falsche Hände gekommen sein, so wäre des Wechsels wegen schnelle Anzeige nöthig: hast Du aber Alles richtig erhalten, so möchte es wohl an der Zeit sein, dass mir Eines von Euch Nachricht gebe.

Ich schreibe in Folge einer momentanen Anregung, und habe meiner eiligen Anfrage nichts weiter hinzuzufügen als die herzlichsten Grüsse an Euch Alle von

Deinem

Dresden, 30sten Jan. 1843. Richard W.

In diesen Tagen erfolgt die königl. Bestätigung meiner Anstellung als wirklicher Capellmeister. — Bald ein Mehreres.

34. *An Cäcilie Avenarius.*

Dresden, 8. April 1843.

Meine liebe Cecilie,

habe vielen und herzlichen Dank für den lieben Brief, mit dem Du uns vor Kurzem wieder erfreut hast: aber auch nur der Brief, nicht Deine Nachrichten haben uns erfreuen können: — Du willst uns also diesen Sommer nicht besuchen? Siehst Du, das ist doch wirklich abscheulich von Dir! Was ist denn nun vorgefallen, dass Dein Entschluss, Eduard zu begleiten, auf einmal aufgegeben worden ist? Was vor 3 Monaten möglich schien, warum kann es das heute nicht mehr sein? Ist immer nur das Geld daran Schuld? Davon erwähnst Du eigentlich nichts. Ist es das, so sage nur, auf welche Art ich irgend etwas dazu beitragen kann, uns die grosse Freude

---

34. (Adresse bloss: „An Cécilie Avenarius", ohne nähere Wohnungsangabe, also Einlage in einen anderen Brief.)

Deines Besuches zu bereiten? Geht doch und habt ein wenig leichten Muth! Seid Ihr nur erst Alle hier, so wird der Rückweg sich schon auch wieder finden lassen. O je! O je! Das wäre doch albern, wenn Du nicht mit kämest! Könnt Ihr denn nicht in der Diligence reisen? Ihr nehmt gleich das Coupee in Beschlag, da habt Ihr mit Natalien und Max Platz, und Natalie kommt bei dieser Gelegenheit sogleich auch am besten mit hierher! Da ich einmal auf dieses Kapitel gerathen, will ich es auch sogleich besprechen: — Solltet Ihr irgend noch im Zweifel sein, was unsre Absicht mit Natalien ist? Ich habe Euch doch bereits sehr gebeten, die Kosten für ihre Zurückreise bis Leipzig auszulegen: — je eher nun diese Rückreise geschehen kann, desto lieber ist es uns, weil wir Euch dadurch desto eher einer grossen Last überhoben wissen, und weil wir am Ende auch nicht einsehen, was Natalie noch länger in Paris soll. Dass wir sie nach Paris kommen liessen, beruhte einzig auf einem Irrthum, weil wir glaubten, den Aeltern dadurch eine grosse Erleichterung zu verschaffen: dass wir bei unsrer Fortreise sie in Paris zurücklassen mussten, war Sache der Noth, wir erleichterten uns dadurch die Rückreise; — dass aber nun, wo bei ihrer Schwester Charlotte der beste und geeignetste Platz für Natalien aufgefunden worden ist, und wir die Kosten ihrer Rückreise leicht erschwingen können, noch an ihr längeres Bleiben in Paris gedacht werden sollte, wäre Unsinn. Hat Natalie in Paris nicht Französisch gelernt, so kann sie sich mit Kietz — und am Ende auch mit mir trösten: dass sie sich einbildet, durch Erlernung der französischen Sprache sich und der Welt noch einmal nützlich werden zu können, beruht auf einem schwärmerischen Irrthume, der ihr einleuchten würde, wenn sie ihre **deutsch** geschriebenen Briefe einer kaltblütigen Prüfung unterwerfen wollte. Nataliens Glück kann ihr höchstens in einem Lebenskreise blühen, der — so ehrenhaft und befriedigend er sein kann — mit der französischen Sprache doch durchaus nichts gemein hat.

— Packt ihre Sachen so bald wie möglich ein, und solltest Du, liebe Cecilie, wirklich nicht mitreisen, so braucht sie auch Deinen Mann nicht zu geniren, sondern Ihr seid so gut, sie einfach einem Conducteur zu empfehlen, — in Frankfurt übernachtet sie auch nicht, sondern reist noch Abends ab, und kommt gewiss ganz unbeschadet in Leipzig an. Eduard ist so gut, ihr das nöthige Reisegeld mitzugeben, was er nebst meiner übrigen Schuld sogleich bei unsrem ersten Zusammentreffen hier oder in Leipzig mit Sicherheit von mir zurückzuerhalten gewiss sein kann. Ich würde die paar 100 Frs. sogleich mitschicken, wenn ich es erstlich für nöthig hielte, und wenn ich zweitens grade in diesem Monate nicht etwas sparsam mit Geldausgeben sein müsste, da ich in diesen Tagen meine Hofuniform, circa 100 Thaler, bezahlen muss. Die Sache ist also abgemacht! Ihr seid nur so gut, uns ganz genau anzugeben, wann sie in Leipzig eintreffen wird, denn ihr Schwager, Tröger, will sie dort erwarten um sie sogleich mit nach Zwickau zu nehmen. — Darum also sind wir einig, und an uns ist es nur noch, Dir und Eduard unsren innigsten Dank für die grosse Freundschaft zu sagen, mit welcher Ihr uns in der Zeit der Noth auch in Bezug auf Natalien beigestanden habt; — gebe Gott, dass wir Euch einmal vergelten können! —

Gestern war es ein Jahr her, dass wir unter heissen Thränen Paris verliessen! Gott wie ist das Jahr schnell dahingegangen, und was hat sich Alles darin mit mir zugetragen! Wir dachten lebhaft daran an Deinem Geburtstage, zu dem ich Dir leider nicht mehr zur rechten Zeit gratuliren konnte, was ich bedaure, weil ich weiss, wie viel Du auch auf äussere Bezeugungen der Aufmerksamkeit hältst. Glaub' mir, im Herzen steht es trotzdem immer vortrefflich.

Den 9ten Apr. — Das ist eine ewige Unterbrechung; jetzt in der Oster-Zeit muss ich auch noch täglich ein Paarmal in die Kirche — zu einer rechten Sammlung bringe ich es daher schon nicht. Um aber nicht eines über das andere zu vergessen, will ich Dich doch sogleich über einen Zweifel aufklären, in welchem Du befangen zu sein scheinst, nämlich, was unser Verhältniss zur Familie betrifft. Warum glaubst Du denn, das wir schlecht zusammenstünden? Im Gegentheil, wir leben auf dem freundschaftlichsten Fusse; nur sehen wir uns sehr selten, da Dir bekannt sein wird, dass Dresden eine gute Strecke von Leipzig entfernt liegt. Ich war im Verlaufe des Winters mehrere Male in Leipzig, und wir waren immer ein Herz und eine Seele. Minna war allerdings noch nicht in Leipzig, was soll sie aber gerade nur zu einem Besuche dahin reisen? Ab und zu haben wir Jedes von der Familie hier gesehen, und unser Zusammentreffen war immer das freundschaftlichste. Ich kann Dir im Augenblick nicht viel über unsre Familie mittheilen, weil ich selbst keine näheren Nachrichten habe. Mit Albert wird wohl nicht viel zu machen sein: ich wünschte ihm so gern eine vom Theater unabhängige Stelle als Gesanglehrer zu verschaffen, und die beste Gelegenheit hat sich jetzt dazu dargeboten durch Pohlenz's Tod. Man frug von Leipzig aus hier nach, ob man nicht auf einen tüchtigen Gesanglehrer aufmerksam machen könnte, sowohl für die neue Leipziger Musikschule, als überhaupt für den Unterricht in Leipzig: sogleich veranstaltete ich, dass Albert vorgeschlagen wurde, und schrieb ihm selbst, indem ich ihm Alles an die Hand gab, wie er sich um die Stelle bewerben sollte, setzte ihm alle Vortheile auch für die Zukunft seiner Töchter auseinander, und redete ihm eifrig zu, diess als den Wendepunkt seines Lebens anzusehen. Er antwortete mir nun voll Kleinmuth und Verzagtheit, wie er fürchte, der Stelle als Musiker nicht gewachsen zu sein, vor Allem aber, wie er glaube, ohne das Theater nicht leben zu können. Das ist das Unglück, er gefällt sich in dem verfl—Theater-Treiben. Ich weiss nun nicht, was er thun wird. Wenn er nur erst die Johanna ordentlich herausbringt: von der erwarte ich mir viel und ich habe sie jedenfalls für Dresden im Auge.

Uebrigens geht es Albert jetzt grade nicht schlecht. — —
Nun, wie wird es denn nur eigentlich noch mit Euch
werden? Heinrich sprach mir letzthin von etwas, das
bald so aussah, als ob eine Möglichkeit sei, dass Ihr ganz
wieder nach Deutschland kämet: hört, das wäre das Gescheuteste! Welche Freude für uns, wenn dem etwas
Ernstliches zu Grunde läge! — Ach Gott, wie bin ich
Deinem guten Eduard von Neuem verpflichtet, für seine
liebenswürdige Sorgsamkeit um meine Angelegenheiten;
die Geschichte mit der Uhr ist herrlich! Hätte er nur
die fatalen Quittungen ausgelassen; durch die erhielt sein
letzter Brief ein verteufeltes geschäftliches Ansehen: —
ich musste herzlich über diese Gewissenhaftigkeit lachen.
Nun, meinen Dank kann ich ihm ja nun bald mündlich
bezeugen! Und Du —? O Cile, Cile! schäme Dich!
Du willst mit Deinem Maxel in der rue Richelieu bleiben?
Nimm mir's nicht übel, das wäre abscheulich, erst Einem
den Mund wässerig machen, und dann — —!! Packe
nur auch mit ein, und wenn Du in Deinem Koffer irgend
einen Winkel noch leer hast, so stecke auch den vertrackten Kietz mit hinein, dass der endlich einmal aus
seiner rue Jacob herauskommt.

Ich bin sehr gespannt auf die nächsten Nachrichten!
Mache, dass sie nicht zu lange ausbleiben! Gott grüsse
Dich, meine gute Schwester! Gott grüsse Deinen lieben
Eduard und Dein Herzens-Maxel! Der Herr möge Euch
schützen und baldigst gesund hierher bringen! Amen!

In alle Ewigkeit
Dein treuer Bruder
Richard W.

*Meine liebe herzige Cecilie, ich kann unmöglich den Brief
abgehen lassen ohne nicht ein paar Worte hinzuzufügen, die Dir
die Versicherung meiner zu Dir erhaltenen Liebe und Dankbarkeit beweisen. Richard hat Dir schon Alles geschrieben, bleibt
mir also nichts übrig Dir von unserer Einrichtung, Familien-*

nachrichten etc. zu sagen. Mündlich freue ich mich sehr mit Dir wieder einmal recht plaudern zu können, denn ich kann die frohe Hoffnung nicht aufgeben, Dich recht bald in meine Arme schliessen zu können und meinen Herzensjungen den Max den will ich schon abküssen, dass er der garstigen Tante mit einem Donnerwetter das ewige Leben wünschen soll. Ein Kleidchen in Deinem Geschmack habe ich schon für ihn in Petto — ach Gott, wäre die Zeit doch schon da wo ich Euch Beiden an mein Herz drücken könnte! — Ich hoffe bald! — Vernichte nicht ein Gefühl, das ich ein Jahr im Herzen trage und (das) mich aufrecht erhalten hat, sonst hätte ich die Trennung von Euch nicht ertragen

ewig
Deine
Minna.

35. *An Albert Wagner.*

(Dresden, 17. Mai 1843.)

Liebster Bruder,

ich setze mich sogleich hin, das Wichtigste Deines Briefes in Kürze zu beantworten, weil ich fürchten muss, dass es sonst auf die lange Bank geschoben werden könnte, da heute Reissiger auf einen 4 wöchentlichen Urlaub geht und ich somit stark zu thun bekomme. Wegen der Hauptsache, des Rienzi, kannst Du dich beruhigen; die Heinefetter kommt erst Anfang September hieher, und da nun auch Tichatschek schon d. 24. d. M. fortgeht, so ist an das Projekt, meine Oper hier wieder in einem Abende zur Aufführung zu bringen, vorläufig noch nicht zu denken. Du erhältst somit die Stimmen noch so eingerichtet, dass sie zu der Partitur, die ich Dir mitgegeben habe, passen. — Die Gesandten werden nicht gesungen,

---

35. (Adresse: „Sr. Wohlgeboren / Herrn / Albert Wagner / Sänger und Schauspieler / jetzt / in / Halle. / Im Theater zu erfragen / frei.)

wohl aber während des Marsches von Statisten repräsentirt.
— Somit fällt denn auch unser Projekt, uns noch im Mai hier zum Rienzi zu sehen, hinweg: eher käme ich dazu zu Dir. — Bist Du nach Deinem kurzen Ausfluge, — von dem es mich ungemein freut, dass er Dir wenigstens moralisch so wohl bekommen ist, — wieder in Verdriesslichkeiten gerathen, so ist es mir nicht besser gegangen, und Du kannst Dich mit mir trösten: eine Unannehmlichkeit nach der andern überfiel mich. Z. B. da fordert einer meiner alten Bekannten — 600 Thaler nebst Zinsen von 8 Jahren à 5 Prct. — die er mir lieh — oder vielmehr — stillschweigend angenommen — schenkte, wieder zurück. Ein Königsberger Jude, der zur Messe gekommen war, besuchte mich in Dresden und machte mir klar, dass ich ihm 300 Thaler zu zahlen hätte. Nun ist jetzt auch in unsrer Musik nichts ordentliches zu leisten, alltägliche Sau-Arbeit etc. Die einzige Freude macht mir mein neuer Flügel, der hier grosses Aufsehen macht: auch fange ich wieder an zu componiren, das diesjährige Männer-Gesangsfest brennt mir auf die Nägel. Kommt Reissiger zurück, so suche ich, dass ich nach Loschwitz ziehen kann, und fange den Tannhäuser an. — Härtel hat mir keine Verschreibung des Flügels wegen mit geschickt: ich glaube beinahe, er will die Zurückkunft seines Bruders aus Rom abwarten, um mir dann Anträge meines Rienzi's wegen zu machen, wobei dann der Flügel im Honorar mit einzurechnen wäre. — Cornet hat mir wieder geschrieben; er kommt Mitte Juni hier durch und will die Partitur mitnehmen, somit wird jedenfalls Hamburg das nächste Theater sein, wo der Rienzi herauskommt. In Berlin wird jetzt der Holländer studirt. Die Kasseler haben mir schon das Honorar dafür geschickt.

Nun, mach's mit Johanna gut! Du weisst, — es bleibt dabei! — Hier hat wieder eine Mds. Dielitz, aus Amsterdam kommend, gesungen: in den holländischen Journalen war versichert worden, sie sänge „wegschlepping" — hinreissend —; darauf hin hat ihr Lüttichau sechs Gastrollen à 100 Thlr. zugesagt. Sie trat in Lucia auf, und war so ein L...., dass man sie nicht weiter singen lassen konnte. Sie bestand aber auf den ihr gemachten Zusicherungen, und „schleppt" nun 500 Thlr. „weg". — So geht's! Mach es nur gut mit Johanna!

Grüsse herzlich Weib und Kinder! Meine Frau dankt Euch Allen schönstens und grüsst Alles bestens! — Gott erhalte Euch. Leb' wohl! Leb' wohl!

Dein
Bruder
Dresden, 17. Mai 1843.   Richard W.

36. *An seine Frau.*

Dresden, 2. Juni 43.

Mein liebstes, bestes Herzens Weibel,

trotzdem ich Dir übermorgen wieder schreiben werde, um Dir Deinen Gehalt zuzuschicken, kann ich es doch nicht unterlassen, heute noch ein Paar Zeilen vorangehen zu lassen. Unsere ersten Briefe müssen sich gekreuzt haben, und wir empfingen sie wahrscheinlich zu gleicher Zeit: den Deinigen fand ich nach einem abentheuerlichen Abende vor. Dienstag Mittag erhalte ich nämlich auf einmal Befehl vom König durch den Oberhofmeister v. Minkwitz, in aller Eile ein kleines Hofconcert für Pillnitz zu arrangiren: wunderbarer Weise glückte Alles, Alles fand sich zusammen, und so fuhren wir Nachmittag

---

36. Adresse: Ihro Wohlgeboren / Madame / M i n n a W a g n e r / „Zur Eiche" / in / Schönau / bei / Teplitz. / Inliegend: / 40 T h a l e r in / Preuss. Tresorscheinen. / frei.
Poststempel: Dresden 4. Juni.

um 5 Uhr drei Wagen stark ab, Lipinski, Kummer und noch zwei aus der Kapelle zu einem Quartett, Bielzizki und die Gentiluomo zum Gesang. Als wir in Pillnitz ankommen, sind alle Thüren wie vernagelt, kein Diener will etwas von uns wissen: wir sehen uns an und die Gentiluomo fängt an zu schimpfen. Da wird endlich der Oberhofmarschall v. Reitzenstein herbei gerufen; der bringt uns wenigstens in ein Zimmer, und erklärt, dass ein Bote abgeschickt worden sei uns abzubestellen, da die Grossfürstin Helene nicht, wie man sie eingeladen hatte, nach Pillnitz gekommen, und demnach der ganze Hof auf den Weinberg gegangen wäre. Der Bote hatte uns also nicht mehr angetroffen: die Gentiluomo fuhr auf den Hofmarschall wie eine rechte Comödiantin los, so dass wir Männer uns zu drücken suchten, und sie ihrem Schicksal überliessen; sie fuhr allein nach Dresden zurück und wir gingen in den Gasthof, unsern Hunger zu stillen; dort haben wir uns sehr gut bis halb 11 Uhr amüsirt, und es war mir diese Gelegenheit eigentlich recht, um einmal mit diesen Anführern der Capelle zusammen zu sein. Lipinski wurde vollends wieder Feuer und Flamme für mich, er bat mir durch eine recht herzlich gemeinte Umarmung das mir gethane Unrecht völlig ab. So fuhren wir denn in der besten Laune nach Hause, und da fand ich Deinen Brief, den ich mit grossem Behagen im Bette las: ja so ein Brief thut Einem recht wohl, denn was er auch gewisser Maassen Betrübtes enthält, beruht eigentlich doch nur auf Liebe, und geliebt zu werden und zu lieben, bleibt immer eine Wohlthat, auch wenn die Sehnsucht dabei mit in das Spiel kommt. Sieh, wir haben jetzt doch wenigstens nicht mehr nöthig uns in Ängsten nach einander zu sehnen! Schlankelino wird sich wohl bald trösten, wenn er sich nur erst mit dem Gespenster-Spuk vertrauter macht. —

den 3$^{\underline{ten}}$. Siehst Du, so geht's! Ich habe wieder einen ganzen Tag mit dem Schreiben aussetzen müssen; Du weisst ja wie das geht. Gestern war ich eben mit meinem Briefe erst so weit, dass ich Dir erklären wollte, wie es kam, dass ich Deinen Brief, der mich so sehr erfreute, nicht sogleich beantwortete, trotzdem ich es augenblicklich thun wollte, da kam wiederum allerhand dazwischen, was mich abhielt. Lindenau ist wieder bei mir gewesen, und die Rothorst, die mich in meiner Arbeit nur sehr ungern gestört sieht, hat den Premier-Minister für nichts Rechtes angesehen und mich gegen ihn verläugnet; der arme Mann musste wieder abziehen, und hinterliess ein Paar Zeilen, in denen er mich bat, ihn schnell zu besuchen. Die Rothorst erschrak zum Tode, als sie erfuhr, das sei der Minister gewesen; nun musste ich mich anziehen und selbst zu ihm aufmachen. Er hatte meine Composition dem Könige gezeigt, und dieser hatte sich sogleich selbst an das Klavier gesetzt, sie durchgespielt und seine grosse Freude darüber geäussert: nun macht mir diese Geschichte aber gross zu schaffen, ich habe hunderterlei Besorgungen, um Alles ordentlich zusammen zu bringen. Vorgestern habe ich mir einen schönen Tag gemacht: ich ging nach vollbrachter Arbeit zum Mittagessen ganz allein auf das Waldschlösschen, von da über den Hirsch durch allerlei Wald- und Nebenwege in den Ziegengrund, über Loschwitz nach Blasewitz, und von da auf den Kirchhof, wo ich wegen Herstellung des Grabes meines Vaters Anordnungen traf; es wird eben keine grossen Kosten machen; zum Herbst setzen wir ein paar Bäume, nicht wahr? — Du solltest mich nur in meinem schönen Sommerkostüm sehen! Es ist eine wahre Freude; nur mit den veilchenblauen Handschuhen war ich übel daran, denn als ich sie das erste Mal ausgezogen hatte, und dem Kellner mit der Hand auf die Speisekarte zeigte, prallte dieser entsetzt zurück, denn meine ganze Hand sah wie ein riesenhaftes Veilchen aus, so hatten die Handschuhe die Farbe fahren lassen. — Ich bin auch mit dem Loose zum Collecteur gegangen und erhielt zu meiner Freude 10 Thaler 26 Ngr. heraus: das ganze Loos hatte 50 Thlr. gewonnen: nun, das kommt einem doch immer wie geschenktes Geld vor. Ich wollte es Dir eigentlich sogleich schicken, damit Du Dir in Teplitz so eine hübsche Sommer-Mantille kaufen könntest; jedoch fiel mir ein, dass Du das wohl besser in Prag thun würdest; höre nämlich, wie ich mir die Sache ungefähr entworfen habe! Du willst mich doch auch einmal besuchen? Gut also, so kommst Du zu unsrem grossen Gesangsfeste, den 7. July hierher — (leider werde ich Dir allerdings in diesen Tagen grade nicht viel angehören können, das kannst Du Dir wohl denken: es ist schlimm, überlege es Dir! —) Nun bist Du dann aber da, so will ich es schon veranstalten, dass ich vielleicht 14 Tage Urlaub bekomme, und dann reise ich mit Dir nach Teplitz zurück, wir machen dort die Partien, gehen nach Prag, dann lasse ich Dich wieder in Teplitz und gehe zurück nach Dresden, wohin Du mir dann Ende August ganz nachfolgst: nun im July besprechen wir das schon selbst. Ist es so nicht recht, Du gutes Mienel? — Peps geht auch mit nach Prag, es kostet nicht zu viel, wenn wir in einem Wagen allein fahren und es ist doch so eine Reise um das Doppelte angenehmer dadurch! — Dann wollen wir schon den Lotteriegewinnst anbringen! — —

Briefe habe ich noch nicht weiter erhalten, als von der Heinefetter in der bewussten Angelegenheit, und von der Redaction der Theater-Chronik, die mir eine Nummer zuschickte, worin ich als Capellmeister sehr gelobt war. Den Brief von Kietz an Dich lege ich hier bei: Du wirst sehen, dass Du nun vollkommen beruhigt sein kannst; ich schreibe Dir also darüber nichts weiter. — —

Ich habe mich eben wieder unterbrechen müssen um einen Brief an den Minister zu schreiben; Du glaubst nicht, was für Besorgungen da alle nöthig sind. Ist nun die Geschichte mit der Enthüllung vorbei, so muss es mit Sturmschritten an das grosse Gesangsfest gehen; bin ich mit der Composition fertig, so kommen die Proben etc. Dazu habe ich jetzt alle Opern — heute zur Abwechselung — Freischütz!!! Bin ich aber mit der Composition fertig, so muss ich nun schon 3 Wochen lang meine geliebten Morgenstunden (— ich stehe jetzt regelmässig spätestens um 5 Uhr auf —) opfern; ich sehe nämlich ein, dass ich etwas für meine Gesundheit thun muss, — ich habe mich also entschlossen, eine völlige Brunnenkur bei Struve zu gebrauchen, es kommt mir hart an, denn man muss sich sehr dabei halten.

Sonst bin ich, Gott sei Dank! recht wohl, — auch hat mich die Mattigkeit verlassen, ich bin frisch und stramm. Wenn Du es nur auch wirst! — Lass Dir aber vom Dr. Ullrich nicht zu sehr helfen, dass es Dir nicht geht wie der Gräfin! —

— Nun, liebes Kind, Eisold bringt mir eben heute schon die Gage, weil morgen Sonntag ist! 's ist also grade 8 Tage seit Du fort bist: — hiermit erhältst Du also Dein Monats-Geld; kommst Du nicht aus, so weisst Du schon an wen Du Dich zu wenden hast, für Dich soll immer Geld da sein. Versage Dir ja nichts, und mache ab und zu eine Partie; — zum Gehen ist es überall für Dich zu weit, also fahre hübsch! — Grüsse die Mama schönstens; Jette war vorgestern da und holte sich ihr „Wochenlohn"; sie zierte sich so, dass sie vor Lispeln nicht reden konnte. — Fürstenau packte mich gestern an, ob ich nichts nach Teplitz zu bestellen hätte; ich sagte: Nein! Du kannst denken weshalb. — Gestern war eine neue Posse auf dem Bade; ich ging hinaus und traf Euren Fleischer — wie heisst er gleich? — auf der Ziegelgasse, den Wirth der Alten: — der reist heute auch nach Teplitz, und frug, ob ich ihm was mitgeben wollte? Ich sagte auch: Nein! Alles geht nach Teplitz, nur ich kann es unmöglich ermachen; alle Feiertage zweimal Kirche und dann die Proben! 's ist schändlich! — Nun, schreibe mir bald wieder, und erzähle mir tausend Dinge, wenn es auch eben so konfus ist, wie es in meinem Briefe diesmal hergeht; — ich werde ewig unterbrochen. — Schreibe nur recht viel, denn gut und lieb schreibst Du schon! Du wirst Dich wohl schon etwas besser einge-

richtet haben, und es wird Dir bereits wieder gefallen!
Wie steht es mit dem Gärtchen? — Du liebes, gutes
Mienel! Wie ich in Pillnitz und in Loschwitz war, dachte
ich immer, — „nun bist du dem dumben Mienel wieder
näher! Wenn du ganz bei ihr wärest!!! —"

Gott behüte Dich! Leb' wohl! Leb' wohl! Sei gesund und heiter! Du hast es Ursache, denn Alles steht gut um uns! Und es ist viel, wenn man das sagen kann. Tausend Küsse von
Deinem
Richard.

Von Avenarius weiss ich noch nichts wieder: nach Leipzig zu gehen habe ich keine Lust! Ist er erst wieder dort, so schreibe ich ihm, gebe ihm Ordre wegen Natalien, dass er sie entweder mitbringen soll, falls die ganze Clerisei gegen Herbst Paris verlässt, oder im anderen Falle, dass er sie meinetwegen allein einem Condukteur übergiebt. Jedenfalls schicke ich ihm das Geld, was er bis jetzt für mich verlegt hat! —

37. *An seine Frau.*

(Dresden, 6. Juni 1843.)

Mein bestes, liebstes Mienel,

trotz des grössten Trasches und Trubels, in welchem ich jetzt wegen der morgen stattfindenden Festlichkeit mich befinde, muss ich Dir doch in aller Eile einen guten Tag sagen und Dir ein wenig von mir berichten. So

---

37. Adresse: Ihro Wohlgeboren / der Madame / Minna Wagner / „Zur Eiche" / in / Schönau / bei / Teplitz. / frei.
Poststempel: Dresden, 7. Juni 43. Teplitz 8. Juni.

eben erst ist meine Stube von den Militär-Musikern, die ich alle zusammenberufen lassen musste, leer geworden: ich bin auf Morgen begierig, etwas Gescheutes wird wohl nicht viel herauskommen! Nun, das ist Nebensache! Ausserdem, dass ich Dir für Deinen lieben guten Brief, — der diesmal den meinigen gerade wieder gekreuzt hat — von ganzem Herzen danken und Dir 43,000 Küsse dafür geben wollte, habe ich Dir zunächst besonders etwas mitzutheilen, was mir sehr angenehm gewesen ist. Sage einmal, hast Du gestern, den 5ten, Abends um 6 Uhr denn nicht recht an Cassel gedacht? — Ich würde nur mit der grössten Bangigkeit an die Aufführung des Holländers dort gedacht haben, wenn mir nicht den Tag vorher die Dettmer, die eben aus Cassel zurückgekommen war, die ermuthigendsten Nachrichten gegeben hätte. Sie hat nämlich einer Theaterprobe beigewohnt, und erzählte, gleich die beiden Bassisten, Biberhofer den Holländer, Föppel den Daland, hätten den ersten Akt schon so gesungen, dass sie ihn gegen hier gar nicht wieder erkannt hätte! Biberhofer soll eine herrliche Stimme haben und ein sehr hübscher Mann sein; Föppel wäre ausgezeichnet, kräftig und frisch. Eine junge sehr schöne und dort ungemein beliebte Sängerin, Mlle Eder, sang die Senta, und zwar mit dem grössten Eifer, indem sie sich immer nach der Devrient erkundigt hat: das Orchester soll bereits ausgezeichnet gegangen sein, denn Spohr soll diese Musik sehr lieben, und sich die grösste Mühe geben. Alles ist mit der grössten Liebe dabei gewesen. — Nun, ist das nicht recht ermuthigend? Die Dettmer konnte gar nicht genug erzählen. Alles ist dort auf meine Ankunft gespannt gewesen, denn es hatte sich allgemein verbreitet, ich würde selbst kommen. —

— Gestern wurde auf der Brühl'schen Terrasse die Ouvertüre zu Rienzi gespielt: ich war mit unter dem Publikum, und als die Ouvertüre, die recht gut executirt wurde, zu Ende war, ging ein wahres Hurrah los: bravo! bravo! — Jetzt kann man sie nun alle Tage, bald auf der

Terrasse, bald im grossen Garten hören. — Das macht mir nun viel Spass!

Gott! Wenn nur erst morgen die Geschichte vorbei ist! Ich habe noch so viel zu componiren, und die Zeit drängt entsetzlich! Meine projectirte Brunnenkur muss ich aufgeben, wenn ich mich dabei nicht sehr halten kann und nur sehr wenig anstrenge, kann es mir mehr schaden als nützen. — Ich will sehen, vielleicht komme ich künftigen Monat auf längere Zeit los; dann bleibe ich bei Dir in Teplitz und trinke und promenire mit Dir zusammen. Nicht wahr, das wäre schön? —

Ach Jesus! Nun muss ich mich anziehen, — der Minister etc. erwartet mich im Zwinger, der heute schon gesperrt ist, um mit mir Alles in Augenschein zu nehmen. —

Na, nimm mit dem Wenigen heute vorlieb, mein Herzens-Weibel! In Kurzem erhältst Du wieder Nachricht von mir; will ich allemal warten, bis ich recht viel Zeit habe, so käme es nur selten dazu! — Mein gutes Kind, unterhalte Dich schönstens, stärke Deine Gesundheit, und behalte mich immer lieb! Adieu, Du guter, guter Schnuck!

Dein
Dresden, 6. Juni. Richard.

Grüsse auch die Mama schönstens!
Peps soll den Türk nicht in die Beine beissen!!

38. *An Albert Wagner.*
(Dresden, 14. Juni 1843.)
Liebster Albert,

ich muss Dir nur gleich auf Deinen jammervollen Brief antworten! Was das für Noth ist, in der Ihr armen

---

38. (Adresse: Sr. Wohlgeboren / Herrn / Albert Wagner / Mitglied des Herzogl. Bernburgischen / Hoftheaters / zur Zeit / in / Halle. / Im Theater zu / erfragen / frei.)

Leute immer schwimmt! Sei versichert, dass auch ich aus allen Kräften wünsche, Dich bald aus diesen Martereien erlöst zu sehen, und ich möchte verzweifeln, wenn ich jeden Augenblick durch die Rücksichten, die zunächst von mir noch zu nehmen sind, zurückgehalten werde, schnell und rasch für Dich zu handeln. Die Hauptsache ist und bleibt mir aber immer noch die Johanna; es wird mir immer klarer, dass sie bald hier höchst willkommen sein wird. Das Verabredete halte ich unter jeder Bedingung fest: aber es könnte vielleicht schon noch früher kommen! Sieh, es ist ein wahrer Jammer mit unsren Sängerinnen und mit unsrer Oper: wenn nun die Devrient fort ist, liegt das brillanteste Repertoir der Oper brach! Und nun noch die Ungewissheit, — ob z. B. die Devrient überhaupt künftigen Winter hier sein wird? Lüttichau ist jetzt auf Reisen: vor der Abreise drang er in mich, ausfindig zu machen, wie wir den Rienzi auch ohne die Devrient geben könnten? Ja, die einzige Möglichkeit ist, dass die Wüst den Adriano sänge, — für die Irene hätten wir dann Sängerinnen genug. Die Wüst giebt nun aber keinesfalls ihre Parthie her, und so ist es denn bei all den kleinen Purzeln, die wir haben, keine Möglichkeit, eine Sängerin herauszufinden, die neben der Wüst den Adriano sänge. Geht das Ding so fort, und kommt die Devrient den Winter nicht, so ist Lüttichau mit dem Rienzi in Verzweiflung, denn er ist und wird jetzt noch lange seine Haupt-Oper bleiben. Dann muss Johanna her: der Himmel hat ihr alles zu solchen Rollen verliehen, und meinen Kopf gebe ich darum, dass, wenn Lüttichau Johanna nur sieht, er sogleich für sie eingenommen wird: — dann kommt das Uebrige nach! Ich werde Dir doch nächstens eine vollständige Parthie des Adriano zuschicken. —

Die einzige Furcht, Johanna würde hier zu früh stark angestrengt werden, verliert hier ihr Gewicht, denn sie soll nur wenige, aber gute Parthien singen, und übrigens singt sich hier Niemand zu Schanden! — Die Partitur behalte noch bis auf Weiteres; jedoch, dass ich sie im Nothfall gleich haben kann! —

Ich habe jetzt viel Erfreuliches erlebt! — Denke Dir! von Wien aus, wo ich absolut Niemand kenne, frägt die Administration des k. k. Hofoper-Theater's bei mir an, ob und unter welchen Bedingungen ich für dasselbe zur nächsten deutschen Saison eine neue Oper schreiben wollte? Ist das nicht schön? — Ich habe geantwortet, dass ich meine nächste Oper, den „Tannhäuser", bereits für Dresden bestimmt hätte, dass ich aber ein zweites Süjet vorräthig hätte, welches ich für die Saison von 1844 zu 45 komponiren wollte. —

Am 7ten war hier eine grosse Feierlichkeit, die Enthüllung des Monuments für Friedrich August: dazu wurde mir vom König ein Festgesang für Männerstimmen, — im Zwinger vorzutragen — bestellt, Mendelssohn hatte den zweiten zu componiren. Mein Gesang trug entschieden den Sieg davon, weil er einfach, erhebend und wirkungsvoll war, während der Mendelsohn'sche schwülstig und unwirksam herauskam. — Der König liess mir sehr danken und eine schöne goldene Dose von circa 100 Thaler Werth zustellen. —

— Was mir aber am Wichtigsten ist, ist der Erfolg meines „fliegenden Holländer's" in Cassel, wo er am 5ten d. M. aufgeführt worden ist. Der Brief, den mir Spohr darüber geschrieben hat, ist merkwürdig: dieser schroffe und unzugängliche Mensch schreibt mir mit der grössten Wärme, wie er von Anfang her die grösste Vorliebe für meine Arbeit gehabt habe, wie er doppelte Proben gehalten und sich gefreut habe, dass sowohl Sänger als Orchester stets steigendes Interesse daran gefunden hätten, endlich dass die Vorstellung ausgezeichnet gewesen sei, dass er besonders nicht glauben könne, dass die Parthie des Holländer's irgendwo besser gesungen und gespielt werden würde, als von Biberhofer, dass der Maschinist (— grosse Wichtigkeit! —) seine Sache so gut gemacht hätte, dass er nach den Sängern ebenfalls gerufen worden wäre, — und dass schliesslich die ganze Oper den grössten und allgemeinsten Beifall davon getragen habe! — — Höre! Das ist ein grosses Glück, und mir lieber als sonst etwas! Ich bin auch ausser mir vor Freude darüber! —

Du siehst also, es geht mir gut, und bist hoffentlich überzeugt, dass ich sehnlichst wünsche, von Dir dasselbe sagen zu können. Geduld, es wird Alles werden, und vielleicht eher als Du denkst: Alles, was m i c h hebt, kann unmittelbar auch zu Deiner Hebung beitragen. —

Meine Frau ist seit 20 Tagen bereits im Bade, in Teplitz; ich schreibe ihr Deine freundlichen Grüsse. — Noch vor ihrer Abreise hatten wir eine grosse Freude: an meinem Geburtstage nämlich wurde mir von 60 Sängern, den hiesigen Gesang-Vereinen, ein solennes Ständchen mit bunten Laternen u. s. w. gebracht, wobei mir auch ein Gedicht auf mich überreicht wurde, das man auf eine Weber'sche Melodie absang. — — So etwas rührt nun gewaltig! —

Mit meiner Composition für das Gesangsfest bin ich so ziemlich fertig: ich verspreche mir eine grosse Wirkung davon. — Du bist zum 5$^{\underline{ten}}$ und 6$^{\underline{ten}}$ Juli zur Aufführung von mir herzlichst eingeladen.

Grüsse schönstens Deine gute Frau und Deine Kinder! Tröste Alle mit einer besseren Zukunft und sei der unwandelbarsten Treue Deines Bruders versichert!

Dein
Dresden, 14. Juni 1843.	Richard W.

39. *An seine Frau.*

(Dresden, 16. Juli 1843.)

Liebstes Mienel,

in aller Eile drücke ich Dir meine grösste Verwunderung darüber aus, dass Du mir noch gar nicht geschrieben hast? Sag', bist Du mir denn etwa böse? Hab' ich Dir was gethan? Oder — bist Du nicht wohl? — Du beunruhigst mich recht! —

Dann aber wollte ich Dir auch sagen, dass ich erst **Mittwoch** hier fortkommen kann, — ich muss Dienstag noch einmal dirigiren: auch wird die **Rienzi**-Schreiberei nicht eher fertig. — Mittwoch Abend komme ich also jedenfalls an: — ziehe den Peps hübsch an und baue das Ehrenpförtel! Hörst Du? — Mittwoch! Ich habe dann bis zu 15. August Urlaub! —

In der Leipziger Zeitung hat ein sehr schöner Aufsatz über mein „Liebesmahl" gestanden.

Ich muss den Brief schnell fortschicken, sonst geht er morgen erst ab. —

Adieu! Mein Herzensweib! Sei gesund und heiter! Bald ist ganz mit Herz und Leib bei Dir

Dein

Grüsse schönstens!   Richard.

Dresden, 16. Juli 1843.

40. *An Cäcilie Avenarius.*

Dresden, 22. October 1843.

Meine liebste Cecilie,

was schreibst Du mir denn da für einen Brief? Soeben erhielt ich ihn, las ihn und bin nun ganz ausser mir! Tröstete mich Minna nicht und setzte sie mir nicht auseinander, dass junge Frauen in Deinen Umständen gewöhnlich sehr trübe und exaltirt gestimmt seien, so

---

39. (Adresse: Ihro Wohlgeboren / Madame / **Minna Wagner** / „zur Eiche" / in / Schönau / bei / **Teplitz**. / frei.)

40. (Adresse: Madame / Cécilie Avénarius / „Librairie de Brockhaus et Avenarius" / rue Richelieu, 67 / à / Paris.)

würde ich Dir Deine garstigen Reden und traurigen Ergiessungen von ganzem Herzen übel nehmen. — Und noch dazu in einem Briefe, der uns auf der andren Seite so sehr erfreute, da er die ganze Lücke in unsren letzten Mittheilungen so mit einem Male durch einen rechten Gefühls-Erguss ausfüllte, der im Stande ist, augenblicklich Alles hinwegzuschlemmen, was das Leben Verstimmendes aufzuhäufen vermag! — Nichts da, meine Liebe! Begrüsse froh und in Freuden die Hoffnung zu Deinem herrlichen Max ein gleiches Geschwisterchen hinzuzubekommen, und wenn noch etwas recht Besonderes dabei zu wünschen übrig bliebe, so möge es der Wunsch sein, dass der neue Ankömmling ein recht charmantes Mädchen sei! Bei Deiner ersten Entbindung hast Du gelernt, — bei der zweiten wirst Du es Dir nun recht leicht machen: sieh nur Ottilien, — die hat darin eine Routine bekommen, dass sie sich völlig schämt, wenn man sie nach einer Entbindung frägt, ob ihr Alles gut bekommen sei? — Ich und Minna, wir hatten gar keine Angst für Dich, und warum sollten wir es nöthig haben? Du bist kein Koloss — nun, das ist ja zu derlei Dingen grade recht gut! — Weisst Du, was ich Dir wünsche? Nur das Eine! bald wieder in die Heimath zurückkommen zu können! Du hast die Pariser Krankheit: das Heimweh liegt Dir in allen Gliedern; und dieser Krankheit muss allerdings bald einmal abgeholfen werden! Ich will Deine Sehnsucht nicht durch Schilderung und Anpreisung des heimathlichen Wohlsein's vermehren und schmerzlicher machen — aber aus meiner Seele ist es gesprochen, wenn ich sage: Gott sei Lob, dass er mich in meiner Heimath mein Glück finden liess! Leute wie wir, die so oft in ihrer Wiederkehr die verschiedenen Tage und Zeitpunkte zählen, an welchen sie sich eines früheren, theuern Erlebnisses zu erinnern haben, — können nicht lange gänzlich von dem Boden entfernt leben, dem jene Erinnerungen entsprossen sind. Gott, das Herz kann mir brechen, wenn ich an die — allerdings grossartige — Einsamkeit denke, in welcher Du von St. Cloud aus Deinen Blick hinüber nach Bellevue wandtest! Ich denke mich in das umgekehrte Verhältnis und könnte vergehen vor Wehmuth! — Ach, was ich Paris hasse, diese grosse, ungeheure — **Fremde** für unsre deutschen Herzen! — Nun, — die nächste Hoffnung, Euch aus dieser Fremde der Heimath wieder zugeführt zu sehen, ist zerronnen, wie ich aus Allem ersehe, und vorläufig seid Ihr wieder auf undenkliche Zeit an Paris gefesselt! So wäre jetzt blos die Hoffnung übrig geblieben, **Dich** wenigstens auf eine längere Zeit einmal zum Besuch zu uns herzulocken: — Dein neuer Muttersegen wird dies allerdings nun auch wieder sehr erschweren, jedenfalls aber sei es Euch nun aufgegeben darüber nachzudenken, wie es sich veranstalten lässt, dass Du trotzdem künftigen Sommer zu uns kämest: Ihr habt weiter keine Aufgabe zu lösen, als: wie es anzufangen ist, dass Du bis in das Königreich Sachsen kommst, — dann geht mein Reich an! Bist Du hier — so soll es Dich nicht gereuen und Alles soll sich von selbst machen! **Das** sage ich Dir — **gut** sollst Du's haben, — weiter sage ich Dir nichts. — Ach Gott! Wenn es doch nur wäre, wenn es doch nur **bald** wäre!! Ich traf F. in Leipzig, — er sagte mir, dass es nun entschieden sei, dass er **nicht** mehr nach Paris gehe; — ich verstand! **Dem** bin ich nun vollends gram geworden. Wie gut hätte es sich mit meinen Sympathien vertragen, wenn dieser Mann für alle Zeit 100 Meilen von mir in Paris gelebt hätte: seine Langweile würde mich weniger ennüirt haben! — Wenn Ihr dafür zu uns gekommen wäret! — —

Erfüllst Du unsren Wunsch, künftigen Sommer nach Dresden zu kommen, so komme ich den Sommer darauf auch nach Paris! — Es ist für dort etwas im Werke: die Direction der Italienischen Oper will für den Sommer eine ausgezeichnete deutsche Oper halten: bereits hat man sich deswegen an Tichatschek gewendet: das ganze Unternehmen soll äusserst solid und grossartig eingerichtet werden, und natürlich sollen nur deutsche Opern

daran kommen, — vor allen Dingen hat man schon meinen
Rienzi in's Auge gefasst. Es versteht sich, dass ich
dann auch nach Paris käme. — Nun, wie wäre das? —
Da wollten wir einmal das Kalb austreiben, und im bois
de Meudon wollten wir uns recht herumkollern! — Vorläufig muss ich diesen Winter einmal nach Hamburg,
wo Rienzi mit grossem Fleisse in Scene gehen soll:
ich habe mich verbindlich machen müssen, gegen Entschädigung nach Hamburg zu kommen und die zwei
ersten Vorstellungen zu dirigiren. — Die Berliner haben
doch richtig so lange getrödelt, bis das Opernhaus abgebrannt ist: ich sah es kommen. Ehe das neue Haus
nicht steht, lass' ich meine Opern dort nicht geben; trotzdem sie den „Holländer" im Schauspielhause — welches
so klein ist — geben wollen. — — Da ich grade auf
mich zu sprechen komme, will ich vollends mit hinzufügen, dass ich seit der geistlichen Composition, die ich
für das diesjährige Dresdener Männergesangs-Fest schrieb,
nichts wieder habe arbeiten können: theils war meine
schlechte Gesundheit, theils mein kleines Logis, welches
blos aus 1½ Stuben bestand, daran schuld. Meine Gesundheit ist noch nicht die beste: Hämorrhoidal-Leiden
haben sich bei mir auf das Heftigste eingestellt: mein
Unterleib ist gänzlich ruinirt, und ewiges Unbehaglichfühlen und Andrang des Blutes nach dem Kopfe ist davon die Folge. Mit künftigem Frühjahr gedenke ich jedoch eine gründliche Kur zu gebrauchen und hoffe mir
das lästige Leiden aus dem Leibe zu schaffen. — Was
mein Logis betrifft, so ist nun der Uebelstand gehoben:
wir haben eine wunderhübsche geräumige Wohnung in
der Ostra-Allee bezogen, und sind nun so schön und
vollkommen wie möglich eingerichtet. Habe ich für diese
Einrichtung nun auch auf mehrere Jahre die Einnahmen
von meinen Opern, die natürlich immer im Steigen sind,
gewissermassen verpfändet, so habe ich doch bis dahin
an meinem Gehalt genug, um angenehm leben zu können,
und Alles, was ich mir angeschafft habe, ist für unsre

Lebenszeit. Ach! das ist ein beglückender Gedanke! Du kannst Dir leicht vorstellen, wie sich meine arme, so hartgeprüfte Frau, jetzt vorkommt! Und ebenfalls kannst Du Dir leicht denken, wie glücklich ich bin, Minna diesen dauernden Ersatz bieten zu können! — Ich wünsche immer nur, dass Ihr unser Glück mit uns theilen könntet! Mach' es möglich! Besuche uns vorläufig so lange Du willst, — unser Glück steht Dir offen, — geniesse es mit uns! — Es ist mir hier Alles befreundet, das kann ich wohl sagen, und mit Ausnahme derjenigen, die mich besonders um mein Glück beneiden, habe ich wirklich nur zu wählen, wem ich den Vorzug geben will: ausser an Heine haben wir uns aber noch an Niemand so recht vertraut angeschlossen, denn immer habe ich nur noch den Gedanken: — ja, wenn Du nun Deine Pariser da hättest!!!

Von Hanfstängl, den ich mich herzlich freute wiederzusehen, erfuhr ich, dass Kietz wieder Lust habe in Paris zu bleiben, Hr. Neukomm habe ihm Bestellungen auf Zeichnungen verschafft u. s. w. So ist dieser Mensch — mit so Vortrefflichem ausgestattet — also unrettbar! — Das Herz wendet sich mir um, wenn ich ihm so aus der Ferne zusehe! Was soll ich zu ihm sagen? Ich weiss nichts! Ich kann nichts! — Seine Mutter war vor einiger Zeit hier: ich gab ihr das Geld, welches ich der Fr. Leplay schuldig war — 80 Thaler, mit, und machte mit ihr ab, dass diese dann bewogen werden sollte, dies Geld für Kietz zu deponiren, damit, wenn er zurückkomme, er in seiner Heimath sogleich Geld vorräthig finden solle, um sich einzurichten. Dies ist nun geschehen, das Geld liegt da, bei Kietz's Mutter. — Wird er kommen? Nein! — — Auch Anders schreibt mir nicht, was mir in sofern besonders unangenehm ist, da ich nicht weiss, ob er den Brief mit dem Wechsel auf eine kleine Summe, die ich ihm vor 6 Wochen zuschickte, erhalten hat: — dies bleibe zwar unter uns — liebe Cecilie, nichts desto weniger könnte Anders aber veranlasst werden, mir einmal zu schreiben, damit ich erführe, wie ich ihm sonst noch helfen könne. — —

Gott! Wenn ich an die Zeiten denke, meine gute Cecilie, wo Du keine grössere Freude kanntest, als mir Hülfe und Unterstützung zu verschaffen! Wie zeigte sich da das Aechte und Brave in Deinem Wesen so ganz und rein! Glaube nur, dass wir das nie vergessen, und dass wir darum desto heisser Dir alle Erfüllung Deiner Wünsche für Dein Wohl und für Dein Glück vom Himmel erbitten. Schon erfreut es uns herzlich, dass Dir Dein guter Engel eine so liebe Pflegerin für Deine jetzt bevorstehenden schweren Tage gegeben hat! — Minna betrübt es sehr, dass sie Dir damals nicht dasselbe sein konnte. — Nun, erwarte ruhig und heiter die Stunde, die Dich von Neuem glücklich machen soll: möge dieser Brief ein Weniges dazu beitragen Dich zu erheitern, Dir Muth und Kraft zu geben! Habe nur das Schöne vor Augen, was in dem Segen liegt, den Dir der Himmel von Neuem zugetheilt hat, und überlass' das Schmerzliche der Alles lindernden Fürsorge über uns! Fürchte nichts für Deine Gesundheit: Du bist jung und wirst Dich mit der Zeit immer mehr erkräftigen: für Euch Alle hat die arme Rosalie gelitten, Euch wird es wohl gehen, da ihr die Freude einer glücklichen Mutter nicht vergönnt war. — Sei also ruhig, liebes Kind! Denke an Deinen Max, sieh den Jungen an, wie er freudig und schön vor Dir steht, und sei versichert, dass der Schöpfer will, wie Du zu diesem Buben noch ein recht liebes Mädchen zur Welt bringen musst, ehe Du Deine Freude ganz geniessen sollst! Vor allem aber bedenke, dass ich Pathe sein muss! —

Ich weiss, dass ich vielerlei nicht erwähne, was ich eigentlich in diesem Brief mit erwähnen sollte: — rechne mir das nicht für Unachtsamkeit an — ich liebe eben nicht Briefe, die man wie ein Konversations-Lexikon nachschlagen kann. Bin ich einer Empfindung voll, muss diese den Brief allein ausmachen: das Uebrige findet sich ein andres Mal. — Kommt Minna noch zum Schreiben,

so ist es gut; wenn nicht, so denke deswegen nicht übel
von ihr: verlange von ihr was Du willst, sogleich ist sie
mit der That bei der Hand! Sie liebt Dich, wie Du sie
nur lieben kannst, und jede Zeile dieses Briefes kommt
mit von ihr. — Leb wohl! Grüsse Deine Lieben viel
tausendmal! Lass mich bald mit einer schönen Nachricht
erfreuen: gewiss, Du wirst glücklich sein! Auf ein
fröhliches Wiedersehen mit Jungen und Mädel!

So soll's sein und so hofft mit fröhlicher Zuversicht

Dein
Richard W.

41. An Cäcilie Avenarius.

Dresden, 15. Februar 44.

Liebste Schwester,

es ist mir völlig lieb, dass zwischen dem Empfang
Deines Briefes und der Beantwortung desselben eine
kleine Zeit verflossen ist! Was hätte ich Dir schreiben
sollen, wenn ich unmittelbar nach dem Bericht Deiner
Leiden die schmerzlichen Empfindungen sich ergiessen
gelassen hätte, die die traurige Beschreibung Deiner so
hart angegriffenen Gesundheit in uns hervorrief! Du
wirst und kannst über den Eindruck nicht zweifeln, und
dass er der schmerzlichste gewesen ist, brauche ich nicht
erst zu betheuern. Die einzige Erleichterung von solchen
Eindrücken ist dann die Beschäftigung mit dem Gedanken
an Hülfe; dass wir unmöglich etwas zur Linderung Deiner
Leiden würden beitragen können, wenn eine Entfernung,
wie jetzt, zwischen uns liegt, möchte uns nur noch mehr
zur Trauer stimmen, erhielten wir von Dir selbst nicht

---

41. (Adresse: „Madame / Madame / Cécilie Avénarius / pr.
adr. Mr. Edouard Avénarius, libraire / rue Richelieu, 69 / à / Paris".

die Aussicht, diese Entfernung von uns schwinden zu sehen. Siehst Du, liebe Cecilie, für Jemand, der nicht durch unnütze Klagen der Sympathie nur das Uebel ärger machen möchte, ist nun nichts willkommener als das Mittel, selbst zur Abhülfe des Uebels mitwirken zu können. Gesegnet seien Deine Aerzte und Rathgeber, die darauf geriethen Dir eine Reise zu uns als Kur vorzuschreiben! Bei Gott, ich erwarte mir Alles von der Befolgung dieser Vorschrift! Sprechen wir also jetzt von nichts Anderem, als von Deiner Reise und Deinem Aufenthalt bei uns! — Zuerst: Geld! — Pah, das ist eine reine Kleinigkeit! Erstlich: ich bin Eduard für Auslagen u. s. w. ein hübsches Sümmchen schuldig, mit dem man, wenn man es in harten Thalern beisammen hat, schon etwas anfangen kann; — gut! So wie Du bei mir ankommst, Dresden, Ostra-Allee No. 6, findest Du diese harten Thaler beisammen zu Deiner Disposition: haben wir nun alle Fiaker in der Umgegend von Dresden zu Schanden gefahren, tausend Kurzweil angegeben, und bist Du so recht auf dem Zeuge, dann wollen wir berathen, was besser ist: die ganze Königsberger Familie Avenarius hierher kommen zu lassen, oder selbst hinzureisen. Gegen letzteres bin ich sehr eingenommen, denn es ist eine niederträchtige Reise. Geht es aber durchaus nicht anders, nun, so nimmst Du ein Seebad in Kranz; geht es aber anders, so reisen wir zusammen nach Hamburg, wo ich im Sommer Geschäfte habe, und geniessen von dort aus das Seebad in Helgoland, in der Nordsee, die bekanntlich einen weit gesünderen Wellenschlag hat als die Ostsee. Was Du nun zu derlei Fahrten an Geld gebrauchst, das findet sich leicht; hat mir bis jetzt Eduard Geld geborgt, so kann er dann von mir schon auch einmal Geld geborgt nehmen: — also, das ist meine Sache, und über Geld reden wir daher kein Wort mehr! Bei uns soll es Dir aber gefallen, und die Gesundheit soll Dir ganz von selbst kommen. Ich für mein Theil bin in Dresden, seiner grossen Freundlichkeit wegen, ganz vernarrt; — nun sollst

Du aber sehen, wie angenehm wir wohnen! Ich will nicht zu viel sagen; — aber Du sollst zufrieden sein! Was Minna Alles angeben wird —! Ich sage nichts. — Jetzt aber, eine Hauptsache! Du musst jedenfalls noch Ende April kommen, und diess unsrer Oper wegen. Da triffst Du die Devrient und Tichatschek beisammen, und meine beiden Opern kannst Du in der Zeit zu hören bekommen, später aber, Mitte Mai, gehen die Urlaube los, und dann ist sobald keine Hoffnung mehr. — Wie wär's, wenn Du Maxel mitbrächtest? — Aber Eduard? — Ja, der thut mir leid und oft stelle ich mir schon den Abschied vor, den Ihr in Paris nehmen werdet, und der wahrlich Schmerz und Thränen genug kosten wird! — Indessen, wer soll dem kleinen Richard zu trinken geben? Wir wollen ihm dafür recht fleissig schreiben, und gewiss, freuen soll er sich über die guten Nachrichten, die er täglich über Deine sich bessernde Gesundheit erhält. Das wird ihm daheim Trost und Ersatz für die Trennung sein. — Er muss sich aber fügen und dies wäre abgemacht! — —

Mit der Taufe meines Pathchen's habt Ihr mir eigentlich einen Streich gespielt! Das ist ja entsetzlich schnell gegangen; und ich hätte gewünscht, Ihr hättet es mich zuvor noch wissen lassen, um allerlei Arrangements treffen zu können. Jedenfalls hätte ich den armen Teufel, den Ernst Benedikt, nicht so nackt für mich eintreten lassen: hoffentlich hat er zwar noch seinen Bart, um sich damit die äusserste Blösse decken zu können, — indessen, das reicht doch bei einer Taufe nicht aus! — O, Ernst Benedikt! Du bist mir ein schöner Kerl! — Ich höre, er bildet sich ein, ich sei ihm eine Masse Briefe schuldig. Briefe! Als ob ihm mit Briefen zu helfen wäre! — Er soll mir den rechten Brief schreiben, er soll mir schreiben: „Sonntag, den so und so vielsten will ich von Paris abreisen; ich verlasse mich darauf, dass Du mir eine anständige Wohnung in Dresden bereit hältst, ferner, dass Du und Deine Frau mir sogleich zu Oel-Gemälden sitzet und Ihr mich so gut dafür bezahlt, dass ich während der langen Zeit, die ich dazu brauchen werde mich wieder mit der Oel-Farbe vertraut zu machen, anständig leben kann, so dass ich dann, nach Beendigung dieser Portrait's mit grösserer Sicherheit und gutem Vertrauen die weiteren Bestellungen annehmen kann, die Du mir verschaffen wirst. Ich gebe Dir mein Ehrenwort, dass ich unter diesen Bedingungen Sonntag, den so und so vielsten abreise, vorausgesetzt, dass Du mir bis dahin einen Wechsel auf so und so viel, als ich nämlich gebrauche, schickest!" Schreibt mir Kietz diesen Brief, so kann er sicher sein, dass er von mir die rechte Antwort bekommt. Thut er dies nicht, so nehme er mir's nicht übel, wenn ich ihn zwar für den besten Kerl von der Welt, zugleich aber auch für einen rechten — — halte. Mir wird ganz drehend, wenn ich an ihn denke! — Nun aber zu Marien!*) — Die hat mir auch einen Streich gespielt; wir hatten uns nämlich eingebildet, sie würde hier bei uns absteigen und wohnen. Statt dessen kommt sie eines Tag(es) und macht uns die Visite, kaum dass wir sie einmal zu Mittag bei uns haben konnten. Das ist ein liebes, gutes Mädchen, die Dir, meine arme Cecilie allerdings von grosser Wichtigkeit gewesen sein muss! Bei solcher gefühlvollen Theilnahme, so viel Heiterkeit und ächte Liebenswürdigkeit! — Was wir gesprochen haben, Du kannst es Dir leicht vorstellen! Sie hat mir aber auch Hoffnungen für Dich gemacht und mir zu meiner Beruhigung versichert, dass Du trotz Deiner grossen Leiden doch auch mitunter noch gute Tage hättest, wo Du selbst auch eine weite Promenade gut aushieltest. Das will nun allerdings nicht viel sagen, — aber — nach Deinem Briefe, der, wie Du selbst sagtest, in einer Nacht der heftigsten Schmerzen geschrieben war, kommt mir jeder Trost bedeutungsvoll vor. Wir hoffen, dass der Arzt, der Dich früher hier behandelte, für Deine Kur den rechten Ausschlag geben

---

*) Schwägerin Cäciliens.

wird. — Gott weiss, wir hätten Marien gern recht lange bei uns gehabt! —

Ach, meine gute Cecilie, mache nur, dass Du recht bald zu uns kommst! Ich kann Dir gar nicht sagen, wie sehr es mich beruhigen wird, Dich endlich nur zu sehen, solltest Du gleich auch ein recht angegriffenes Aussehen haben. Wir wollen Dir schon recht aufhelfen: Minna freut sich von ganzer Seele darauf, Dich so recht pflegen zu können.

— Lebe wohl! Ach, wie viel ist damit gewünscht! Glaube, es ist in seiner vollsten Bedeutung gemeint. Tausend Grüsse von uns!

Dein
Richard W.

42. *An Eduard Avenarius.*

(Dresden, 15. Februar 1844.)

Bester Eduard,

jetzt an Dich noch ein paar Geschäftszeilen! Ich gebe jetzt meine Opern heraus, und zwar unter den vortheilhaftesten Bedingungen und Aussichten; mein Verleger, Meser in Dresden, räth mir nun, für künftige Zeiten und für mögliche Fälle, selbst wenn sie für den Augenblick noch gar keine Wahrscheinlichkeit hätten, mir das Eigenthumsrecht für Frankreich und England zu bewahren. Das wäre für Frankreich nun aber nicht anders möglich, als auf folgende Weise: — Es müsste sich in Paris Jemand finden, dem ich, noch ehe hier der Klavierauszug öffentlich erschienen ist, eine kleine Anzahl von Exemplaren desselben zuschicke und mit ihm abmache, dass an einem gewissen Datum, an welchem auch wir hier das Erscheinen öffentlich anzeigen, er diesen selben Klavier-Auszug als

---

42. (Im Anschluss an den vorigen Brief, vom gleichen Datum).

Cäcilie Avenarius
geb. Geyer

mit seinem Eigenthumsrecht bei sich erschienen anzeigt, gleichviel ob der Text deutsch ist, wenn wir nur einen französischen Titel darauf zuvor besorgt haben. Dieser Jemand hätte also wohl nur auf dem tribunal de commerce an dem bestimmten Tage sein Eigenthumsrecht anzuzeigen, und voraus zu sehen ist, dass vorläufig die Sache gar nicht weiter beachtet wird; in der Folgezeit aber, für den erdenklichen Fall, wäre denn Jemand da, der sich als Eigenthümer erklärte, und von dem ein Abtritt des Eigenthumsrechtes zu erkaufen wäre. Natürlich müsste dieser scheinbare Interims-Eigenthümer aber eine sichere und meinem Interesse ergebene Person sein, der nicht selbst von dem Eigenthumsrechte einmal Gebrauch macht ohne sich deshalb mit mir abzufinden. Sieh' doch, ob das geht und ob Du vielleicht selbst dies provisorische Eigenthumsrecht übernehmen könntest. Für London sorgt bereits mein Verleger auf gleiche Weise. Ueber die Spezialitäten des musikalischen Verlegers könnte Dir Anders am Leichtesten Auskunft geben. — Eine Antwort müsste ich bald haben. — —

Ende dieses Monat's muss ich nach Hamburg, um dort den Rienzi aufzuführen. — Im Januar war ich in Berlin und dirigirte den Holländer. Das weisst Du wohl? — Gott behüte Dich und die Deinen. Viele Grüsse von uns.
      Dein
       Richard W.

43. *An seine Frau.*
     Hamburg, d. 15. März (1844).
   Mein gutes, liebes Mienel!
 Mein erstes, was ich hier thue, nachdem ich mich halbwegs ausgeschlafen habe, ist: an Dich schreiben. Mit

---

43. (Adresse: Madame / Minna Wagner / Ostra-Allee No. 6 / in / Dresden. — Poststempel: Hamburg 15. Mart.)

Dir gelabert habe ich in einem fort, selbst diese Nacht, als ich aufwachte und mein durch die Reise aufgeregtes Blut durch ein kräftiges Brausepulver in Ordnung bringen wollte: ich hatte kein Licht und wollte demnach die Aufschrift auf den verschiedenen Packetchen fühlen: das war aber nicht nöthig, Du hattest sie wohlweislich von verschiedener Grösse gemacht, so dass ich auch im Finstern Deine Fürsorge erkennen konnte. Am Morgen habe ich vom Bett aus sogleich das übliche Gespräch mit Dir und Peps begonnen, so dass ich mir immer noch so vorkomme, als sei ich mit Dir zusammen. Bei uns ist es aber hübscher!!! Und im Ganzen hole doch der Teufel das Voneinander-Gehen!

Auf der Reise traf ich Alles glücklich; in Leipzig traf ich noch den Magdeburger, — in Magdeburg noch den Braunschweiger Dampfwagen; von Braunschweig ging es Abends um 9 Uhr mit der Eilpost weiter bis Hamburg, wo ich gestern, Donnerstag um 7 Uhr Abends ankam. Müde und zerschlagen war ich nach der Ordnung, besonders hatte ich sehr im vollgepfropften Eilwagen gelitten, wo an ein Ausstrecken der Beine nicht zu denken war, so dass mir diese nicht nur brummten, sondern endlich hellelaut schrieen. Im Gasthof angekommen, gönnte ich mir denn gehörige Ruhe, und schickte bloss nach Cornet. Dieser kam, unterhielt sich ein Stündchen mit mir, liess mich dann allein, und übergab mich dem Schlafe. Alles steht gut, liebes Kind: besonders lieb war es Cornet, dass ich nicht Freitag angekommen bin. Heute wollen wir bloss diese oder jene Anordnung und Besprechung abhalten; Morgen, Sonnabend, ist dann die erste Theaterprobe, Donnerstag, d. 21., die erste Aufführung und Sonntag die zweite, so dass ich Montag wieder abreisen und Dienstag Abend schon bei Dir sein kann. Man hat hier schon mit Orchester probirt, und nun seien auch die Musiker, sagt mir Cornet, Feuer und Flamme für die Sache. Kurz, er zählt auf einen ungewöhnlichen Erfolg. Gott geb's!

Heute bin ich nun zunächst mit Krebs und Cornet

zusammen, das Übrige wird sich dann finden. — Weiter weiss ich Dir von hier noch nichts zu schreiben. —

Der kurze Augenblick, den ich in Magdeburg war, machte auf mich vielen Eindruck; — die Eisenbahn kommt grade an dem Walle an, wo wir so oft manche verzweifelte Promenade in Zeiten der Windstille machten: Gott, wenn ich an den Trödel denke! Übrigens wird's nun 10 Jahre, dass wir zuerst dort zusammen kamen: wir alten Liebes-Leute! —

Na, grüsse meine Freunde, behalte mich lieb und versorge die Kinder gut, dass sie sich Nachts nicht aufdecken! Leb' wohl, Du altes gutes Herzens-Weib, sei guter Dinge und bedenke, dass nicht Alles in der Welt so schlecht ist, wie diese niederträchtige Feder, die mir der Kellner gegeben hat! Adieu, Mienel! Viele, viele Küsse von

Deinem

Richard.

Ach! Sei doch so gut und bitte Pusinelli in meinem Namen, dass er dem Concertmeister David in Leipzig auch ein Textbuch von meinem Oratorium schickt, damit dort eines darnach gedruckt werden kann!

44. *An Cäcilie Avenarius.*

Dresden, 28. Juli 44.

Meine liebe Cäcilie,

Du thust sehr wohl und denkst ächt schwesterlich, wenn Du von selbst meiner Nachlässigkeit im Schreiben keinen üblen Grund unterlegst, sondern ganz richtig an-

---

44. (Adresse: „Madame / Madame / Cécilie Avénarius / pr. adr. Mr. Edouard Avénarius, libraire / rue Richelieu, 69 / à / Paris".)

nimmst, dass ich wirklich vor Beschäftigung nicht dazu gekommen bin. Man denkt zwar immer, so eine Stunde sei doch leicht abzumüssigen, und bedenkt man, dass zu einem Brief in die Ferne es doch immer einer gewissen Sammlung bedarf, dass diese sich aber meistens nur in den Morgenstunden findet, dass diese Morgenstunden mir z. B. das Einzige sind, was mir für meine dringenden Arbeiten übrig bleibt, so kann man wiederum begreifen, wie es kommt, dass man eine Morgenstunde nach der anderen seinen nächsten Beschäftigungen widmet, ohne eine angenehme Pflicht zu erfüllen, wenn man zu ihr nicht ebenfalls einen unmittelbaren Antrieb hat. Dein letzter Brief an mich kam hier an, als ich gerade in Hamburg zur Aufführung meines Rienzi war; er beruhigte mich über Deine Gesundheit und Zukunft in etwas, und that somit das Seinige, mich in Bezug auf Dich in eine gewisse Ruhe einzuwiegen; als ich nun gar noch erfuhr, dass mein grösster Wunsch, Euch für immer bald wieder in unsrer Nähe zu wissen, seiner Erfüllung nahe sei, kam es mir vollends vor, als wenn nun der mündlichen Besprechung ihr volles Recht gewahrt werden müsste. So schreibe ich Dir auch heute vor Allem nur, um Dir eben meine grosse Freude darüber auszudrücken, dass es nun so bald schon nicht mehr nöthig sein wird, Feder und Papier zur Hand zu nehmen, um uns gegenseitig auszutauschen. Gott sei Lob und Dank! Es ist mir nun erst um Dich wohl zu Muthe, denn Du trittst wieder in den Lebenskreis, in dem Du nur gedeihen kannst: ich weiss nicht, wie es kommt, aber mir kommt diese Pariser Existenz nun einmal wie ein Exil vor. Der gute Eduard mag mit seinem Fortgang von Paris manchen schmerzlichen Gedanken verbinden: ging es mir anders? Ich gab einen ganzen Lebensplan, dem ich mit so grossen Opfern und Leiden nachgestrebt hatte, eine ruhmreiche, bedeutende Zukunft, wie man sie eben nur in Paris gewinnen zu können glaubt, auf, um meinem Ziele in — wie es mir erschien — sehr reduzirten Verhältnissen nachzugehen, und fand dabei — mein wahrhaftes Glück und zwar — in der Heimath! — Hätte ich in Paris einen Erfolg gehabt, wie ich ihn hier hatte, so hatte ich natürlich mehr — Geld davon; das ist aber auch Alles, mehr Glück gewiss nicht. Ich habe eine ruhige, sichere Stellung, und was ich darüber verdiene, kommt mir auch zu gut. — So wird es mit Eduard sein. Wahrlich, man gelangt endlich dahin, die Ruhe in seiner Heimath auch für ein werthvolles Glück zu halten! Hier werdet Ihr, wohin Ihr blickt, Verwandte und Freunde finden. Du — ganz besonders — wirst Dich im Gegensatz zu Deinem Pariser Leben, sehr wohl fühlen — ich urtheile ganz nach mir. — Also — schön willkommen, meine Lieben! Habt Vertrauen und gebt der Stimme kleinlichen Ehrgeizes kein Gehör! — Was kümmert's Euch, ob Brockhaus neben Euch Fêten und Schmausereien giebt, — glücklicher als diese Leute bei ihren Fêten werdet Ihr gewiss sein. — Sobald Du in Leipzig nur ein wenig eingerichtet bist, besuchst Du uns doch hoffentlich sogleich in Dresden? Du sollst Deine Freude daran haben, wie Du es bei uns findest: denn Gott sei Lob! uns geht es gut, und was meine äusseren Verhältnisse betrifft, so sehe ich mit Ruhe einem steten Steigen derselben entgegen. Kinder habe ich nun nicht, und werde wohl auch keines bekommen; weiss Gott, wenn ich mir die Besorgniss und Angst um Minna vorstelle, in der ich jedenfalls bei solch einer Hoffnung leben würde, erscheint mir auch das Glück gar nicht so wünschenswerth! — Und dann, — Deine neuesten Erfahrungen, arme Cäcilie, sind sie etwa gemacht, das Glück, Kinder zu haben, als untrübbar darzustellen? Mein armes Pathchen! Was hat denn der verbrochen, Du lieber Himmel, dass ihm die Leiden des Lebens jetzt schon so hart zusetzen? — Unsre Mutter war gerade an dem Tage, wo Dein Brief ankam, hier in Dresden auf der Durchreise nach Teplitz; sie hatte uns schon von dem Unglück des kleinen Richard unterrichtet, was uns schwere Seufzer abrang; — Du lieber Gott, was sind das für Sorgen! Du beruhigst uns nun in sofern, dass Du aussagst, Du hättest nur eine Zeitlang gefürchtet, das Kindchen würde auf dem einen Auge blind bleiben, woraus uns hervorgeht, dass Du auf der andren Seite Hoffnung habest, das Schlimmste des Uebels werde sich wieder heben. Nun, bald werden wir uns ja selbst überzeugen! In einem Monat, so Gott will! Wie werde ich glücklich sein, mich besonders auch davon überzeugen zu können, dass Deine Gesundheit, deren übler Zustand vor noch gar nicht langer Zeit uns so sehr traurig machte, sich befestigt hat! Fritz hat gegen die Mutter Dein Aussehen recht gelobt und somit uns sehr beruhigt. Seid Ihr nur erst hier, bei'm grossen Familien-Kongress in Sachsen, so sollst Du schon noch recht gedeihen!

Bei mir ist immer Arbeit, und zwar jetzt sehr verdriessliche! Seit 5 Monaten habe ich meine neue Oper, deren Komposition ich nur eben erst begonnen hatte, wieder bei Seite legen müssen, so sehr beschäftigt mich die leider immer zu spät hinausgeschobene Herausgabe meiner beiden älteren Opern. Es war ein Wust von Arbeit, und trotz allen Fleisses wird der vollständige Klavierauszug von Rienzi, der allerdings furchtbar stark ist und eben so viel als 3 andere Opern, Mitte August, und der Holländer einige Wochen später erscheinen. Ich beabsichtige daher, von der letzten Hälfte des August an Urlaub zu nehmen um noch auf das Land zu gehen, vielleicht nach Pillnitz; dort will ich dann meine neue Oper fertig machen. — Du kannst mir dann sehr gut dabei helfen; besuche uns nur dort, Dir wird dieser reizende Aufenthalt gewiss auch recht gut bekommen! —

Sage doch Eduard, dass ich die Sicherung des Eigenthums-Rechtes meiner Oper für Frankreich aufgegeben habe, und zwar aus dem Grunde, weil die Sache zu umständlich ist; nun geht gar noch Eduard von Paris fort; wem sollte ich meine Angelegenheit übergeben? Für London habe ich einen Verleger, und zwar den bedeutendsten, Beale, welcher sich selbst es sehr angelegen sein lässt, meine Oper dort von einem englischen Theater aufführen

zu lassen. — Genug davon! In einem Monat seid Ihr hier! Da geht das Mündliche los! — Bis dahin habe ich Euch nun nichts weiter zu wünschen, als — was allerdings viel in sich begreift — eine recht glückliche Reise! Sie wird Dich sehr anstrengen, aber zu einem recht behaglichen Ziele führen. Es wird Eure letzte Reise in dieser Weise sein! Lebt wohl und gesund bis dahin, wir erwarten Euch mit offenen Armen und beglückten Herzen! Möge unser Wiedersehen ebenso freudig sein, als unser letzter Abschied in Paris schmerzlich war! — Grüsst meine alten Freunde, die ich herzlich bedaure, dass Ihr sie nicht mit nehmen könnt! Grüsse und küsse Deinen guten Eduard, Deine lieben Jungen herzlich, herzlich von uns und kommt Alle recht glücklich zu
Eurem
Richard W.

Na, und ob Minna sich freut! —

Albert's geht es sehr gut! Er weiss nicht, dass ich heute schreibe. Mit Johanna geht es vortrefflich; sie hat vorgestern in meinem Rienzi die Irene gesungen, und alle ihre Vorgängerinnen in dieser Parthie geschlagen. Gott, wie muss es denen jetzt zu Muthe sein!

45. *An Cäcilie Avenarius.*
(Dresden, 12. December 1844.)
Meine liebe Cecilie,
herzlich willkommen in Deutschland! Sei mit Mann und Kindern aus tiefster Seele gegrüsst von mir und Minna!

---

45. (Adresse: „Madame / Cecilie Avenarius / bei Herrn Friedrich Brockhaus / in / Leipzig. / frei.)

Es war uns ein ganz fremd gewordenes und lebhaft neu erwachtes Gefühl, das uns erwärmte, von Euch so ganz aus der Nähe wieder Nachricht zu erhalten. Wie peinigt es mich, Dir unser Willkommen nicht mündlich zurufen zu können; jetzt immer noch schreiben zu müssen, ist ganz unerträglich, und doch ist es ganz unmöglich jetzt auch nur einen Tag von hier abkommen zu können, da mich für's Nächste die bevorstehende Ankunft der Asche Weber's, dann aber eine neue Marschner'sche Oper, die ich bis Neujahr herausbringen will, an keine Entfernung von Dresden selbst für die kürzeste Zeit denken lassen können. Ich muss nur meinen Unmuth darüber sogleich von vorn herein loslassen, damit ich nachher Luft bekomme, Dir unsre grosse Freude und Beruhigung über Eure endliche Zurückkunft in die liebe Heimath auszusprechen. In der That waren wir bei der so sehr vorgerückten Jahreszeit etwas beunruhigt über Dich und Deine so spät gewordene Reise; desto besser, nun zu erfahren, dass Alles gut abgelaufen ist! Dir brummt der Kopf, Du kannst Dich nicht zurecht finden, bist wie im Traume und Alles flimmert Dir vor den Augen? Ganz recht, das kennen wir aus Erfahrung sehr gut: es ist wie ein Zauberschlag, der Einen getroffen hat, so eine Versetzung von Paris nach Leipzig oder Dresden! Glaube mir aber, man wird darnach ein ganz anderer Mensch, und — seine Heimath gewinnt man gar bald wieder sehr lieb. Dass Ihr weder Wohnung noch dergl. vorgefunden habt, setzt mich, ehrlich gesagt, etwas in Verwunderung! Gott's Tausend! Was ist denn nur unsren Verwandten eingefallen! Oder war es Euer Wille, Euch Alles erst selbst zu besorgen? Sei dem, wie ihm wolle, wenn Ihr nur so ziemlich gesund seid, so schmeckt die Ruhe darnach desto besser! Möge diese aber nur sehr bald eintreten, damit wir auch davon geniessen können, ich meine, damit Du uns bald besuchen kannst. Dass ich, sobald ich nur irgend abkommen kann, Euch besuche, versteht sich von selbst, aber uns wird es doch erst recht glücklich machen, wenn Du zu uns in u n s r e Heimath kommst, wo wir, ich kann es nicht anders sagen, sehr glücklich leben. Durch Albert und seine Familie sind wir nun auch der Zahl nach stark geworden, und unser Zusammenleben kann nicht einiger und gemüthlicher sein. Kurz, es soll Dir bei uns schon gefallen. Jetzt aber das Nächste; wie wird es mit dem Rendezvous bei Clären? Minna geht nach den Weihnachtfeiertagen zur Taufe nach Chemnitz; wirst Du auch dahin kommen? Dann wäre es das Gescheuteste, Du kämst mit Minna dann nach Dresden und brächtest wenigstens den grossen Max sogleich mit. Bei uns bleibst Du, so lange es Dir gefällt und ich — der ich dann hoffentlich hier einmal werde abkommen können, bringe Dich dann persönlich nach Leipzig zurück, wo ich endlich auch meinem Pathchen bekannt gemacht zu werden hoffen darf. Du siehst, der Plan macht sich so ganz gut und wie von selbst: Eduard wird währenddem die Wirthschaft schon in Ordnung bringen, mein Pathchen R i c h a r d kann so lange ja wohl auch sehr gut bei einem der Verwandten, vielleicht bei Ottilien versorgt werden, da er als zu jung Dich doch vielleicht etwas geniren dürfte. — Du siehst, meine Gedanken sind nur auf ein recht verlängertes Wiedersehen berechnet: mache meine Hoffnungen und Pläne nicht zu Schanden.

In der sichren Voraussetzung, dass wir auf die eine oder die andere Weise uns doch bald sehen und aussprechen werden, übergehe ich jetzt alle Erkundigungen, Fragen und Mittheilungen, und komme statt derselben immer nur wieder auf die Bitte zurück: „mache es möglich uns recht bald bei uns zu besuchen!"

Nochmals! Seid u n g e h e u e r willkommen, — das rufen wir Dresdener Verwandten Euch mit einem wahren Halloh! zu. Ueberzeugt Euch bald, w i e wir Alle es meinen! Tausendmal grüsse und küsse ich Euch im Namen aller Wagner'schen in der Ostra-Allee!

            Dein
Dresden, 12. Dec. 44.   Richard W.

46. *An Albert Wagner*.

Marienbad, 4. August 1845.

Liebster Bruder,

schönen Dank für Deinen Brief und Deine Mittheilungen, die ich hiermit, theils da ich doch nun bald wieder mit Dir plaudern werde können, theils weil ich mich immer nur kurze Zeit zum Schreiben hinsetzen darf, nicht weiter beantworten will. Sonnabend, den 9ten, reisen wir hier fort, um mit einigem angenehmen Zögern unterwegs nach Haus zu kommen; in Eger, Karlsbad, Teplitz-Aussig denken wir uns kurz zu verweilen und spätestens Freitag den 15ten Nachmittag's mit Dampfschiff anzukommen: leider kann ich hier noch nicht genau erfahren, ob Freitag das Dampfschiff wirklich von Prag kommt; ist dies nicht, so komme ich schon Donnerstag den 14ten zurück. Ich habe Dich also nun mit der grossen Bitte zu belästigen, dass Du unsrer Amalia die nöthigen Weisungen für das In-Stand-Setzen unsrer Wohnung ertheiltest. Der Tischler wird bis dahin — oder er muss vielmehr fertig sein: — das Nähtischchen meiner Frau hat Zeit und braucht jetzt nicht schon in Ordnung gebracht zu werden: — der Flügel brauchte höchstens wohl nur ein wenig überpolirt zu werden, keineswegs aber abgezogen. Dagegen mache die Leute doch auf das Uhr-Consol aufmerksam, welches ganz gesprungen ist. Jedenfalls können wir von dem nachlässigen Tischler wohl verlangen, dass er Anfang künftiger Woche mit Allem fertig werde, und dem Mädchen muss es zur Pflicht gemacht werden, dass sie die ganze Wohnung zu Donnerstag d. 14. bereits für unsre Zurückkunft hergerichtet hat. Kommen wir Donnerstag nicht, so kommen wir Freitag, wie ich bereits sagte. Röckel könntest Du vielleicht mittheilen, dass ich jedenfalls schon mit Sonnabend d. 15ten die Kirche übernehmen kann. — In 4 Tagen

---

46. (Adresse: Herrn / Albert Wagner / Ostra-Allee 23, Dresden. / frei.)

haben wir also unsre Kur beendet, auf welche wir dann volle fünf Wochen verwandt haben werden! Die Anzeichen deuten auf einen guten Erfolg bei mir und Minna, die wir auf die gewohnte Weise uns von Bekanntschaften, mit denen man nun überall geplagt ist, so fern wie möglich gehalten haben, dafür aber nicht viel aus Wäldern und Bergen herausgekommen sind. Mein Kopf hat seine Rastlosigkeit aber nicht verlieren wollen und so habe ich denn gestern das Niederschreiben eines sehr ausführlichen, vollständigen Planes zum Lohengrin beendigt, der mir grosse Freude macht, ja, ich gestehe es frei, mit stolzem Behagen erfüllt. Du weisst, welche Sorge mich manchmal beschlich, nach dem Tannhäuser keinen Stoff wieder zu finden, der ihm an Wärme und Eigenthümlichkeit gleichkomme: — je näher ich mich nun aber mit meinem neuen Stoff vertraut machte, je inniger ich die Idee erfasste, desto reicher und üppiger ging mir dessen Kern auf und entfaltete sich zu einer so vollen, schwellenden Blume, dass ich mich in ihrem Besitze wahrhaft glücklich fühle. Meine Erfindung und Gestaltung hat bei dieser Schöpfung den grössten Anteil: das altdeutsche Gedicht, welches uns diese hochpoetische Sage bewahrt hat, ist das dürftigste und platteste, was in dieser Art auf uns gekommen ist, und ich fühle mich in der Befriedigung des Reizes sehr glücklich, die fast ganz unkenntlich gewordene Sage aus dem Schutt und Moder der schlechten, prosaischen Behandlung des alten Dichter's erlöst und durch eigene Erfindung und Nachgestaltung sie wieder zu ihrem reichen, hochpoetischen Werthe gebracht zu haben. — Aber abgesehen davon, welch ein glückliches Opernbuch ist es! Wirkungsvoll, anziehend, imponirend und rührend in jedem Theile! — Johanna's Partie darin, — welche sehr bedeutend und eigentlich die Hauptparthie ist, — muss das Reizendste und Ergreifendste von der Welt werden. — Nun genug! Wem das Herz voll ist, dem p. p.

Grüsse Heine 75 Mal von mir, ich liesse ihm schönstens für seinen Brief danken. An Liszt schreibe ich von hier aus direct nach Bonn, und wäre sehr einverstanden mit dem Weber-Plane. — Nun, Gott gebe nur, dass mir die Lust oder vielmehr der unwiderstehliche Trieb, eine neue Oper zu beginnen, nicht schon diesen Winter ankommt, damit ich mich einmal recht klar und thätig unsrer Königl. Sächs. Oper annehme! Ich habe viel und Durchgreifendes im Sinne. So, nur diese neue Seite wollte und durfte ich schreiben! Also zum Schluss! Sehr Recht thut Ihr darin, es der Mama so behaglich wie möglich zu machen, und es kann uns nur lieb sein, wenn unsre Mittel etwas dazu beitragen konnten. Grüsse sie schönstens, wenn sie noch bei Euch ist! — O Hanns!*) Deine Zeit naht! Die schlimmste Folge der langen Pause in Deinem Auftreten wäre, — wenn Du währenddem nichts gelernt! Bedenke das und sei willig und fleissig — ich bringe Dir vielleicht auch was mit! —

Na, seid von mir und Minna Alle schönstens gegrüsst, und vor Allem seid versichert, dass wir uns herzlich freuen Euch wiederzusehen! Seid mir alle wohl auf und verderbt mir die gute Laune nicht, die ich mitzubringen hoffe.

Adieu! Lebt wohl bis dahin — und dann noch 50—60 Jahre länger!
Euer
Richard W.

47. *An Cäcilie Avenarius.*
Dresden, 9. Januar 45.

Liebste Cecilie,

Minna wollte Dir diesmal schreiben; ich sehe aber, es kommt heute bei ihr doch nicht dazu, und damit Du

---

*) Johanna Wagner.

47. (Adresse: Ihro / Wohlgeboren / Madame / Cecilie Avenarius / Insel-Strasse No. 5 / Leipzig / frei.)

doch wenigstens schnell eine Antwort auf Deinen vorgestern erhaltenen lieben Brief bekommst, trete ich wieder für Minna ein, denn die Umständlichkeit, mit welcher diese jedesmal an zwei zu schreibende Zeilen geht, ist unglaublich. Also, entschuldige sie und thue ihr ja nicht Unrecht, wenn Du aus ihrer Schreibescheu auf ihre Gesinnungen schliessen wolltest; sie ist unveränderlich Deine treueste, herzlichste Freundin! — Jetzt aber zur Sache! —

Dass wir Alles Mögliche aufbieten würden, um Dich bei uns zu sehen und so lange als möglich zu fesseln, konntest Du, liebes Kind, mit grösserer Gewissheit voraussetzen. Komm Du getrost mit Deinen beiden Jungen und bringt in Gottes Namen auch die Bonne mit — wenn Du diese für nöthig hältst, so bald ich Dir sage, dass gegenwärtig auch und zwar zum ersten Male Natalie zum Besuche hier ist, die bei Deinen Kleinen sehr gut die Stelle der Bonne vertreten könnte. Vertraust Du den Hülfsleistungen der Bonne lieber, so bringe sie also nur auch mit, höre jedoch auch die Dispositionen an, die unser Logis zulassen und die ich Dir hiermit zur Prüfung vorlege. Wir haben in unsrer Wohnung: No. 1. ein Arbeitszimmer für mich; No. 2 einen sogenannten Salon, der bei den ewigen Besuchen, die ich erhalte, frei bleiben muss; No. 3, das Zimmer der Minna, welches Wohnstube, Speisestube u. s. w. zusammen enthält; No. 4, ein Schlafzimmer für uns zwei und No. 5 ein eben solches für Besuch, welches zugleich aber auch eine Art von Garderobe ist. Dieses No. 5 wird Dir zur Disposition gestellt mit einem guten Bett für Dich, einem Bette für Max und einem kleinen Kanapee, worauf für Richard ein sehr bequemes Lager bereitet werden kann. Die Bonne, willst Du sie noch mitbringen, muss dann allerdings in einer Bodenkammer schlafen, die jedoch ganz anständig ist; sie soll dort ihr Bett bereit finden. —

So steht's und so geht's: — ist Dir's so recht, so schreibe nur 2 Tage vorher, wann Du kommst und ob mit oder ohne Bonne! Für alle Fälle aber sei versichert, dass wir es gar nicht erwarten können, und dass Du uns nun nur noch dadurch grössere Freude machen kannst, dass Du je schneller, je lieber kommst. Dass ich dadurch sogleich mein Pathchen in genauere Bekanntschaft nehmen kann, als ich dies blos auf einem kurzen Besuch in Leipzig hätte thun können, erhöht mir nur die Freude des Wiedersehen's. Was soll ich Dir jetzt noch schreiben in dieser Erwartung? Nur die Wiederholung unsrer inständigsten Bitte: komm! komm so bald als nur irgend möglich!!

Dies rufen wir Dir Alle aus dem tiefsten Grunde des Herzens zu! Also auf sehr baldiges Wiedersehen!

Dein

Richard W.

Minna bittet Dich zu Deiner eigenen Bequemlichkeit die Kinderbetten mitzubringen.

48. *An Eduard Avenarius.*

Dresden, 16. Mai 1845.

Liebster Eduard,

es ist zum Teufelholen! Seit einer Stunde suche ich nach dem Briefe, in welchem Du mir von Paris aus auf mein Verlangen die Berechnung dessen machtest, was ich Dir schulde — und kann ihn nicht finden. Die Summe selbst aber habe ich eben auch nicht mehr genau im Kopfe und so muss ich Dich denn bitten, mir umgehend sie noch einmal zu nennen, denn ich weiss bei Gott nicht mehr, wie viel es über 100 Thaler war. Sogleich schicke ich Dir dann das Geld und werde keine Entschuldigung für die lange Säumnis sparen!

---

48. (Adresse: Herrn / Eduard Avenarius / Brockhaus & Avenarius / in / Leipzig. Poststempel: Dresden, 16. Mai 45.)

In einigen Tagen also schreibe ich wieder: deshalb hier nur in Kürze, was nöthig war. — Auch komme ich in Kurzem selbst Euch zu besuchen.

Adieu unterdessen! Grüsse Cilen schönstens, die Kinder und die Andren auch!

Dein
Richard W.

Dresden, 16. Mai 45.

49. *An seine Frau.*

Berlin, Mittwoch früh um 9 Uhr.

Mein liebes Mienel,

ich bin nun heute den dritten Tag von Dir fort, und es ist mir ganz gut gegangen; wie steht's bei Dir? — Gott gebe Dir nicht weniger passable Laune, als jetzt die meinige ist! Bis jetzt habe ich's immer sehr glücklich getroffen: Montag sah ich in Leipzig die Stumme und Dienstag in Berlin Don Juan mit der Lind. Besser konnte ich's doch nicht treffen? — Nachdem ich Montag in den Armen der Verwandten hin und her geworfen war, wobei mir überallhin ein Theil derselben nachlief, musste ich Mittags bei Luise und nach dem Theater bei Cecilien sein; alle Übrigen waren allemal mit dabei, auch Laube's. Gott! kam mir das Leipziger Theater erbärmlich vor! Mit dem Tenoristen wird nicht viel anzufangen sein, er ist ein lederner, eklicher Kerl! Dagegen hat Schmidt bereits meinen Holländer zu Februar angesetzt, und den können sie allerdings vortrefflich geben: ich sah Kindermann als Pietro in der Stummen, und bin über den Menschen sehr, sehr erfreut — er hat Alles zum Holländer.

---

49. (Adresse: An / Frau / Kapellmeister / M. Wagner / Ostra Allee No. 6 / Dresden. Poststempel: Berlin, 10. Dezember / 1845.)

Meine Leipziger Geschäfte waren also schnell und zu meiner Zufriedenheit abgemacht. Die Berliner gehen nun erst heute los, denn gestern konnte ich noch nichts unternehmen. Gegen 2 Uhr kam ich erst an: ass zu Mittag, machte eine kleine Reinigungs-Toilette, verschaffte mir zum Abend ein Theaterbillet und bin somit nur erst zur Frommann gekommen, welche bei einer wohlhabenden Freundin sehr hübsch und nobel wohnt. Die Frommann konnte mir nichts Wichtiges über meine Angelegenheiten mittheilen: heute bin ich aber bei ihr, d. h. ihrer Freundin zu Tische, wo auch Professor Werder sein wird, auch der junge Göthe. Im Don Juan habe ich mich sehr gelangweilt: die Donna Anna soll auch nicht die vorzüglichste Parthie der Lind sein: ausserordentlich schön sang sie die letzte Arie, für den ersten Act fehlt ihr sehr viel. Sie ist eine fremdartige, sinnige Eigenthümlichkeit, die an und für sich sehr interessirt, einer grossen dramatischen Durchführung aber nicht gewachsen ist. Im ersten Acte ist die Devrient unbedingt ergreifender. Nun, so kurz kann ich mein Urtheil über die Lind nicht abgeben, und verspare mir es daher. Im Uebrigen war Alles ledern, wie wir das ja überall im Don Juan gewohnt sind. Der Saal des neuen Opernhauses hat mir ausnehmend gefallen und ist unbedingt vorzüglicher als unser Dresdener: d. h. freier, nicht so gedrückt und mit so gehemmter Akustik. — Nun, nachdem ich diese Nacht passabel ausgeschlafen habe (— in Leipzig kam ich erst halb zwei zu Bette und musste um 5 Uhr wieder heraus!), will ich nun heute mit Gott an meine Besorgungen gehen. Zuerst gehe ich zu Redern. Mit dem Erfolge meiner Bemühungen theile ich Dir dann auch den Tag meiner Rückkunft mit. Bis dahin, mein gutes Thierchen, lebe schönstens wohl! Sei herzlichst von mir gegrüsst und geküsst! Behalte mich lieb, wie ich Dich und schliesse nur wieder auf! Grüsse die Unsren und lebe wohl! wohl!
                                         Dein
                                          Richard.

50. *An Eduard Avenarius.*
(Dresden, 23. December 1845.)
Mein lieber Eduard,

schönsten Gruss! Lass Dir recht viel zu Weihnachten bescheeren! — Da komm' ich mit einer Bitte für meinen Freund H e i n e, von dem Dir in einem gewissen Bezuge Heinrich vielleicht schon gesprochen hat. Heine, der schon viele, viele Bände aus dem Französischen übersetzt hat, wünscht Arbeit und sucht sie durch mich bei Brockhaus und Avenarius. Heinrich hat mir gesagt, es käme bei Euch öfter vor, dass Ihr einen guten Uebersetzer suchtet, — wie es erst letzthin einmal bei — ich weiss nicht welchen? — Memoiren der Fall gewesen sei; er hat mir versprochen, in vorkommenden Fällen dieser Art Heine's zu gedenken. Nun kommt H e i n e selbst ein Fall vor, wo Ihr seiner gedenken sollt: er glaubt nämlich, das hier beiliegend angezeigte — Dir jedenfalls schon bekannte Buch von Vaulabelle,*) welches mit dem Erscheinen seines dritten Bandes in Frankreich bereits grosses Aufsehen erregt habe, müsse auch in Deutschland zwischen dem Thiers'schen und Louis Blanc'schen Werke zu einer guten Prise werden können. Wäret Ihr nun auch derselben Meinung, so wünschte Heine, Ihr übertrüget ihm schleunigst die Uebersetzung desselben. — Ich richte somit seinen Antrag und seine Bitte aus, füge dem aber für mein Theil persönlich die herzlichste Bitte an Dich bei, H e i n e in vorkommenden Fällen jedenfalls bedenken zu wollen; er ist ein um mich äusserst verdienter Freund, unablässig bemüht, mir zu dienen und gefällig zu sein, wo und wie er nur irgend kann. Dazu gebraucht er es sehr nothwendig, wenn er sich ab und zu etwas ausser seinem Gehalt verdienen kann. Vermag also meine Bitte

---

50. (Adresse: Herrn / Eduard Avenarius / Inselstrasse No. 7 / L e i p z i g. / frei.)

*) Achille de Vaulabelle, Cent jours —1814/1815. Chute de l'Empire. histoire des deux Restaurations etc. (Perrotin, 41 rue Fontaine-Molière.)

etwas, so bin ich überzeugt, dass, ist es Dir irgend möglich, Du mir zu Liebe Heine's gedenken wirst, und vielleicht schon für den vorliegenden Fall. Ich wollte Dich bereits in Leipzig darüber sprechen, — wie es aber in dem Trödel geht! —

Vergangenen Freitag hatten wir wieder eine sehr schöne Vorstellung des Tannhäuser; nach den beiden letzten Akten wurden die Sänger, und nach ihnen noch jedesmal i c h gerufen. —

Ende Februar, wenn ich zur Aufführung meines „flieg. Holländer's" nach Leipzig komme, denke ich, werden wir uns etwas länger sehen. — Lebt schönstens wohl bis dahin, und dann auch noch! Grüsse — Du weisst schon, wen Alles! Frau und Kinder vor Allem von mir und Minna!

Adieu!
Dein

Dresden, 23. Dec. 1845.   Richard Wagner.

(hart vor Weihnachten! Ach!!)

51. *An Eduard Avenarius.*

(Gross-Graupe, 21. (?) Mai 1846.)

Liebster Eduard,

eine Frage und Bitte! Albert quält mich von Paris aus, ich soll ein Paar Exemplare meiner Opern dorthin schicken, vielleicht um sie bei Franck in Commission zu geben, nicht etwa um dabei zu profitiren, sondern viel-

---

51. (Adresse: Herrn / Eduard Avenarius / Brockhaus & Avenarius / in / Leipzig. / frei. — Dresdener Poststempel: 27. Mai 46. Leipziger Poststempel: Stadtpost, 28. Mai. — Notiz des Empfängers: B[eantwortet] 28. V.)

mehr nur um meinen Freunden und den Pariser Musikern überhaupt Gelegenheit zu geben, meine Sachen kennen zu lernen. Schon war ich daher entschlossen, durch Meser ein Paket an Dich abgehen zu lassen, um von Deiner früheren freundlichen Zusage — derlei Dinge nach Paris zu besorgen — Gebrauch zu machen. Jetzt will aber Meser in Leipzig vom Berliner Schlesinger erfahren haben, dass Musikalien an der französischen Gränze über 100 Procent Eingangszoll zahlen müssten; ich wollte Dich daher, als einen mit diesen Dingen gewiss vollkommen Vertrauten, bitten, mich doch wissen zu lassen, ob dem wirklich so sei, oder ob Ihr Gelegenheit hättet, dieses grausame französische Gesetz unschädlich zu machen? Bestätigst auch Du die Nothwendigkeit, diesen enormen Zoll erlegen zu müssen, so werden wir uns natürlich noch einige Zeit bedenken: unlieb wäre mir es allerdings, wenn auf diese Weise meine Musik den Parisern fremd bleiben sollte.

Besuchst Du uns nicht in Gross-Graupe? Es ist herrlich hier auf dem Lande! Geht Cecilie noch in's Seebad? Gott befohlen! Viele herzliche Grüsse von Minna! Dein

Richard Wagner.

Briefe an mich sind einfach nach „Dresden" zu adressiren.
21. Mai 1846.

52. *An die Mutter.*

(Dresden, 19. September 1846.)

Meine liebe Mutter,

seit so langer Zeit habe ich Dir nicht zu Deinem Geburtstag gratulirt, dass es mir völlig wohl thut, endlich

---

52. (Adresse: An / Madame / J. Geyer / Salomons-Strasse No. 6 / Leipzig. / frei.)

einmal des rechten Tages — den ich leider so oft im Drange der Zeiten übersah — wahrnehmen zu können, um Dir zu sagen, wie innig es mich erfreut, Dich uns immer noch mit Leib und Seele nah zu wissen, Dir immer von Zeit zu Zeit noch einmal die Hand drücken und mit Dir und durch Dich der eigenen Jugend gedenken zu können, die durch Dich geschützt und gepflegt wurde. Nur in dem Bewusstsein, dass Du noch unter uns weilst, können Deine Kinder sich noch recht deutlich als eine Familie fühlen; die das Leben dort und dahin zerstreute, hier und dort neue Verwandtschafts-Bande knüpfen liess, — denken sie an Dich, an die alte Mutter, die keine anderen Bande auf dieser Welt fand, als die, welche sie an ihre Kinder knüpfte, so sind sie alle auch wieder eins, sind Deine Kinder! — Nun gebe Gott, dass uns dies Glück noch für recht lange beschieden sein möge; dass Gott Dich noch recht lange bei klarem Bewusstsein erhalte, um Dir auch die einzige Freude, die Du auf der Welt haben kannst, — die Freude, dem Gedeihen Deiner Kinder mitfühlend zuzusehen, bis an Dein Lebensende zu Theil werden zu lassen! Fühl' ich mich so bald gedrängt, bald gehalten, immer strebend, selten des vollen Gelingens mich erfreuend, oft zur Beute des Verdrusses über Misslingen, — fühl' ich mich fast immer empfindlich verletzt durch rohe Berührungen mit der Aussenwelt — die ach! nur so selten — fast nie! dem inneren Wunsche entspricht, — so kann mich einzig nur der Genuss der Natur erfreuen; wenn ich mich ihr oft weinend und mit bitterer Klage in die Arme werfe, hat sie mich immer getröstet und erhoben, indem sie mir zeigte, wie eingebildet alle die Leiden sind, die uns beängstigen; streben wir zu hoch hinaus, so zeigt uns die Natur recht liebevoll, dass wir ja nur ihr angehören, dass wir ihr entwachsen, wie diese Bäume, diese Pflanzen, die sich aus dem Keim entwickeln, aufblühen, sich an der Sonne wärmen, der kräftigenden Frische sich erfreuen und nicht eher welken und ersterben, als bis sie den

Samen ausgestreut, der nun wieder Keime und Pflanzen treibt, so dass das einmal Erschaffene in immer erneuter Jugend fortlebt. Wenn auch ich mich nun so recht innig der Natur angehören fühle, — wie schwindet da jeder eitle Egoismus, und wenn ich jedem guten Menschen die Hand reichen möchte, wie sollte es mich dann nicht um so viel eher nach der Mutter verlangen, deren Schooss ich entkeimte, und die nun welkt — da ich blühe! Wie müssen wir dann lächeln über diese wunderlichen Irrungen und Verkehrtheiten unserer menschlichen Gesellschaft, die sich peinigt um Begriffe zu erfinden, durch die jene lieblichen Bande der Natur so oft verwirrt, getrennt und verletzt werden! — Mein gutes Mutterchen, mag viel Wunderliches zwischen uns getreten sein, wie schnell verwischt sich alles das! Wie wenn ich aus dem Qualm der Stadt heraustrete in ein schön belaubtes Thal, mich auf das Moos strecke, dem schlanken Wuchs der Bäume zuschaue, einem lieben Waldvogel lausche, bis mir im traulichsten Behagen eine gern ungetrocknete Thräne entrinnt, — so ist es mir, wenn ich aus allem Wust von Wunderlichkeiten hindurch meine Hand nach Dir ausstrecke, um Dir zuzurufen: Gott erhalte Dich, Du gute alte Mutter, — und nimmt er Dich mir einst, so mach' er's recht mild und sanft! Von Sterben ist da nicht die Rede, wir leben ja für Dich weiter, und zwar ein reicheres, vielgestaltigeres Leben, als das Deine sein konnte: drum danke Gott, der Deinen Leib so glücklich segnete! —

Minna, deren Erinnerung ich es danke, dass ich diesmal Deines Geburtstages eingedenk bin, grüsst und gratulirt von ganzem Herzen.

Leb wohl, mein gutes Mutterchen!

Dein
Sohn Richard.

Dresden, 19. Sept. 1846.

53. *An die Schwester Cäcilie Avenarius.*

(Dresden, 14. December 1847.)

Liebste Cecilie,

das ist gescheut, dass Du einmal zu uns kommen willst; hättest Du das schon lange gethan, so wäre mancher närrische Zweifel in Dir nicht aufgekommen oder leicht wieder besiegt worden. Ich schreibe nicht gern Briefe, Minna fast gar nie; Leipzig zu besuchen hat für uns noch nie grossen Reiz haben können. Wir haben uns also eine lange Zeit nicht gesehen, das ist das ganze Unglück.

Wem ich kalt und ohne Theilnahme für ihn erschienen bin, der würde mich begreifen können, wenn er wüsste, wie widerlich nahe mir beständige Sorgen um mich selbst gelegen haben, — Unmuth — übele Laune hemmen viel. Hättest Du uns, wie gesagt, ein einzig Mal wieder und länger besucht, so hätten wir unsre Sorgen uns mitgetheilt und — wären darnach immer die Alten geblieben, und so ist's auch noch. —

Du kommst also und steigst bei uns ab, — das ist recht und versteht sich von selbst.

Ich bin gesund und krank, — wie Du willst! Recht gesund werde ich wohl erst wieder, wenn ich einmal recht zur Gemüths-Ruhe komme. Jetzt geht mir's etwas besser; — Du wirst ja sehen.

Minna sieht Deiner Ankunft mit grosser Freude entgegen!

Grüss Eduard und Deine Jungen! Leb wohl und komme bald!

Dein

Bruder Richard.

Dresden, 14. Dec. 47.

---

53. (Adresse: An / Frau / Cecilie Avenarius / Inselstrasse No. 14 / Leipzig. / bez.)

54. An Eduard Avenarius.
(Dresden, 15. Juni 1848.)
Lieber Eduard,

ich schicke Dir hier einen Aufsatz von mir*,) der Dir wahrscheinlich nicht ganz unwillkommen sein wird; wenigstens geht seine Idee auf eine Vereinigung der Parteien hinaus, die Du mir in Deinem kürzlich gemachten Vorschlag einer „monarchischen Republik" ebenfalls im Auge gehabt zu haben scheinst. Kannst Du meinen Aufsatz zu etwas benutzen, so thue es! Grüss Cecilien schönstens und behalt' mich lieb!
Dein
Richard Wagner.

Dresden, 15. Juni 1848.

55. An Eduard und Cäcilie Avenarius.
(Dresden, 4. September 1848.)
Lieber Eduard! Liebe Cecilie!

Soeben ersehe ich mit Minna und Kläre gleichzeitig aus der Zeitung den Verlust, der Euch betroffen. Wie heftig wir erschracken, könnt Ihr leicht denken. Wird Euren Schmerz es irgendwie lindern können, wenn Ihr wisset, dass wir ihn herzlichst mit Euch theilen? Gewiss seid wenigstens, dass wir dies thun!

Könnten wir aber sonst nichts zu Eurer Gemüthsstärkung beitragen? Würde wohl Cecilie sich bestimmen

---

54. (Adresse: Herrn / Eduard Avenarius / Buchhändler / in / Leipzig. / bezahlt.)
*) Rede im Dresdener „Vaterlandsverein".
55. (Adresse: Herrn / Eduard Avenarius / Buchhändler Marienstr. / Leipzig / Eiligst.)

lassen, sogleich mit Max und Richard zu uns nach Dresden zu kommen, und bei uns eine Zeitlang zu verweilen? Eine Veränderung der Luft und der Umgebung wirkt in solchem Falle gewiss wohlthätig, — vielleicht schon einiger Maassen durch Zerstreuung. Herzlich würden wir uns freuen, wenn Cecilie unsre Bitte gewährte und recht schnell zu uns käme. Da auch Klärchen hier ist, findet sie ja Familie. —

Wir sehen Cecilien's Ankunft entgegen.

Innigen Gruss und Bezeugung unsrer schmerzlichsten, wehmüthigsten Theilnahme.

Dein

Dresden, 4. Sept. 48. Richard Wagner.

56. *An Cäcilie Avenarius.*

(Dresden, 25. Februar 1849.)

Liebe Cecilie,

diesmal habe ich es übernommen Dir zu schreiben: Minna traute meinem Style mehr als dem ihrigen zu, um Dir mit gehöriger Würde unsren Glückwunsch zu Deinem Geburtstage darzubringen: während ich aber schreibe, bäckt sie eine Bäbe, von der die Nachwelt noch zu erzählen haben soll, und die dennoch für niemand anderes als für Dich bestimmt ist. Meine Ehehälfte, die täglich der Welt nützlicher zu werden sucht, hat sich — wie Du auch aus dem nicht erhaltenen Weihnachtsstollen ersehen haben wirst — mit ungemeinem Erfolg dem Bäckerhandwerk gewidmet, während ich mich der Ausbildung meiner Handschrift durch lateinische Schriftzüge — wie Du ebenfalls siehst — mit Leib und Seele hingebe. So hoffen wir denn, es komme was da wolle, jedenfalls mit Geschick durch die Welt zu kommen: einstweilen vereinigen wir aber die genannten edelsten unsrer Eigenschaften zu dem Zwecke, Dir eine angenehme Geburtstagsfeier aus der Ferne zu bereiten. Leiblich (durch die Bäbe) und geistig (durch meine Schriftzüge) mögen wir Dir also an dem Tage nahe sein, der vor einigen Jahren Dich zur Welt kommen sah: hat Dich seit der Wiederholung dieses Tages die Welt dann und wann verdrossen, so kann ich noch heute, um Dich vor jedem ferneren Verdruss bewahrt zu wissen, Dir dennoch nichts besseres wünschen, als gründlich mit dieser Welt dadurch versöhnt zu werden, dass Du gesund sei'st. Alles ist gewonnen, so wie man das Leben selbst gewinnt und sich rüstig in ihm erhält: keine Freude, kein Genuss kann Dir zu Theil werden, als durch das Leben, und glücklich leben — heisst: gesund am Leibe sein, denn ohne gesunden Leib giebt es keinen gesunden Geist, und die Thätigkeit, die uns erfreut, weil sie diejenige ist, die wir gern ausüben, sie allein ist der Genuss des Lebens, nicht der Besitz, der uns nur schmeichelt, nie aber beglückt. Der tüchtige Mensch, den Du zum Manne hast, wird unter allen Umständen wissen, seine Fähigkeiten zur Geltung zu bringen: mag er auch manchmal verdrossen sein über die Hindernisse, die ihm im Wege stehen, — er wird sie besiegen. Du weisst ganz bestimmt, was Du zu thun hast: Du kannst nicht einen Augenblick schwanken in dem, was zu thun Dir lieb und theuer ist; — nur eines kann Dich darin hemmen, — leibliches Unwohlsein. Wünschen wir Dir nun heute dauernde Gesundheit, so wünschen wir Dir hauptsächlich die Kraft und die Umsicht, recht sorgsam darauf bedacht zu sein, wie Du Deinen angegriffenen Körper stärken mögest; komm' im Frühjahr zu uns, so wollen wir Dir auch ein wenig zeigen, wie Du das anfängst. Einstweilen stärke Dich durch die Bäbe, von der ich mir, ohne sie zu kennen, alles mögliche Gute denke; erheitere Dich an meinen Lehren, von denen ich Dir wenigstens versichern kann, dass das Bewusstsein von ihrer Richtigkeit mich täglich mehr erkräftigt, um allen Widerwärtigkeiten gutes

Muthes Trotz zu bieten: denn das Schlimmste ist, wenn man dem Feinde selbst die Macht einräumt, und dies geschieht, sobald man ihm in sich nicht eine Macht entgegensetzt, die nichts auf dieser Welt zu besiegen vermag.

In Weimar hat kürzlich mein Tannhäuser, wie durch alle Nachrichten es mir bestätigt wird, einen dort noch beispiellosen Erfolg gehabt: der Erbgrossherzog hat mich fast flehentlich eingeladen, im Mai ihn zu besuchen; mache ich mir nun aus der ganzen Grossherzogswirthschaft nicht viel, so stimmt seine Einladung doch mit meinem Wunsche überein, um die genannte Zeit Thüringen und den Harz ein wenig zu bereisen: führt mich diese Gelegenheit durch Leipzig, so bringe ich auch vielleicht Minna mit, und mit ihr könntest Du dann sogleich mit nach Dresden gehen: d. h. wenn bis dahin die Welt nicht zu Grunde gegangen ist, denn unsre edlen Fürsten sammt und sonders scheinen es in allem was sie thun darauf abzusehen, die Welt zu Grunde zu richten.

Nun, Gott befohlen für heute! Sei gesund, — dann wirst Du auch froh sein! Grüsse Deine Nachkommenschaft auf das verbindlichste von mir; mache Deinem Manne leichten Muth und sage ihm, er solle mich lieb behalten.

Vivat hoch! schreien wir — Peps bellt und Papo pfeift dazu!

Dresden, 25. Febr. 49.

Dein
Richard.

57. *An Eduard Avenarius.*

(La Ferté sous Jouarre,
18. Juni 1849.)

Liebster Eduard,

bald ist es nun vier Wochen, dass ich von meiner Frau Abschied nahm, und nicht die geringste Nachricht ist mir noch von ihr zugekommen. Einen Brief schrieb ich ihr aus Zürich, mit der Adresse an Mad: Portius in Dresden, — zwei Briefe schrieb ich ihr aus Paris mit der Angabe Deiner Adresse in Leipzig*) — und kein Wort bezeugt mir, ob Minna noch lebt! — Meine Angst ist gränzenlos: warum erhalte ich nirgendsher ein Lebenszeichen meiner Frau? — Ich kann mich in der blossen Erwartung nicht länger mehr halten, und wenn ich mir auch immer noch mit der Hoffnung schmeichle, vielleicht doch in den nächsten Tagen noch einen Brief von ihr zu erhalten, so treibt es mich doch, meiner furchtbar genährten Ungeduld durch eine dringende Anfrage bei Dir abzuhelfen. Was ist mit meiner Frau? was wisst Ihr von ihr? warum in aller Welt schreibt sie mir nicht?

Ich habe mich aus Paris vor der Widerwärtigkeit des dortigen, für mich jetzt gänzlich unnützen, Aufenthaltes geflüchtet: die Cholera wüthete als ich es verliess. Vor meinem Fortgang schrieb ich an Minna und theilte ihr meinen Entschluss, mich in Zürich mit ihr zunächst auf einige Zeit niederzulassen, mit: hoffentlich giebt sie meinen Bitten nach und entschliesst sich, sich dort wieder mit mir zu vereinigen. Alle Vorkehrungen sind meinerseits getroffen: ein fester Jahresgehalt, den Liszt jetzt von mehreren Seiten her für mich auswirkt, wird uns für alle Fälle in einem reizenden Aufenthalte ein ruhiges Auskommen versichern. Von dort aus besorge ich meine Pariser Angelegenheiten: die von dorther im günstigen Falle für mich zu erwartenden Einkünfte verwende ich dann unvermindert zur Tilgung meiner in Dresden hinterlassenen Schulden.

Aber meine jetzige Marter ist gross: ich verfluche jeden Tag, der mir ohne Nachricht von meiner Frau dahinfliesst. — O, schreibe mir augenblicklich und löse mir das Räthsel.

---

57. (Adresse: Herrn / Eduard Avenarius / Buchhändler / Marienstrasse No. 2 / Leipzig. / Allemagne.)
*) Diese Briefe sind nicht erhalten.

Tausend Dank für alle Eure Theilnahme! Grüsse herzlichst Cecilien, und grüsse die Meinigen alle mit dem besten Danke für ihren Antheil! Leb' wohl, Liebster! behalt' mich lieb!
                              Dein
                                        Richard Wagner.
    Reuil
Laferté sous Jouarre
département Seine-et-Marne
    (Mr. Belloni)

58. *An die Schwester Clara Wolfram.*
                    Zürich, 1. December 1849.
    Liebe Kläre!
Sei nicht böse, dass Du so spät erst einen Brief von uns bekommst. Minna wollte erst schreiben, und ich glaubte auch, es sei Dir angenehmer, von ihr zu erfahren, wie es uns geht: nun, sie kommt einmal schwer dazu, und ich tue es gern für sie, zumal, wenn sie selbst anfängt zu drängen. Es ist mir erwünscht, zunächst Euch noch herzlichst danken zu können für Eure Sorge um mich und für die Hilfe, die Ihr mir zu jener schwierigen Zeit zu Theil werden liesset. Zumal bin ich Deinem guten Manne, der mich so vortrefflich bemuttert hat, aus tiefster Seele verpflichtet: ich gestehe, dass mich der Abschied unter den Umständen sehr unterstützungsbedürftig gemacht hatte, und dass es ein Glück für mich war, gerade jemand wie Deinen Mann zur Seite zu haben. Schlage ich nun aber meine moralische Verpflichtung gegen ihn weit höher an, als die pekuniäre, in die ich zu gleicher Zeit mich be-

---

58. (Nach dem Abdruck der „Tägl. Rundschau" vom 13. Februar 1906.)

geben habe, so fühle ich doch, dass mich namentlich auch die letztere schon längst hätte veranlassen sollen, ihm oder Euch einmal zu schreiben. Verzeiht, dass es nicht geschehen ist! Dass ich Euch dafür dankbar gesinnt bin, glaube ich Euch allerdings nicht erst versichern zu dürfen, dass ich noch nicht imstande sei, meine Schuld abzutragen, vermuthe ich aber Euch ebenfalls nicht erst betheuern zu müssen. Entschuldigt aber, dass ich erst jetzt dieser Sache gegen Euch erwähne!

Lieber wäre es mir, Minna schriebe Dir über unser hiesiges Leben, da ich der Meinung sein muss, Du würdest ihrem Berichte eher glauben als dem meinigen: ich behalte mir aber vor, von Minna den Brief durchlesen und — soweit es das Thatsächliche betrifft — seinen Inhalt bestätigen zu lassen.

Euch scheint es sehr unangenehm zu sein, dass wir in Zürich uns aufhalten: ich wüsste in diesem Augenblicke keinen Ort in Europa, an dem ich lieber verweilen möchte. Ich hatte nur die Wahl zwischen hier und Paris. Mag ich nun mein dereinstiges Auftreten mit einer Oper in Paris noch so ernstlich in das Auge fassen, so giebt mir doch die Kenntniss der dortigen Verhältnisse die sichere Annahme zur Hand, dass sehr gut ein paar Jahre darüber vergehen können, ehe an eine wirkliche Aufführung eines Werkes von mir dort zu denken wäre, und sehr fragt es sich, ob dies überhaupt unter den jetzt bestehenden Verhältnissen möglich sein dürfte; zwischen dem Auftrage sowie der Annahme einer Oper — was ich wohl bald erreicht haben würde — und ihrer wirklichen Aufführung liegt in Paris nämlich eine himmelweite Kluft, die nur durch Geld ausgefüllt und mit Hilfe der Intrigue überschritten werden kann. Weder habe ich aber Geld, noch bin ich in der Intrigue bewandert: destomehr aber der vortreffliche Meyerbeer, vor dem jeder ehrliche Künstler in Paris bereits längst die Waffen gestreckt hat; ich kenne viele Tüchtige von ihnen, die mir in Paris erklärten, sie dächten unter der gegenwärtigen Herrschaft des reichen und intriguanten Meyerbeer nicht im entferntesten mehr daran, auf der Grossen Oper herauszutreten. Die in allen unseren öffentlichen künstlerischen Verhältnissen herrschende Nichtswürdigkeit übersehet Ihr guten Leute ganz und gar: dass ich mit all meinem begeisterten Streben für die echte Kunst von je so einsam dagestanden habe, dass es mir nirgends gelingen wollte, der herrschenden Modeerbärmlichkeit mit meinen Werken siegreich entgegenzutreten, dass ich selbst da, wo ich sie am besten aufführen konnte — in Dresden — durchaus nichts anderes errang, als flüchtige Erregungen, die morgen wieder vergessen waren oder jeder anderen auf ganz entgegengesetzte Weise hervorgebrachten, Platz machten; dass ich somit ewig mich ohne eigentlichen Erfolg abmühte, und, indem ich meiner künstlerischen Überzeugung treu blieb, die ganze moderne egoistische Kunsthandwerkerwelt mir nur immer mehr entfremdete, jeder Gemeinheit ohne Vertheidigung mich preisgegeben sah, für mein Streben im Ganzen nichts wie bitteren Kummer mir zuzog — das beachtet Ihr freilich nicht, oder wenn Ihr es beachtet, schlagt Ihr es doch so gering an, dass Ihr nicht begreifen könnet, warum ich denn nicht ganz ruhig fort und fort Opern schriebe, was ich ja — nach Eurem Gefallen daran — so gut verstünde: Ihr denkt dabei nicht einmal daran, wie es mir zu Muthe sein muss, wenn ich ein Werk zwei Jahre fertig daliegen habe — wie meinen „Lohengrin" — ohne dazu zu gelangen, selbst in Dresden — wo noch meine letzte Arbeit Glück gemacht und dem Institute Ehre gebracht hatte — sie zur Aufführung zu bringen: Ihr wundert Euch nur, wie ich nicht immer wieder eine Oper schreiben und dagegen alles Andere rings um mich herum unbeachtet liegen lassen könnte. Was Ihr nicht thut, musste ich allerdings thun: nämlich über den Grund und den Zusammenhang der Umstände nachdenken, die jedes redliche begeisterte Streben, sei es in der Kunst oder worin es sonst wolle, jetzt gänzlich erfolglos bleiben lassen: hierüber nachdenken heisst: sich gegen diesen ganzen Zusammenhang empören, und je kräftiger meine künstlerische Begeisterung ist, desto wahrer und unabweisbarer ist mein Gefühl der Empörung gegen alles Gemeine, Spiessbürgerliche, Unverschämte und Erbärmliche in unseren ganzen gesegneten Umständen. Viel wichtiger, als Opern schreiben und immer wieder Opern schreiben, nach denen kein Hahn kräht, halte ich es jetzt, mich öffentlich über unsere künstlerischen Zustände auszusprechen: ich thue es, indem ich mich den denkenden Künstlern mittheile; wer Künstler ist und zu denken vermag, der versteht mich auch: dass unsere Handwerksliteraten u. s. w. mich herunterreissen, kümmert mich nicht, denn es ist nothwendig, weil namentlich gegen sie ich mich wende. Genug hiervon! Es ist mir dies gelegentlich bei meiner Besprechung der Pariser Verhältnisse so angekommen.

Verliere ich nun Paris — namentlich für die Zukunft — keineswegs aus dem Auge, so habe ich doch in Paris selbst nichts zu thun, da ich nicht intriguiren kann und auch nun kein Geld auszustreuen habe: arbeiten, und selbst auch für Paris, kann ich aber überall besser, als dort selbst. In Zürich hatte ich einen Jugendfreund*) getroffen, durch den ich schnell einen kleinen Kreis sehr lieber und tüchtiger Freunde (sämtlich Schweizer) gewann: bei meinem Hass gegen die grossen Städte und bei der Schönheit der Lage Zürichs, entschloss ich mich unter so bewandten Umständen zum Aufenthalte daselbst. Dass deutsche Flüchtlinge sich hier aufhalten, konnte mich nicht abschrecken: erstens, weil ich keine so philisterhafte Abneigung gegen sie habe — als sie im theuren Sachsen zu herrschen scheint, — und zweitens, weil ich zu ihnen in durchaus keiner Beziehung stehe. Ich habe keinen von ihnen persönlich näher gekannt, und habe auch hier mich nicht veranlasst gesehen, nähere Bekanntschaft mit ihnen anzuknüpfen. Alle Gerüchte, die Euch über meine

---

*) Alexander Müller.

Verbindung und meinen Umgang mit sächsischen oder sonst welchen Flüchtlingen zugekommen sind, sind falsch und von sächsischen Eseln erfunden. Ich lebe gänzlich zurückgezogen, wie es von jeher meine Gewohnheit war, und mein Umgang besteht in einigen — selbst hochgestellten Zürichern, die sich mir — trotz der Neuheit unsrer Bekanntschaft als bessere und thätig theilnehmendere Freunde erwiesen haben, als alle die Dresdner Kunstfreunde, die so oft meine Werke priesen. Die Gerüchte über den Grad meiner Theilnahme am Dresdener Aufstand, womit man Euch zu quälen scheint, sind nicht viel besser als jene über mein Treiben in Zürich: Minna zu Liebe habe ich jetzt in Dresden um Zurücknahme der Bezeichnung „wegen gemeiner Verbrechen" in meinem Steckbriefe einkommen lassen; ich bereue es fast, da ich im Grunde genommen auch diese auf mich gewälzte Gemeinheit der Dresdner Gerichte auf mir hätte sitzen lassen können, da meine Verachtung gegen dies ganze Gesindel zu gross ist: aber — wie gesagt — Minna fand eine Beruhigung darin, und deshalb habe ich es gern gethan. Möglich ist es aber auch noch, dass es mir verweigert wird. — — Es wäre nun mein Wunsch, ungestört wieder künstlerische Arbeiten vornehmen zu können: die Hoffnung für die Zukunft erfüllt mich, und in dieser Hoffnung finde ich Lust und Kraft zu dem Besten, was ich zu leisten vermag. In aller Stille — lieber vergessen als geachtet von der heutigen Welt — hier oder in der Nähe fortleben zu können, um die mannigfaltigen künstlerischen Stoffe zu verarbeiten, die ich im Kopfe habe, diess ist mein grösster Wunsch, um seine Erfüllung zu erreichen, habe ich die nöthigen Schritte gethan, und ich hoffe, sie werden nicht ganz ohne Erfolg sein. Nach Paris werde ich wohl im Anfange des nächsten Jahres gehen, um im Conservatoire etwas aufzuführen: zugleich will ich mich mit meinem Dichter vollständig zu einigen suchen.

Das ist im ganzen alles, was ich Euch mitzutheilen habe. Wie Minna sich dabei befindet, denkt Ihr Euch wohl leicht: dass sie mit mir, meinen Absichten und Vorhaben nicht vollkommen einverstanden ist, liegt sowohl in der Natur der Sache, als in den verschiedenartigen Naturen von uns beiden. Wie viele werden es von Euch sein, die mit mir ganz einverstanden sind? Ich mache mir nicht viel Hoffnung auf Eure Zustimmung. In meinem Wesen liegt nun aber einmal ein so starker und unbeugsamer Trieb, dass ich wahrhaft unglücklich nur dann sein würde, wenn ich ihn um äusserer Rücksichten willen gänzlich von seiner Natur ablenken müsste: heiter bin ich dagegen, wenn ich ihn befriedigen kann, sei es auch unter mannigfachsten Entbehrungen und Verfolgungen. Das einzige was hierbei mich betrüben kann, ist eben nur die Sorge um meine Frau, ohne die ich nicht leben möchte; dass sie durch das Bewusstsein ihrer Nothwendigkeit für mich so viel Stärke gewinnt, trotz ihrer inneren Verstimmung über mich, alles mit mir zu ertragen, das stellt sie in meinem Herzen so hoch, und meine Liebe zu ihr ist das Band, das mich eigentlich noch mit einer Welt zusammenhält, der ich — nach meinem gründlichen Ekel vor ihr — vollständig den Rücken wenden würde. Mögen meine Bemühungen gelingen, unser Leben so erträglich wie möglich zu gestalten. Einstweilen erträgt Minna ihre Lage kräftig und — wie immer — mit ungemeiner Thätigkeit; auch bildet sich bereits etwas weiblicher Umgang für sie.

An unsere Leipziger Verwandten wollte ich zugleich mit schreiben: im Grunde genommen, würde ich aber nicht viel anderes mittheilen können, als was dieser Brief enthält: ich bitte Dich daher, diese Zeilen ihnen zur Mittheilung zuzuschicken — vielleicht zunächst an Cecilien oder Hermann. Sie mögen alle schön gegrüsst von mir sein: ich bitte sie, überzeugt sein zu wollen, dass ich sie herzlich lieb habe, mögen unsere Ansichten in manchen Dingen auch noch so verschieden sein; auch sie mögen mir nicht übel gesinnt werden, sollte sie mein Wesen und mein Denken in vielem auch verdriessen. — Den inliegenden Brief an Wigand in Leipzig besorgt Ihr wohl sogleich? Er betrifft eine Honorarfrage und als seine Beantwortung erwarte ich etwas Geld, das Ihr mir wohl gönnen werdet. — — Von Dir, liebe Schwester, erwarten wir recht bald eine Nachricht über Euch und darüber, was in unserer Familie vorgeht. Hoffentlich ist alles wohlauf? — Habe nun noch Dank für Deinen letzten sorglichen Brief und für Deine Theilnahme überhaupt. Grüsse den Mann und Deine Kinder herzlichst; lebe wohl, denke so gut von mir als Dir's möglich ist, und behalte lieb

Deinen
Bruder
Richard.

59. *An seine Nichte Franziska Wagner.*

(4. Juni 1850.)

Liebe Fränze!

Dein Brief hat mir wahre und grosse Freude gemacht, aber nicht etwa weil Du mich darin so gelobt hast, sondern weil ich in ihm auf das natürlichste und vielleicht selbst unbewussteste die innige Unzufriedenheit ausgesprochen fühle, ohne die jetzt Niemand ein wahrhafter Mensch sein kann. Es ist das erste Mal, dass ich Dich nun eigentlich kennen lerne: die Dresdener Comödiantenwirthschaft hatte sich zwischen uns breit gemacht; Dich hielt ich immer für ernst und sinnig, und doch wusste ich nicht immer deutlich, woran ich unter den obwaltenden Umständen mit Dir war. Nun freut es mich, die Entwickelung Deines guten Wesens zu sehen. — Misstrauisch bin ich gegen Alles, was sich heut zu Tage mit dem Theater befasst, und es geht mir mit Schauspielern

---

59. (Tochter Albert Wagner's.)

wie der Polizei mit den Menschen, die sie so lange für Spitzbuben hält, als sie nicht die dringendsten Beweise für das Gegentheil findet. Wie wenige von Euch gelangen nur dazu, zu bemerken, dass sie eigentlich mit einer vollständigen Lumpenwirthschaft zu thun haben; wie noch viel wenigere retten sich aber aus diesem Pfuhl zum reinen Künstlerthume. Deine ganze Familie hat es eigentlich nur bis zu dem ersteren gebracht: bringe Du es vollständig bis zu dem zweiten Grade, und herzlich will ich Dich willkommen heissen. Niemand weiss mehr wie ich, dass der Darsteller der eigentliche Künstler ist: was gäbe ich darum, wäre ich selbst der Darsteller meiner Helden geworden! Glücklich wäre ich, glücklich! Meine ganze Kunst ist nur sehnsüchtiges Gedankenweben: ewiges Wollen und Nichtkönnen, denn Können heisst Wirklichmachen, aus der Vorstellung und Absicht, zu That und Unmittelbarkeit übergehen. Diese Wirklichkeit gehört nun heut zu Tage der Comödiantenwelt an, in welcher grosse Gage, schöne Garderobe und lobende Recensionen die Hauptsachen sind. Rette Dich daraus, so gut Du es vermagst, vor Allem scheue aber keine Widerwärtigkeiten und Schmerzen, denn nur um diesen Preis werden wir jetzt Menschen und Künstler: der Weichliche bleibt Sklave und Comödiant. Scheue es nicht, die bitterste Galle zu trinken; sie giebt, in einer gesunden Natur, Kraft und Selbstständigkeit, endlich den Stolz der Verachtung des Gemeinen, Heiterkeit und wahres Glück.

Noch einen Rath gebe ich Dir zu Deinem Glücke! Findest Du einen Mann, den Du lieben musst, so liebe ihn mit vollstem Herzen und ganzer Seele — und frage Gott und die Welt den Teufel darnach, was sie dazu sagen: diese Welt kann Dir nichts geben als Aerger — Du allein Dir Liebe, die Alles ist, Alles! und ohne die Alles hohl und nichtig, todt ist. — Lass nie falsche Demuth in Dir aufkommen! wo sie ist, steckt auch der Hochmuth! Füge Dich nie den Forderungen der Erbärmlichkeit, sondern widersetze Dich ihnen mit allem

Stolze, dessen Du in der Liebe zum Edlen fähig bist. Empöre Dich wo Du kannst, — gieb nie einen Zoll von Deiner Ueberzeugung nach, und wo Du nicht siegen kannst, da lache und sei heiter. — Ich kann Dir nichts Besseres rathen, da ich an mir selber befunden habe, dass ich nur so lange wirklich unglücklich war, als ich **nicht ganz** war, sondern Unmögliches wollte, indem ich Feuer und Wasser, Gut und Schlecht zusammen zu bringen mich bemühte. — Jetzt — so viel ich leide und so heftige Schmerzen ich empfinde, leide ich doch nicht mehr; ich sehe in jedem Augenblicke dem Tode entgegen, und gewinne so das Leben wieder lieb, denn ich kann heiter und stolz sein — weil ich das Leben ohne wahren Inhalt verachte. — Viel hat sich mit mir ereignet: es ist mir unmöglich, Dir jetzt davon zu berichten. — Ich gehe jetzt weit fort und werde lange allein sein: ich kann nicht anders. — Durch Karl wirst Du von mir erfahren. Schreib' mir durch ihn, wenn Dir's nach Wunsch geht! Leb' wohl und behalt' mich lieb! ich sage nicht: sei glücklich! sondern: sei stark und Dir treu, gleichviel ob diess zu äusserem Unglück oder Glück führe! Leb' wohl!

Dein

4. Juni 1850.　　　　　　　　　　　Richard W.

60. *An seinen Schwager Prof. Hermann Brockhaus.*

(Zürich, 2. Februar 1851.)

Lieber Hermann!

Schönsten Dank für Deinen Brief und für die Nachrichten, die Du mir darin mittheilst. Es thut mir leid dass Du Dir eine Mühe gabest, von deren Fruchtlosigkeit ich im Voraus überzeugt sein musste. Mehr aber noch that es mir leid zu erfahren, dass Ottilien meine Dresdener Katastrophe — wie Du mir sagst — so schmerzhaft ergriffen hat. Ich wünschte fast sie darüber beruhigen zu können. Meine Dresdener Stellung war mir seit lange schon eine Qual, die ich -- auch ohne politische Ereignisse — früher oder später hätte brechen müssen, wenn ich mich als gesunder, mit sich einiger Mensch und Künstler erhalten — oder retten wollte. Ich bereue nichts, als dass ich nicht zuvor schon in der Lage war, mit voller Ruhe aus einem Verhältnisse zu scheiden, das mir — bei äusserer Sicherheit — meinen Ruin nach Innen herbeiführen musste. Nie habe ich mich noch in meinem ganzen Leben so glücklich und heiter gefühlt, als im Sommer 1849 in der herrlichen Schweiz: ich gestehe, dass selbst meine ernstliche Sorge um meine Frau nicht das Wohlgefühl in mir ersticken konnte, das mich andauernd beseelte, als ich einen unlösbaren Knoten zerhauen und mich vollkommen mit mir versöhnt hatte. In meiner Dresdener Stellung war ich der schwankendste, unsicherste Mensch: von Aussen beruhigt, nur wenn ich Heuchler war, — von Innen unfähig, sobald ich wahrhaftig ward. Das ist zu Ende, und keine Lebenssorge ist jetzt mehr im Stande die innere Harmonie meines Wesens zu stören. Ich weiss, dass ich mit dem Besten was ich leisten kann, und was ich leisten muss — weil ich es kann, mir nicht Geld, sondern nur Liebe erwerben kann, und zwar bei denen, die mich verstehen, weil sie mich verstehen wollen. So bin ich denn auch über das Geld ausser Sorge, da ich weiss, dass die Liebe für mich sorgt. —

Möge also die gute Ottilie, und möget Ihr Alle über mich beruhigt sein, und annehmen, dass mir ein grosses — ja das grösste, Menschen erreichbare — Glück wider-

---

60. Adresse: „Herrn / Professor / Dr. Hermann Brockhaus / in / Leipzig." Züricher Poststempel fehlt (Einlage in einen nach Dresden gerichteten Brief.) Dresdener Poststempel: 11. Febr. 51; Leipziger Poststempel: 12. Febr.

fahren ist, — das, wie es allerdings nicht mit Händen zu greifen ist, mir einzig nur dadurch getrübt werden kann, dass die mir Nächsten — es nicht verstehen. Selbst der Blick auf die Welt, die mein Kunststreben vor der Oeffentlichkeit jetzt zu einem unfruchtbaren macht, kann mich nur noch vorübergehend widerlich berühren, da ich weiss, dass unter ihr eine neue Welt keimt, in der ich Glücklicher jetzt schon leben darf. —

Also — seid mit dem, wie es mir geht, zufrieden!

— Noch Eines bitte ich Dich, lieber Hermann; ersuche doch Heinrich von mir, er möge die fragliche Bibliothek so zusammenerhalten, wie sie ihm übergeben ward. Vermuthlich wird sie ihm in einiger Zeit durch Zurückstellung der mir von ihm geliehenen Summe wieder abgenommen werden, weshalb er mich verbinden würde, wenn er die Bücher nur als Unterpfand, nicht aber als Zahlung betrachten wollte. Für sein freundliches Anerbieten, einzelne Bücher mir zu leihen, danke ich. —

Dass Ottilien's Gesundheitszustand kein Arzt versteht, ist mir erklärlich. Dass bei ihr das Blut auf die Nerven wirkt, und gesunde Luft, eine vernünftige Diät und Wasser sie vollkommen herstellen würde, — damit haben sich allerdings unsre Doctores Medicinae nicht zu beschäftigen. Komme Ottilie zum Frühjahr in die Schweiz, wir wollen sie schon gesund machen!

Grüsse die „Individuen" herzlich von mir — werdet alle gesund und macht Euch aus dem albernen Leipzig heraus. Wie wär's mit einer Professur in Zürich? —

Leb' wohl, lieber Hermann, und bleibt mir gut!

Dein
Richard Wagner.

Zürich, 2. Febr. 51.
(Enge.)

Wünsche doch von uns Beiden Cecilien viel Glück: das nächste Mal schreibe ich ihr gewiss!

61. *An Eduard Avenarius.*
(Zürich, 10. März 1851.)
Lieber Eduard!

Von Hermann wirst auch Du wohl kürzlich über mich Nachrichten erhalten haben: meine Grüsse und Glückwünsche für Cecilie sind hoffentlich ausgerichtet worden. Noch habe ich keine Nachricht wegen Ceciliens Niederkunft; ist diese erfolgt, und ist sie glücklich von Statten gegangen?

Indem ich voraussetze, dass Ihr über uns bereits wisst, was zu wissen ist, und dass mir namentlich auch Cecilie nicht darüber zürne, dass ich früher einen Brief von ihr unbeantwortet liess — es geschah diess eben damals, wo ich mit Minna den Kopf schrecklich voll hatte — trage ich Dir sogleich eine Bitte vor, die Du mir nicht übel nehmen musst.

Ich habe mich vor ein paar Wochen an J. J. Weber gewandt mit dem Anerbieten eines Manuskriptes, das unter dem Titel: „Oper und Drama" ein ziemlich starkes Buch, von 4 bis 500 Seiten klein Octav abgeben wird. Ich verfiel darauf, es Weber anzubieten, weil ich wusste, dass er viel solcher Kunstschriften — und wie es scheint, mit Glück — verlegt hat: ferner, weil Wigand allerlei Ausflüchte macht, wenn er etwas bezahlen soll. Da ich diesmal allerdings auch auf Geld bedacht sein muss — was Verwandten gegenüber immer eine heikle Frage ist, — ausserdem den Charakter Deines Verlages auch gar nicht kenne, dem Charakter meines Manuskriptes nach aber auch die Zustimmung Deines Compagnons — Mendelssohn — für schwierig halten musste, habe ich D i c h gar nicht erst mit einem Anerbieten in Verlegenheit setzen wollen; und damit — denke ich — wirst Du nicht unzufrieden sein.

---

61. Adresse: Herrn / Buchhändler / E d u a r d A v e n a r i u s / in / Leipzig. Kein Züricher Poststempel (demnach Einlage in einen anderen Brief.) Leipziger Poststempel: „Stadtpost, 17. Mrz."

Nun bin ich aber mit allen buchhändlerischen Verhältnissen so gänzlich unbekannt, und kenne ich gar Niemand, an den ich mich deshalb wenden könnte, dass Du mir es schon verzeihen musst, wenn ich Dich bitte, mir wenigstens mit Deinem Rathe an die Hand zu gehen. Findest Du es nicht unschicklich, so würde ich Dich zunächst ersuchen, Weber in meinem Namen zu befragen, ob er Lust habe sich mit mir einzulassen. Das Manuskript befindet sich beim „königl. Kammermusikus Theodor Uhlig, Poliergasse No. 2, in Dresden." Er ist von mir instruirt, auf Dein oder Weber's Verlangen das Manuskript herauszugeben. Hat nun Weber keine Lust, so würdest Du mich dann sehr verbinden, wenn Du mir einen bestimmten Rath ertheilen wolltest, an wen ich mich sonst noch wenden könnte. Sehr wohl begreife ich, dass Du als Buchhändler Dich hier selbst nicht direct einmischen kannst: deshalb bitte ich Dich nur um Angabe der nöthigen Schritte, um ein solches Manuskript so gut wie möglich anzubringen. Der Nähe wegen könntest Du Dich vielleicht auch sogleich mit Uhlig in Dresden in Verbindung setzen, um von ihm in meinem Namen und Auftrage die Schritte thun zu lassen, die Du wohl rathen, nicht selbst aber in meinem Namen ausführen könntest. Uhlig ist besonnen und verständig. —

Nun sei mir einmal nicht bös', dass ich Dir gleich mit solchem Wirrwarr in das Haus falle. Fühlte ich mich zur Abfassung eines solchen Buches gedrängt, und muss mir es nun daran liegen, es — so vortheilhaft wie möglich — in die Oeffentlichkeit zu bringen, so muss ich mich eben auch nach Jemand dabei umsehen, der mir hilft — und dass ich auf Dich verfallen bin, das sollst Du mir mit Gottes Hülfe gerade nicht übel nehmen. —

Sehr begierig bin ich, einmal nähere Nachrichten über Euch zu bekommen; Hermann schrieb mir nur so viel, dass Du mit Deinem geschäftlichen Verhältnisse zufrieden wärest. Nun, das ist doch schon etwas. Nun melde uns aber sogleich, wie es mit Cecilien geht, und welche Art von Zuwachs Du zu Deiner Familie erhalten hast. — Könntet Ihr uns doch nur einmal in der Schweiz besuchen! Weiter als nach Königsberg ist es auch nicht, aber die Gegend ist unzweifelhaft schöner als selbst bei Maraunen.

— Wir leben in einem kleinen Kreise guter Schweizer Freunde hier ruhig und ziemlich erträglich dahin. Minna ist hier ganz heimisch geworden, und ich nicht minder. — Geht Alles gut, so mache ich mich im Frühjahr wieder an eine grosse dramatische Composition: Siegfrieds Tod. —

Also — sei mir nicht bös', und — kannst Du — so schenke mir Deine Unterstützung in der vorgetragenen Angelegenheit! — Grüsse herzlichst von uns Beiden Cecilie und die Kinder; lebe wohl und behalte lieb

Deinen

Enge bei Zürich Richard W.
10. März 1851.

62. *An Eduard Avenarius.*

(Zürich, 7. April 1851.)

Lieber Eduard!

Weber schreibt mir, er wolle mein Manuskript drucken, wenn ich mit einem Honorar von 100 Rth. zufrieden wäre. Ich frage Dich nun — ob Du in Ermangelung besserer Aussichten mir räthst, das Gebot anzunehmen? Glaubst Du, dass ich nicht mehr bekommen werde, so bitte ich Dich, den beiliegenden Brief Weber zuzustellen: in diesem Briefe nehme ich nämlich Weber's Gebot an, und zwar für eine Auflage von 500 Exemplaren, behalte mir natürlich aber für den denklichen Fall einer zweiten Auflage eine neue Honorar-Einigung mit ihm bevor. Wie ich mich für solch einen Fall zu benehmen habe, darüber wünschte ich wohl von Dir Aufschluss zu erhalten. — Bereits habe ich Dir aber für Deine Besorgung herzlich zu danken!

Ceciliens glückliche Entbindung haben wir durch Cläre erfahren: sie schreibt, es sei sehr gut gegangen, und Deine Familie um einen Jungen reicher geworden. Minna glaubte, Ihr hättet Euch diesmal ein Mädchen gewünscht: nun, ich denke — ein Junge ist auch mitzunehmen, und sicher giebt es Viele die Dich herzlich beneiden. Wir für unser Theil, gratuliren von ganzem Herzen, und bezeugen namentlich darüber unsre grosse Freude, dass wir von Ceciliens gutem Gesundheitszustand hören.

Nun hoffen wir aber auch von ihr selbst einmal Nachricht zu erhalten: oder ist sie mir noch böse? Und Du — erfahre ich einmal etwas von Dir?

Leb' wohl und sei schönstens für Deine brüderliche Mühe bedankt!

Dein

Enge. Zürich. Richard Wagner.
7. April 51.

63. *An Eduard Avenarius*.

(Zürich, 15. April 1851.)

Lieber Eduard!

Ich schreibe Dir kurz, weil ich schnell und sogleich nach Empfang Deines Briefes die zunächst obschwebende geschäftliche Angelegenheit zur Erledigung gebracht zu haben wünschte.

Du hast mich sehr erfreut durch die Theilnahme, die Du auch dieser Angelegenheit widmetest: fast vermuthete ich nicht, dass Du Dich ihrer so annehmen würdest. Vor

Allem aber —: da ich ersehe, dass es Dir keine Ueberwindung — Gott weiss irgend welcher Rücksicht zu kosten hat, ein Buch von mir zu verlegen, und Du mich somit allen Bedenklichkeiten eines formellen Anerbietens meinerseits auf das brüderlichste überhebst, — so versteht es sich ja wohl ganz von selbst, dass ich auf Deine ausgesprochene Bereitwilligkeit zu dem Verlage von ganzem Herzen gern eingehe und tausendmal lieber hierin mit Dir zu thun habe als mit Herrn J. J. Weber. — Ich habe also auf Deine Vorstellung der Sache hin — beiliegend — Weber geschrieben, ich danke ihm für seine Geneigtheit, würde aber den Versuch machen, mir anderswo günstigere Bedingungen auszuwirken, auf deren Gewährung ich Aussicht hätte, und ersuchte ihn deshalb, Dir das Manuskript zu verabfolgen.

Nun sei Du so gut, und gewähre mir die Bedingungen, die Du mir gewähren kannst; lass das Buch recht hübsch ausstatten und — lass es bald erscheinen. Die Correctur hätte ich wohl gern besorgt, — ich habe bisher zu viel Unglück mit Druckfehlern gehabt. —

Apropos! Das wird Dir doch nicht unangenehm sein, dass ich ein kleines Bruchstück aus dem Buche in der Deutschen Monatsschrift unter dem Titel: „Ueber moderne dramatische Dichtkunst" („aus einer demnächst erscheinenden grösseren Schrift des Verfasser's") — in 3 Artikeln bereits habe drucken lassen? Ich denke, so etwas kann doch nur nützen, indem es anregt und aufmerksam macht. — Hoffentlich denkst Du auch so. Honorar bekomme ich davon nicht. — Zu sonderlichem Fette werde ich überhaupt durch meine litterarische Thätigkeit wohl nicht gelangen. — Jetzt gehe ich dafür an eine Arbeit, die mir viel eintragen soll, nämlich an die Composition meines „Siegfried", für die ich jedenfalls nie auch nur einen Groschen einnehme!! — Sieh', so behelfe ich mich. — Nächstens singe ich aber die Fides in Berlin. —

Nun, da wir jetzt sogar in „geschäftlichen" Verkehr treten, und wir somit öfter Gelegenheit gewinnen uns zu schreiben, so behalte ich Weiteres heute vor, und namentlich soll auch Cecilie nächstens mehr erfahren. Für heute grüsse sie von mir und Minna so herzlich wie möglich: ihr Brief hat uns grosse Freude gemacht, die wir nach Kräften zu vergelten suchen werden. Gott erhalte Euch die „kolossale Amme" und stärke an ihrem keuschen Busen Euren neuen Jungen. Ceciliens Nachrichten haben mich sehr aufgeheitert über Euch: ich sehe — es macht sich ja ganz gut.

Also — ungeheure Grüsse an Weib und Kind. Nächstens viel mehr.

Leb' wohl, und lass' mich nun — Weber gegenüber — nicht sitzen! (Du sollst sehen, das Buch geht am Ende gut — ich habe Anzeichen dafür — und zwar in der allernächsten Nähe. Doch auch davon ein andermal mehr!)

Adieu!
Dein

Enge Richard W.
Zürich, 15. April 51.

Den Brief an Weber besorgst Du wohl per Stadtpost?

64. *An Eduard Avenarius.*
(Zürich, 3. Mai 1851.)
Lieber Eduard!

Soeben schreibt mir Weber, dass er in der Voraussetzung meiner Zustimmung zu seinem Antrage, mein Manuskript bereits zum Drucke gegeben habe, und somit von meiner Nichtannahme betroffen worden sei. Er bietet mir nun 20 Louisd'or sogleich, und wieder 20 L.d'or nach Absatz der Auflage von 500 Exemplaren. — Es kommt

---

64. Adresse: Herrn / Eduard Avenarius / Buchhändler / in / Leipzig. (Kein Poststempel.)

mir jetzt fast etwas protzig vor, wenn ich ihn abweisen sollte, und gewiss wirst Du mir unter diesen Umständen auch selbst rathen, Weber nicht weiter vor den Kopf zu stossen. Ich lasse ihm also das Manuskript.

Somit bleibt mir — nach den Erörterungen Deinerseits — nur das Bedauern übrig, nicht von vornherein mich Dir angeboten zu haben: hoffentlich wirst Du aber nicht verkennen, dass mich davon nur ein gewisses Zartgefühl abgehalten hat. Jedenfalls thut es mir jetzt leid, nicht mit Dir zu thun zu haben: das Geschäftliche würde dadurch einen recht gemüthlichen Anstrich erhalten haben. Immerhin wird Dir gewiss keine Goldquelle entgangen sein: ich verkenne durchaus nicht, dass zu Unternehmungen dieser Art mehr guter Wille als Spekulationsgeist gehört. —

Nun wäre ich wieder in dem Falle, Dir nur in Eile geschrieben zu haben: an Cecilien bleibe ich eine weitere Mittheilung abermals schuldig. — Grüsse sie aber herzlich von mir und Minna. Uns geht es eben ganz erträglich. Ich mache mich jetzt an die musikalische Ausführung meines Siegfried. —

Leb' also wohl und behalte mich lieb!

Dein
Enge, Zürich, 3. Mai 51. Richard W.
Nochmals:
Schönsten Dank!

65. *An seine Nichte Clara Brockhaus.*

Albisbrunn bei Hausen
Canton Zürich.
(23. October 1851.)

Mein liebes Clärchen!

Lange hab' ich mir schon vorgenommen, Dir einmal zu schreiben: ich bestimmte nun den ersten Tag dazu,

---

65. Dritte Tochter der Schwester Luise Brockhaus.

an dem ich mich einmal recht guter Laune fühlen würde. Es ist mir beinahe, als wäre dem heute so, deshalb sollst Du jetzt einmal von mir zu hören bekommen, da ich so viel Gutes von Dir zu hören bekommen habe. Schon durch Deine Tante Portius liess ich Dich und Ottchen kürzlich grüssen: dann kam ein Brief von Deiner Tante Cläre, der mir von Deiner tapfren Liebe zu mir meldete. Sieh, das hat mich ganz in Feuer und Flamme gesetzt! Ich bewerbe mich um Niemandes Liebe, und lasse es ganz drauf ankommen, was die Leute von mir denken: wer aber deshalb meinte, ich sei kalt und unempfindlich, der hätte sich tüchtig betrogen. Wenn mir irgendwoher nur ein Finger wirklicher, bedingungsloser Liebe gezeigt wird, da greife ich wie besessen nach der ganzen Hand, ziehe wo möglich an ihr den ganzen Menschen zu mir heran, und wenn's geht, geb' ich ihm dann so einen ganz herzhaften Kuss, wie ich ihn Dir jetzt gern geben möchte. Siehst Du, so sind wir Verrückten nun einmal, die sich Gott weiss was um Ruhm, Ehre und Reichthum kümmern! Ein heitres Kind mit vollem Herzen und klarem Kopfe, wie Du, ist uns lieber als alles das, wonach die Gescheuten und Klugen mit Kummer und Sorgen, Schweiss und Angst jagen, als ob sie eigentlich verrückt wären. — Also: Du hältst zu mir? — Ei, das ist brav! dafür sollst Du auch einmal mit mir im Paradiese sein. Weisst Du, wo diess Paradies ist? Frage Dein Herz und Dein sorglos heitres Blut: sie werden's Dir besser sagen, als ich!

Hör', liebes Clärchen! Du hast gesagt, sobald Du selbständig wärest, sollte es Dein Erstes sein, uns hier zu besuchen? Weisst Du, wie Du Dich recht schnell selbständig machen kannst? Vernimm meinen Rath! Lass Vater und Mutter so lange keine Ruh', bis sie Dich fortlassen: wenn sie deshalb in Sorgen kommen, so nimm Deinen verständigen Kopf zusammen, und beweise Deinen Aeltern, dass Du, wenn Du zu mir willst, deshalb es ja gar nicht böse mit ihnen meinst, im Gegentheil, vielleicht erst recht gut, wenn Du so als Taube zwischen ihnen und mir daherfliegst. Sie halten mich doch gewiss auch für keinen Lumpen, und am Ende bringst Du es gar zu stand, dass auch sie Freude an mir gewinnen; und wiegt denn eine zu gewinnende Freude gar so wenig in dieser öden, freudlosen Welt? — Mach' Du nur Deine Sache ordentlich; Du wirst's schon durchsetzen. Kommst Du dann, so musst Du aber auch dafür sorgen, dass Du recht sicher und wohlbehütet kommst, und da kann ich Dir wieder nichts besseres rathen, als dass Du Dich von dem ehrsamen Ottchen begleiten lässt. Ist Ottchen mit, dann wissen Dich auch Deine Aeltern sicher wie in Abraham's Schooss: sie, die umsichtige, besonnene, klug vermahnende, die es bald so weit gebracht hätte, von Fräulein Eule eine gute Censur zu bekommen, — ach! sie wird Dich schon besorgen und behüten. Und ausserdem muss ich Dir versichern, dass ich auch Ottchen sehr lieb habe, und gerade froh wäre, wenn sie mitkäme. Gieb ihr jetzt einmal sogleich einen Kuss von mir! — So — das wäre nun auch abgemacht! —

Bei uns sollt Ihr ganz gut Euer Unterkommen finden, wenn es auch ein wenig enge hergehen sollte: Minna schafft Rath, das weisst Du schon, — die bringt so 'was sobald nicht in Verlegenheit. Zum Sommer ziehen wir am Ende gar auf's Land, am Züricher See, wo es wahrlich auch nicht viel übler ist als in Prossen. Hunger sollt Ihr auch bei mir nicht leiden: weiss der liebe Gott, wie's kommt, bei mir kommt's auch nicht dazu!

Nun höre noch, Clärchen! Von Deines armen Vaters Unfall habe ich gehört. Hat er mir je Gutes gethan und Gutes gewünscht, so gebe ich ihm zum Danke einen Rath, den ich nicht gering anschlage, weil ich ihn mit vollster Ueberzeugung von seiner Vortrefflichkeit gebe. Dein Vater gehe in eine Wasserheilanstalt, mache unter verständiger Leitung eine volle Wasserkur durch, er scheue vor Allem keinen Zeitaufwand und keine Geduld, und ich prophezeie ihm: er wird allmählich vollkommen genesen, ja sehr wahrscheinlich sogar sein verlorenes

Auge wieder erhalten. — Auch Deiner Mutter gebe ich ganz denselben Rath, und jedem gebe ich ihn, dessen Wohlsein mir am Herzen liegt. Vor Allem fliehet jeden Mediziner: er vergiftet und ruinirt Euch systematisch. Ich spreche hier aus theoretischer Kenntniss, sowie aus praktischer Erfahrung: denn heute schreibe ich Dir aus einer Wasserheilanstalt, in der ich seit fünf Wochen die Kur mache; ich bin der Genesung von einem schwierigsten Leiden gewiss, nämlich von einer durch übermässige Geistesanstrengung bei schlechter Diät und ärztlicher Quacksalberei ruinirten Verdauung und daraus hervorgegangener Zerrüttung der Nerven. Der Zustand Deines Vaters ist leichter zu behandeln, wenn die Heilung auch viele Zeit kosten sollte. — Folgt meinem Rathe! —

Nun leb' wohl, mein liebes Mädchen! Schreib mir von Allem bald: drei Wochen bleibe ich noch hier; dann bin ich wieder am Zeltweg, Hottingen, Zürich. Grüsse die Deinigen, und versichere sie, dass ich ihnen alles Beste wünsche! Verzeihe meine schlechte Schmiererei, und behalte mich so lieb als Du irgend kannst.

Dein
23. October 1851.   Richard Wagner.

66. *An Eduard Avenarius.*

(Albisbrunn, 31. October 1851.)
Lieber Eduard!
auf meine gar zu flüchtigen Zeilen von gestern muss ich heute doch noch etwas ausführlicheres folgen lassen. Vielleicht ist, wenn dieser Brief an Dich gelangt, ein Exemplar des Vorwortes zu meinen „drei Operndichtungen"

---

66. Adresse: Herrn / Eduard Avenarius / (F. Avenarius & Mendelssohn) / Buchhändler / in / Leipzig. / frei. Der im Text erwähnte „flüchtige" Brief vom 30. October ist nicht erhalten.

schon in Deinen Händen, und Du weisst, um was es sich handelt. Jetzt nur noch eine genauere Besprechung des bezüglichen Verhältnisses, damit eine baldige Lösung schnell erfolgen kann.

Ich musste Härtels, die den Verlag der Musik des Lohengrin übernommen, die von mir beabsichtigte Herausgabe der „drei Operndichtungen" nothwendig zuerst ebenfalls für ihren Verlag anbieten, da ein Theil derselben, eben der Text des Lohengrin, bereits eigentlich ihnen gehörte. Die „Mittheilung an meine Freunde", die ich dieser Herausgabe als Vorwort voranstellte, und auf die es mir leicht erklärlicher Weise hauptsächlich ankam, schien mir allerdings für Härtels friedlichen Verlag wenig geeignet; deshalb schrieb ich ihnen schon bei der Zusendung, dass sie sich durchaus nicht zu diesem Verlag verbunden fühlen möchten, sondern, falls es ihnen nicht anstünde, sie mir diess ungescheut eröffnen sollten, worauf ich dann für einen andern Verleger Sorge tragen würde. Sie erwiderten hierauf einfach mit der Annahme und der Zusendung eines freiwilligen Honorars von 100 Gulden. Jetzt bekennen sie mir, dass sie das Manuskript nicht durchlesen hätten, und durch Kenntnissnahme des Inhaltes aus dem Druck sich in die Unmöglichkeit versetzt fühlen, das Buch unter ihrer Firma erscheinen zu lassen. Diess der Grund, weshalb ich mich gestern an Dich wandte. Bei nochmaliger Durchlesung des Härtel'schen Briefes fand ich dann allerdings, dass weniger ihre persönliche Gesinnung, als vielmehr die sichere Befürchtung, das Buch werde confiscirt und ihnen der Prozess gemacht werden, den Grund ihrer Weigerung ausmacht. Deshalb schrieb ich an sie (und dieser Brief gelangt mit diesem Schreiben an Dich zugleich nach Leipzig), wenn dem so sei, und nur die wirklich gegründete Furcht vor Confiscation sie bestimmte, ich mich bereit erkläre, die gefährlichsten Stellen zu ändern und zu mildern. Da ich mit diesem Buche nichts weniger als eine, jetzt so unzeitige, politische Demonstration im Sinne hatte, konnte ich ihnen diess Zugeständniss anbieten, ohne mir etwas zu vergeben: sind sie damit zufrieden, und lässt sich das Bezügliche leicht ändern, so mag es so sein. Diess musste ich ihnen aus Achtung vor ihnen noch eröffnen. Dennoch glaube ich jetzt, es wird ihnen weniger an einigen solchen Modificationen liegen, als vielmehr daran, den ganzen Verlag los zu sein: denn allerdings kann ich nicht so viel und so stark ändern, dass das Buch eine ganz andere Farbe bekäme, nämlich eine Farbe, die ihnen, als ängstlichen, vielleicht frommen und strengbürgerlichen Leuten zusagte. Deshalb wende ich mich nun nochmals an Dich, und bitte Dich recht sehr, genau zu prüfen, ob denn hier wirklich ein so strenger Grund zur Befürchtung der Confiscation vorliege? ich kann mir's wahrlich nicht denken! Sollte eine Staatsbehörde diese Ausgabe von drei Operndichtungen, möge in ihr gelegentlich auch manch kühnes Wort gesagt werden, als eine politische Demonstrationsschrift ansehen können? Was aber sage ich denn anders, als was auf dem Gebiete der neueren Philosophie wiederholt — eben jetzt auch — noch bei weitem eindringlicher gesagt worden ist? Wenn ich meine Dresdener Schicksale berühre, so geschieht diess, um eine wahrhaftige Darstellung des Ganges meiner künstlerischen Entwickelung zu geben: nichts aber geschieht doch in dem Sinne und in der Weise der Aufreizung. Ich muss es für ganz unmöglich halten, dass diese Schrift Grund zur Wegnahme geben sollte, wenn sie auch hier und da Aerger verursacht. Hoffentlich, ja — sehr wahrscheinlich bist auch Du meiner Meinung, und erkennst in Härtel's Furcht die ganze ängstliche und kleinliche Gesinnung dieser guten Leute, die eben mit so etwas nichts zu thun haben wollen. Deshalb erkläre ich hiermit, dass ich vor Allem wünsche, mein Vorwort unverändert erscheinen zu sehen, da ich doch nur sehr Geringes würde ändern können, und ausserdem selbst die geringste Aenderung abscheuliche Umstände, Kosten und Verzögerung hervorrufen müsste. Willst Du — oder — getrau'st Du Dir es nicht, — will ein andrer Verleger das Buch übernehmen, so wie es ist, so gebe ich dieser Abkunft unbedingt den Vorzug. Ich hoffe, Du wirst es thun, und einmal etwas mit Deinem Schwager zusammen riskiren: das wäre mir das Liebste, und es sollte mir grosse Freude machen. Bist Du durch Deinen Compagnon aber zu sehr genirt (was ich hierbei einzig in Betracht nehme) so — diess fällt mir eben ein — wäre vielleicht J. J. Weber noch vor Wigand zu befragen: denn diess Buch ist gewissermaassen die Ergänzung des Buches, das von mir jetzt bei ihm erscheint. Auch ist seine Firma dem Staatsanwalte weniger anrüchig, als die Wigands, welcher daher nur als letzte Zuflucht zu betrachten wäre. Was den Kostenpunkt betrifft, so erkläre ich mich für den Nothfall nochmals bereit, das Honorar wieder herauszuzahlen, da ich diess glücklicher Weise eben jetzt kann. — Also, mach' mir die Freude, die Sache recht schnell in Ordnung zu bringen, und wo möglich mit Deiner Firma!

Ich wollte nun gern noch etwas „Familie" plaudern, allein — die Wasserkur verbietet mir diess nach dieser ziemlich langen Expectoration. Gewiss sollt Ihr aber bald einmal auch schriftlich so Nachricht bekommen, wie ich sie Euch vor einiger Zeit mündlich durch Uhlig gab. Nochmals, grüss' herzlichst Weib und Kind, lebt wohl und behaltet mich alle möglichst lieb.

Dein

Albisbrunn bei Hausen.   Richard Wagner.
   Kanton Zürich
   31. October 1851.

P. S. Ich benachrichtige Dich noch, dass ich den hier erwähnten Brief an Härtels — mit dem Vorschlage der Abänderungen — so eben noch von der Post zurückziehe: er könnte die Negotiation nur von Neuem verwickeln. Sie erhalten also direct gar keine Nachricht von mir, sondern nur durch Dich: nimm die Sache ganz in Deine Hände, und verfahre — mit Berücksichtigung meiner Wünsche — einzig nach Deiner Einsicht.

R. W.

67. *An Eduard Avenarius.*

(Albisbrunn, 11. November 1851.)

Lieber Eduard!

Hast Du meine beiden Briefe bekommen oder nicht? Das Ausbleiben einer Antwort beunruhigt mich, da mir aus Gründen — die ich Dir mittheilen werde — an der Beschleunigung des Erscheinens meines Buches viel — sehr viel liegt.

Hast Du gar keinen Brief noch von mir erhalten, so geh' zu Härtels, und melde Dich — als — Verleger der „drei Operndichtungen". Muss es sein, so schickt mir nun den betreffenden Bogen mit der abzuändernden Stelle schnell zu, damit die Sache in's Reine kommt!

Leb wohl!

Dein

11. Nov. 51   Richard Wagner.
Albisbrunn
bei Hausen, Kanton Zürich.

---

67. Adresse: Herrn / Eduard Avenarius / Verlagsbuchhändler / in / Leipzig.

68. An Eduard Avenarius.

(Albisbrunn, 22. November 1851.)

Lieber Eduard!

Besten und herzlichsten Dank für Deine brüderliche Besorgung der Härtel'schen Angelegenheit! Dass diese Menschen also jetzt erst darauf kommen, mir die ihnen bedenklichen Stellen zur Abänderung zu schicken! — An dem Beiliegenden ersiehst Du, dass ich bereitwillig Alles halbweg Verfängliche fortgebracht habe, was meist um so schwieriger war, als der Raum wieder mit ziemlich gleicher Wortmasse ausgefüllt werden musste. Einige Kleinigkeiten habe ich unverändert gelassen; sie sind der Art, dass nur H....... erster Klasse für sie Angst haben können: hoffentlich gerathen jetzt Härtels gar nicht mehr drauf, und ich schicke die Blätter (auch schon um der Briefbeschwerung wegen) gar nicht erst mit. Sollten Härtels — was wohl kaum zu denken — dennoch auch auf Abänderung dieser Kleinigkeiten bestehen, so dächte ich, Du machtest der Sache ein Ende, und nähmest ihnen den ganzen Verlag ab: sie haben mich so schon mit der schändlichen Verzögerung genug geärgert. Ich denke, sie werden aber wohl Vernunft annehmen, zumal wenn Du sie ihnen vollends beizubringen Dich bemühen willst, und lassen sie dann ferneren Anstand fahren, so unterstütze mich doch auch darin, dass sie endlich nun schnell das Erscheinen bewerkstelligen.

Vor allem aber nun, mein lieber Eduard, sei mir nicht bös' über meine Unverschämtheit, mit der ich Dich so — gezwungener Maassen — zum Unterhändler in einer solchen Lumperei mache! Gewiss bedaure ich sehr, dass ich nicht von allem Anfang herein auf den Gedanken gerieth, mich nur mit Dir einzulassen: verlierst Du dabei gewiss auch nichts, so hast Du damit jetzt fast eben

---

68. Adresse: Herrn / Eduard Avenarius / (Avenarius & Mendelssohn / Verlagsbuchhändler) / in / Leipzig. / frei.

so viel Scheererei, als wenn Du wenigstens als mein Verleger mit dabei interessirt wärest. Also — verzeihe mir, und nimm nochmals meinen herzlichsten Dank für Deine liebenswürdige Fürsorge um mich in Empfang! —

Willst Du mich aber nun noch recht verbinden, so melde mir augenblicklich, wie Deine bevorstehende letzte Conferenz mit Härtels abgelaufen, und was für Aussichten ich auf schnelles Erscheinen meines Buches habe. —

Leb' wohl und behalt' mich lieb!

Dein

Richard W.

Albisbrunn, 22. Nov. 51.

Von morgen an bin ich wieder in Zürich.
Adresse:
Zeltweg.
Zürich.

69. *An seine Nichte Fransiska Wagner.*

Zürich (Zeltweg), 21. März 52.

Liebe Fränze!

Nun will ich sehen, dass ich's mit Deinem Geburtstag glücklich abpasse, um Dir somit meinen Glückwunsch rechtzeitig zukommen zu lassen: diesen Glückwunsch empfange somit vor Allem! Dein Brief hat mich um so mehr gefreut, als ich bereits lange einen erwartet hatte, und über sein spätes Ausbleiben mich schon allerhand Zweifel auch in Bezug auf Dich befielen. Ich glaubte Dich auch schon Johannen zugesellen zu müssen, die in

---

69. Tochter Albert Wagners.

ihrem kindlichen Gehorsam gegen ihre Aeltern es bereits
so weit gebracht hat, dass sie mich vollständig zu ignoriren im Stande ist. Im vorigen Sommer traf sie den
Dresdener Kammermusikus Uhlig, der durch peinlichste
Sparsamkeit es sich möglich gemacht hatte mich hier in
der Schweiz zu besuchen, auf seiner Rückreise in oder
bei Frankfurt: er erzählte ihr von mir, und sie überkam
Scham und Lust, die kleine Reise zu mir zu machen;
ihre Mutter hielt sie davon zurück. Ich selbst habe ihr
einmal geschrieben, und ausserdem sie daran erinnern
lassen, dass ein Brief von i h r mich recht freuen würde.
Mutter und Vater scheint es aber peinlich und in seinen
Folgen bedenklich zu sein, wenn Johanna sich mit mir
einliesse: es liegt in dieser Sorge das ganze Gewissen
ihrer Stellung zu mir, und die Erregungen eines mahnen-
den Gewissens sind störend. Ich wünschte nun aber, dass
sie wüssten, wie Unrecht sie mir thun, wenn sie fürchten,
ich könne sie je belästigen: gegen mir Gleichfühlende bin
ich entgegennehmend und unumwunden wie ein Kind;
gegen solche aber, die mich nicht verstehen, und nicht
verstehen wollen, bin ich ganz entsetzlich stolz. Ich lebe
jetzt einzig von der Freundschaft der Ritter'schen Familie
für mich: diese hat mich bisher unterstützt und nun durch
ein festes Jahrgeld gegen Lebenssorgen gesichert; von
ihnen, den mir so Vertrauten, nehme ich ohne Scheu
Alles an, während ich gegen Andere so heikig bin, dass
ich seiner Zeit selbst Hermann Brockhaus eine über-
sandte Summe Geldes wieder zurückschickte. Wüssten
doch Deine Aeltern, wie unbesorgt sie in diesem Bezuge
wegen meiner sein könnten, vielleicht würden sie dann
Johanna auch nicht mehr daran verhindern mit mir zu
verkehren. Was mich aber wirklich mit Entsetzen erfüllt,
ist, dass Johanna es wirklich über sich vermag, mich ohne
Berührung von s i c h zu lassen! Auf Männer gebe ich
heut zu Tage nicht viel, und von ihnen, den egoistischen
Philistern, wundert mich nichts: aber das Herz eines
Mädchens —! Es ist traurig. Vielleicht entschuldigt sie

aber der Flitter, der sie umgiebt. — Rege sie nicht an mir zu schreiben! nur das Unwillkürliche, Unerzwungene kann mich erfreuen. — Nun, bei Dir steht es anders, und ich hoffe, dass nicht nur das Bescheidene Deiner Stellung Dir Dein gesundes Gefühl bewahrt hat: Dein guter Engel ist — wie mich dünkt — Dein Selbstständigkeitsgefühl, die Achtung vor Dir und Deinem Unabhängigkeitssinn selbst. So scheint sich mir in Dir die dramatische Künstlerin von der Opernsängerin zu unterscheiden: die mechanische Abrichtung der Kehle zum modernen Singsang scheint sich bei dieser auch auf Kopf und Herz auszudehnen. Die Macht der Dressur ist gewaltig: sehen wir nicht, dass der Soldat zu einer Schiess- und Exerziermaschine gemacht werden kann? Bei Dir hat es dagegen nun wohl der eigenen Entwickelung aus Deinem Inneren selbst heraus bedurft; eine gute Schauspielerin muss selbst fühlen, sie kann nicht das Gefühl nur nachmachen. So ist mir auch — das weisst Du — mit blossen „Sängern" gar nicht gedient: ich will tüchtige Schauspieler, die singen können, und so lange ich die nicht finde, wird die Aufführung meiner Werke immer auch nur ein Schatten bleiben. Ich komme hier von Dir sogleich auf die Schweriner Aufführung des Tannhäuser: sie hat mir wirklich Freude gemacht, weil sie mir Zeugniss von dem aufopfernden Eifer gab, den ich in Einzelnen zu erwecken im Stande bin. Dass mich die eigentliche Masse dabei gleichgültig lässt, musst Du ganz natürlich finden: ich weiss, s i e begreift doch nicht, **worauf** es hierbei ankommt. Im glücklichsten Falle fühlen unsere Publikums und Kunstmenschen doch nicht, dass ihnen durch das Kunstwerk hindurch ein Mensch seine Freuden und Schmerzen mittheilt; sie sehen in unser Einem immer nur den Künstler, dem es darauf ankomme, ihnen etwas vorzumachen und dafür Ruhm und Ehre (ich will noch nicht einmal sagen: Geld) zu ernten, und haben sie ihm tüchtig applaudirt, so wenden sie sich wieder ab, um im Leben ganz dieselben gefühllosen Lumpen wieder zu sein, die sie vorher waren. Dass ich mit meinen Kunstwerken in den Wind hinein rufe, weiss ich: nur an den Einzelnen kann ich mich halten, von dem ich sehe, dass ich mit meiner Kunst ihm in's Gewissen gepredigt, den Stachel der Befreiung von Heuchelei und Lüge in ihm aufgeregt und ihn so zum Mitkämpfer gegen die nichtswürdige Herrschaft der „Lebensklugheit" gemacht habe. Ueber die Entwickelung Deines Kunsttalents freue ich mich sehr: es wird Dich in soweit beglücken, als die Kunst uns das abgehende Leben ersetzen muss. Gerne würde ich Dich einmal sehen: das wird aber wohl nie der Fall sein, ausser, wenn Du uns einmal besuchst; nach Deutschland komme ich nie wieder, und wenn ich 100 Mal begnadigt würde. Denke also nach, wie Du uns besuchen kannst! — Minna geht's gut, sie amüsirt sich viel mehr als in Dresden, hat Freundinnen und Unterhaltung. Ich bin immer nervenleidend, und werde es wohl nicht sehr lange mehr machen: doch sehne ich mich, noch meine Siegfried-Dramen fertig zu machen. Mit dem Frühling will ich wieder an die Arbeit gehen! — Nun leb' wohl, gute Fränze! Hab' schönen Dank für Deinen Brief und schreib' recht bald wieder

Deinem

Richard W.

Peps lebt noch in vollster Blüthe, und hockt — wie immer — hinter mir auf dem Stuhle. Papo — ist vor einem Jahre gestorben; es war schrecklich, und noch nie habe ich so viel geweint, als um dieses liebenswürdige Thier. — Minna lässt Dich herzlich grüssen, auch sie hast Du mit Deinem Briefe sehr erfreut. Karl Ritter ist um Neujahr nach Dresden gereist, er ist nicht gesund.

70. *An seine Nichte Franziska Wagner.*

(Zürich, 28. September 1852.)

Liebe Fränze!

Möchtest Du mir nicht einmal genau Nachricht davon geben, ob Johanna bereits mit Paris einen Contract geschlossen hat, ob mit der „grossen Oper" oder mit der italienischen Oper, und wann sie dann diesen Contract antrete? — Falls sie noch nicht bestimmt abgeschlossen hat, theile mir dann mit, ob Du glaubst sie dahin zu bringen, dass sie mit Festigkeit darauf bestünde, in den abzuschliessenden Contract eine Klausel aufgenommen zu sehen, wonach sie sich ausbedinge, unter gewissen Voraussetzungen in Paris auch im Tannhäuser aufzutreten? — Die Sache ist diese. Durch Meyerbeer's Dummheit, der neuerdings ein Heer gewisser Skribenten gedungen hat, mich dort herunterzureissen, bin ich in Paris plötzlich berühmt, oder mindesten doch sehr interessant geworden. Es wurde mir von dorther nun jetzt insinuirt, meine Einwilligung dazu zu geben, dass man sich bemühe mir den Auftrag, eine Oper für Paris zu schreiben, zuzuwenden. Ich will und mag davon nichts wissen, weil ich vor Allem nicht fremde „Texte", am mindesten noch in französischer Sprache, „componiren" will. Nur dagegen, dass man den Tannhäuser gut übersetzen lasse, um ihn in der grossen Oper zu geben, kann ich weniger einzuwenden haben, sobald ich mir eine gute Aufführung garantirt weiss. Diese ist allerdings möglich, mit Roger als Tannhäuser und Johanna: Roger wäre mir der liebste Tannhäuser auf der Welt, und namentlich bei weitem lieber als der ... Tichatschek. Die Möglichkeit einer sehr guten Aufführung reizt mich zunächst; die Aussicht auf einen furchtbaren, aber wichtigen und ungemein erfolgreichen Kampf mit Meyerbeer stachelt meine − nenne es: Bosheit; eine fesselnde Thätigkeit mit Bezug auf eine unmittelbare

---

70. Tochter Albert Wagners.

und interessante Aufführung dürfte ausserdem meinem Gesundheitszustande sehr vortheilhaft sein, der in meiner jetzigen Lage in schnellem Schritte seinem vollständigen Ruine entgegengeht. Diess ist nun die Sache, die Johanna entscheidend fördern kann, wenn sie mit Energie für mich in die Schranken tritt, und sich aus ihrer abhängigen Stellung von Meyerbeer (Paris) vollständig emanzipirt. — Melde mir wie gesagt, was Du für Hoffnungen hierfür hast. Herrn Stocks grüsse bestens von mir: ich würde ihm schon auf seinen letzten Brief geantwortet haben, wenn ich nicht mich sehr schonen müsste, und Briefschreiben mich nicht unmässig anstrengte. Dass er schon für Schwerin an den Lohengrin denkt, hat mich doch fast erschreckt; doch würde ich mich nicht im Stande fühlen ihm entgegen zu sein, sobald ich erführe, dass man in Schwerin nicht nur mit dem Vorsatze, sondern auch mit der Aufführung gänzlich aus dem gewohnten Gleise treten wollte, und so z. B. an ein englisches Horn, eine Bassklarinette und ein drittes Fagott über den gewöhnlichen Orchesterstand, sich nicht stiesse. Diess sind Kleinigkeiten, aber wo sie schon Anstoss erregen, bangt mir mit Recht für das Grössere. Nun möchte ich Dich gern mal auf dem Theater sehen; alle Berichte über Dich spannen mich sehr darauf: wann und wo würde das möglich sein?

Leb' wohl für heute! Sei bestens von mir und Minna gegrüsst!
     Dein
     + + + Richard Wagner.
Zürich, 28. Sept. 52.

Ich schicke Dir „sous bande" eine Broschüre mit, die ich Dich bitten möchte, an Herrn Stocks abzugeben. —

Von dem Pariser Projecte schweige gegen Jedermann: Niemand darf davon eine Ahnung haben.

71. An seine Nichte Franziska Wagner.

(Zürich, 13. October 1852.)

Meine liebe Fränze!

Habe schönen Dank für Deinen Brief! Von Allem am meisten hat mich gefreut, dass Du mich besuchen willst; ist's Dir damit voller Ernst, so wirst Du uns eine sehr grosse Freude machen, und auch wir hoffen, Dir hier das bieten zu können, was Dein Opfer Dich nicht soll gereuen lassen. Unterkommen wirst Du schon bei uns finden: ein famoser Divan steht Dir zum Nachtlager bereit; über unser Land sollst Du aber die Augen aufreissen, dess sei versichert! Auch von der „Kunst" sollst Du gar nichts bei uns erfahren! — Ueber den Gegenstand meiner letzten Anfrage lass Dir ja keinen Kummer entstehen! Mit Paris ist mir's nicht so ernst, und ob dort einmal etwas wird oder nicht, ist mir an sich ziemlich gleichgültig. Glaubt doch um Gottes willen nicht, dass ich nach Ruhm und Ehre strebe: wenn ich in Bezug auf meine Opern etwas in's Auge fasse, ist's immer nur die gewünschte Möglichkeit einer guten Aufführung, rein aus künstlerischem Interesse daran. Freilich Dein Vater hat bei Johanna andere Dinge im Auge, und Du selbst bist so vergessen, dass Du dabei von seiner Kinder „Wohl" sprichst, auf das er einzig bedacht sei. Albert schrieb mir kürzlich unaufgefordert von Johanna's Pariser Contract, und dass dieser sich einzig auf Meyerbeer beziehe: von ganzem Herzen habe ich ihm meinen Schmerz darüber ausgesprochen, dass gerade auch Johanna, die mir so nahe steht, sich an den habsüchtigen Juden hat verschachern müssen; sie konnte wohl eine edlere Aufgabe für ihre Jugendkraft haben, als dem modernen Gerippe noch sich aufzuopfern! Kann diess dem Hans*), wenn er mich wirklich so liebt, Genugthuung geben, wenn sie in

---

71. Tochter Albert Wagners.
*) Johanna.

einem gewissen Sinne geradeswegs mich verräth? Ja, — aber das „Wohl"! Noch mehr Geld, noch mehr Berühmtheit! nicht wahr? Geht mir mit Euerem „Wohl"! Johanna hat wohl noch nicht genug, und könnte sie sich nicht den höchsten Ruhm erwerben, wenn sie einer edlen Sache diente? — Wohl würde es mir sehr werth gewesen sein, wenn im folgenden Winter „Lohengrin" in Berlin gegeben würde: Alles stimmt dafür — aber Johanna — für die ich die Elsa geschrieben — sie macht sich schwarz, und bringt Meyerbeers Afrikanerin zur Welt — Alles um ihres „Wohles" willen: wer weiss aber, ob ich noch das nächste Jahr erlebe, und vor Berlin hätte ich gerade den Lohengrin nun nicht weiter geben lassen! Genug davon, was mich so betrübt, verletzt und kränkt, als wenn meine Geliebte mir untreu würde! — Sehr erfreut hat mich Johanna's Bild und Dein Brief mit ihm. Ich hab's sogleich ihr gemeldet, und gestern hat sie mir einen langen Brief darauf geantwortet. Gott, ich habe sie ja immer gern gehabt, und mein Unmuth galt eben ganz Anderem als ihr und ihrem Wesen. Nächstens schreibe ich ihr wieder, und will versuchen, was ich noch über sie und ihre Aeltern mit dem „praktischen Blicke" vermag. Könnte ich sie doch ganz der wahren Kunst gewinnen und in ihr eine Ausnahme vor den lumpigen Primadonnen unsrer Zeit hinstellen! Dass Du zu mir kommen würdest, habe ich ihnen geschrieben, und hinzu gefügt, dass ich keinen an den Haaren ziehen würde, wer nicht auch kommen will. Ich glaube, Johannen würde eine Alpenreise auch „wohler" thun, als das verfluchte Herumgesinge in aller Welten Enden: ich bin leider nicht der Einzige, der das meint!

Nun komme Du nur, und sei versichert, dass Du mir durch Deine Anhänglichkeit an mich ein rechtes Labsal bereitest. Ich kann die Männer nicht leiden, und mag auch nichts mit ihnen zu thun haben: es taugt keiner einen Schuss Pulver, als wer von einem Weibe wirklich geliebt werden kann. Die albernen Esel können ja aber gar nicht einmal mehr lieben: wenn sie noch genial sind, saufen sie, für gewöhnlich helfen sie sich mit Cigarrenrauchen. Ich mache mir nur noch etwas aus den Frauen: wenn's nur davon auch mehr gäbe! Keins hat Courage — alles ist verlumpt! — Nun, mach' Du's besser: ich hoff' es von Dir! — Schreib' mir einmal wieder und spare nicht zu sehr: nächstens nehme ich eine Million ein, die theile ich mit Dir! Im übrigen hüte Dich vor'm „Wohlergehen", und geht Dir's schlecht, so denke an Deinen, stets im Uebelgehen begriffenen

Onkel und Opernmacher
Richard W.

Warum solltest Du Stocks nicht grüssen?
Minna kocht und grüsst!

72. *An die Schwester Luise Brockhaus.*

(Zürich, 11. November 1852.)
Liebe Luise!

Ich danke Dir sehr für Deinen freundlichen Brief, der mir wohl sehr überraschend kam. Sein Eindruck auf mich war um so bewegender, als die Stimmung, die Dir ihn eingab, eine in jeder Beziehung wehmuthsvolle zu sein schien. Ich habe keinen recht deutlichen Begriff von Deiner jetzigen Lage, ahne aber, dass Du Grund genug haben musst, mit Vorneigung Unglücklicher zu gedenken. Ich könnte Dir nicht recht ausdrücken, was ich darunter meine, weil mir zu viele Beziehungspunkte zwischen uns ungegenwärtig sind, und die einzig mir naheliegenden mehr dem unbestimmten Gefühle als dem

Bewusstsein angehören. So sehe ich mich genöthigt, in meiner Antwort fast lediglich von mir zu reden, und darnach, wie es mir gehe, frägst Du mich ja auch besonders.

Vor einem Jahre schrieb ich einmal Deinem Clärchen: ich befand mich damals in einer Wasserheilanstalt, mit der Absicht, ein ganz und gar sinnlich gesunder Mensch werden zu wollen. Meinem Wunsch lag im Geheimen die Gesundheit vor, die es mir möglich machen sollte, der Marter meines Lebens, der Kunst, gänzlich ledig zu werden: es war ein letztes, verzweifeltes Ringen nach Glück, nach wirklicher, edler Lebensfreude, wie sie nur dem bewussten Gesunden beschieden sein kann. Dass ich mich hierbei über meinen Zustand täuschte, musste mir allerdings bald klar werden: mein Leben ist verwirkt, und ich kann es, das nie genossene, nur noch künstlich fristen, eben — durch die Kunst. Wie verzweifelt ich nun aber wieder gerade mit meiner Kunst unsrem öffentlichen Kunstleben gegenüber stehe, kann nur von dem empfunden werden, der ermisst, wie die Kunst mir eben nur ein Leben voll unerfüllter Sehnsucht ersetzen soll: wie seicht beurtheilen mich dagegen die, die mich auf etwa zu gewinnenden Ruhm verweisen! Mein im Leben ungestilltes heftiges Liebesbedürfniss ergiesse ich in meine Kunst, und im glücklichen Falle muss ich erleben, dass man mich für einen energischen — Opernreformator hält! So jage ich mich von einer Unbefriedigung zur andern hin, und bei dieser traurigen Jagd versinkt endlich meine Gesundheit in immer tieferen Verfall, vor dem nichts — keine Kur der Welt mich retten kann. Meine Nerven sind bereits in voller Abzehrung begriffen; vielleicht gelingt es irgend einer äusseren Wendung meiner Lebenslage den Tod mir künstlich noch einige Jahre abzuhalten: diess könnte aber eben nur dem Tode gelten, mein Sterben kann es nicht mehr aufhalten. — Das ist so in Kurzem, was ich Dir von mir zu sagen habe.

Das Dresdener Unternehmen der Wiederaufführung

des Tannhäuser hat mich ziemlich gleichgültig gelassen: ich weiss doch, dass die Aufführung dort in der Hauptsache (der Rolle des Tannhäuser) auf das Läppischeste verfehlt ist: dass das Drum-und-Dran anspricht, kann mich nicht befriedigen.

An dieses Dresden denke ich überhaupt nur mit Grauen zurück: kein Mensch hat je aus vollerer Brust seine ganze Seele von sich gegeben, als ich es dort that, — und an welche Wände von Leder traf stets einzig mein Schall! Jetzt muss ich erleben, dass man mir „Undankbarkeit" gegen den König vorwirft! Als ob die Nutzlosigkeit, mit der ich mein Leben und meine künstlerische Thätigkeit dort für eine Anstellung und für „Wohlthaten" aufopferte, wie sie wahllos an jeden Lumpen verschleudert werden, meine Schuld, und nicht vielmehr die Schuld der abgeschmackten Verhältnisse gewesen wäre, gegen die ich eben endlich wüthend gemacht ankämpfte! — Genug hiervon! —

Grüsse mir Deine Marianne schönstens, und bringe ihr meinen herzlichsten Glückwunsch! Werdet Ihr uns denn nicht einmal in der schönen Schweiz besuchen? Herzlich sehne ich mich, Clärchen und Ottchen wieder einmal an unsrem Tische zu haben! Grüsse sie alle bestens, und wünsche Deinem guten Manne auch von mir gutes Wohlergehen! Meine Frau stimmt herzhaft in alle diese Grüsse und Wünsche ein. Aber Dich, liebe Luise, bitte ich vor Allem, schreibe mir bald einmal wieder, und behalte lieb

      Deinen Bruder

Zürich, 11. Nov. 52.   Richard.

Mit meinen Nibelungen-Dichtungen bin ich jetzt so ziemlich fertig: ob ich sie noch musikalisch ausführen werde, muss ich ganz von meinem Wohlsein abhängig machen: ändert sich meine Lage nicht gründlich, so verzweifle ich daran. Die Dichtungen lass' ich wohl bald erscheinen.

73. An die Schwester Cäcilie Avenarius.

Zürich, 30. Dec. 1852.

Liebe Cecilie!

Ich wollte Dir schon gestern schreiben, damit Du den Brief am Neujahrstage bekämest; ich kam aber vor Uebelbefinden nicht dazu: die Gratulation kommt daher einen Tag zu spät.

Sei nun versichert, dass mich Dein Brief sehr und herzlich gefreut hat; fast glaubte ich schon lange einmal eine Nachricht von Dir erhalten zu müssen, und vermuthete daher, Du hättest mir in meinem letzten Briefe was übel genommen. Desto besser nun! — Wenn Du so einmal wieder Dich an mich wendest, fällt mir doch unwillkürlich unsre Jugendzeit immer ein, wo wir zwei doch eigentlich am meisten zu einander gehörten: keine Erinnerung aus jener Zeit kommt mir, ohne dass Du nicht mit darein verflochten wärest. — So mag's wohl auch bei Dir gehen, und, wie man stets die Jugend für die glücklichere Zeit hält, so sehnst Du Dich wohl aus den Widerlichkeiten der Gegenwart auch nach dem, der Dir damals der Nächste war. Die Loschwitzer Strandpartie mit meinen Stiefeln, Humann u. s. w. spielt auch bei mir dann und wann noch ihr Stückchen: hätten wir den Schlüssel nicht in den Kürbis gelegt, wäre damals Alles besser abgegangen.*) Meinst Du nicht auch? — Das ist nun Alles ziemlich kläglich geworden: ich lebe in einer Umgebung, die mich mit meinem lebhaften Aeusserungsverlangen immer mehr in mein Inneres zurückweis't; kein Mensch hat mehr Bedürfniss, seinen ganzen Reichthum rückhaltslos auszuschütten, als ich, und keinem wird weniger zurückgegeben als mir; meine Ausgabe steht in keinem Verhältniss zu meiner Einnahme: ich bin unglaublich arm an angenehmen Eindrücken; immer muss ich nur an mir selbst zehren. Ein eigenes Unglück ist für

---

*) Glasenapp, Leben Wagners I, S. 85/87.

mich, dass ich fast nur Philister zu Freunden habe, und dass diese oft mit einer Liebe an mir hängen, die, wie sie doch eigentlich nicht meinem wahrhaftigen Wesen gilt, von mir auch nur mit einer gewissen Unredlichkeit erwidert werden kann. Im Ganzen sind mir die Männer am meisten zuwider, und am ehesten gewinne ich noch angenehme Eindrücke von Frauen. Es ist ein grässlicher Unsinn, dass die Männer immer wieder mit Männern, und die Frauen mit Frauen umgehen: das ganze menschliche Geschlecht muss durch diese Verkehrtheit endlich zu Grunde gehen. Wenn nur nicht die Frauen meist auch schon so ruinirt wären! Die Männer sind heut zu Tage geborene Philister, und die Frauen werden es durch sie. So ist's! — Ich lebe hier so eine Art von Hundeleben: alle Täuschungen über Freunde, denen ich mich so gutwillig absichtlich hingebe, halten doch am Ende nicht lange vor: endlich schmerzt mich die Mühe der Illusion und nothgedrungen lasse ich endlich die Verhältnisse in ihrer nackten Wahrheit stehen, wie sie sind. So lebe ich immer wieder in der alten Einsamkeit fort: endlich erliege ich aber unter dieser Nahrungslosigkeit für mein Herz. Ich bin sehr nervenkrank und habe, nach mancherlei Versuchen zu radikalen Heilungen, auch keine Hoffnung mehr auf Genesung: Alles, was ich thun kann, ist, mir Ruhe und möglichstes Behagen zu gewinnen, um es noch aushalten zu können. Meine Arbeit ist Alles, was mich aufrecht erhält: schon sind aber meine Gehirnnerven so ruinirt, dass ich nie über zwei Stunden täglich zur Arbeit verwenden kann, und auch diese gewinne ich nur dann, wenn ich nach der Arbeit mich neue zwei ausstrecken und endlich ein wenig schlafen kann; kommt der Schlaf nicht, so ist's für den ganzen Tag aus. So habe ich jetzt meine grosse Nibelungendichtung vollendet: wird mir Lust von Aussen gemacht, so gehe ich zum Frühjahr an die Musik dazu.

Du weisst, dass jetzt an einigen Orten meine Opern gegeben werden: viel wird wohl nicht daraus werden, und auf eine grosse Verbreitung mache ich mir gar keine Rechnung: es ist auch zu ekelhaft mit diesen Lumpen von Theaterdirectoren und Capellmeistern zu thun zu haben. Von Steche weisst Du also etwas darüber: einen Brief habe ich neuerdings nicht von ihm bekommen: Mad. Steche's Zeilen sollen mich sehr freuen.

Sei mir nicht böse, dass ich 'Dir die „Tannhäuser"-Ouvertüre im Concert versalzen habe: was Du mir deshalb schriebst, bestimmte mich sogleich an David die Weisung ergehen zu lassen, dass ich diese Aufführung nicht wünsche. Ich mag mit diesem L— ich wollte sagen: Leipziger Musikanten-Volke nichts zu thun haben; ich passe nicht zu ihnen, und sie sollen sich deshalb auch nicht um mich bekümmern, denn ich weiss, wie die Bekümmerung ausfällt! — Also — Du ersparst den Thaler! —

Sieh', der Bogen geht zu Ende, und ich armes Thier kann nicht mehr auf einem Sitze ermachen. Nimm also mit diesem Jeremias-Brief vorlieb! — Geht mir's noch einmal (pecuniär) nach Wunsch, so lade ich Dich mit Kind und Kegel auf meine Kosten in die Schweiz: das ist abgemacht! — Grüss den Mann Eduard schönstens von mir, mit allen Kindern. — Minna popelt Neujahrsgeschenke zusammen! Peps schnarcht: und ich — grüsse Dich und danke Dir von ganzem Herzen!! Leb' wohl!

Dein

Richard.

Mit der Villa hat man Dir 'was aufgebunden: vor zwei Jahren wohnten wir in einem Sauneste auf dem Lande am See, das meine Freunde aus Spass „Villa Rienzi" nannten: das mag wohl die reizende Villa sein! —

Minna erklärt, sie würde wüthend, wenn ich ihre Grüsse an Dich und die Deinen nicht ausrichtete: gieb mir bald die Quittung über den Empfang!

74. *An Cäcilie Avenarius.*

(Zürich, 14. Februar 1853.)

Zu einer Vorlesung meiner kürzlich vollendeten dramatischen Dichtung: „Der Ring des Nibelungen", deren einzelne Theile ich an vier auf einander folgenden Abenden (nämlich am 16ten, 17ten, 18ten und 19ten dieses Monates) jedesmal um 6 Uhr, IM UNTEREN SAALE DES DEPENDANCE-GEBÄUDES DES HOTEL DE BAUR vorzutragen gedenke, lade ich Sie . . . . hierdurch freundschaftlichst ein.

Sehr gern würde ich auch den Herrn oder die Dame den Vorlesungen zugegen wissen, die Sie, in der Voraussetzung näherer Theilnahme für den Gegenstand, auch uneingeladen mir zuführen sollten.

Zürich, 12. Februar 1853.   *Richard Wagner.*

Ihr seid auch ein gutes Volk! —

jetzt war also keine Veranlassung da, mir einmal zu schreiben? Denkst Du denn, dass die paar geschäftlichen Notizen (wie ich sie sonst woher erhalten konnte) genügen, mir einen Begriff von dem Ausfall des Tannhäuser in Leipzig zu geben? — Auf Euch Verwandte muss man nur rechnen, um angeführt zu werden!

Dieses denkend bin ich Dein

Dich — liebender Bruder

14. Febr. 53.   Richard.

---

74. Adresse: An / Frau / Cecilie Avenarius / Windmühlenstrasse / Leipzig. / fr. (Den oberen Teil des Papieres nimmt die gedruckte Einladung zu den Züricher Vorlesungen der Dichtung vom „Ring des Nibelungen" ein, darunter der Brief.)

75. *An seine Nichte Franziska Wagner.*

(Zürich, ohne Datum.)

Liebe Fränze!

Wärst Du wohl so gut, Herrn Stocks daran zu erinnern, dass es mir in jeder Hinsicht recht lieb sein würde, von ihm etwas wegen des „Lohengrin" zu erfahren?

Seit lange ist nun meine Einwilligung zur Aufführung dieser Oper an ihn abgegangen, und eine hierauf bezügliche Antwort habe ich noch nicht erhalten. Jedenfalls ist es mir wichtig, bald zu erfahren, wie es mit der Sache steht; Du bist mir einen Brief schuldig! Schreibst Du nicht bald

Deinem

Onkel Richard?

76. *An Cäcilie Avenarius.*

(Zürich, 9. März 1853.)

Liebe Schwester!

Wie gern möchte ich Dir, der Steche und der Riese grosse Briefe schreiben: aber ich kann's nicht ermachen! Ich habe jetzt eine widerlich ausgedehnte Correspondenz, muss so viel Briefe schreiben, dass ich ein wahres Grauen davor habe: zudem komme ich immer vor kleinen Arbeiten zu keiner ersehnten grossen; Uebellaune, Missmuth, Abspannung — Ekel thuen das Ihrige, mir das Leben recht gründlich zu verleiden: ich habe keine Freude.

Nun, das sollte ich Euch jetzt gerade nicht sagen: denn sollte ich so verstanden werden, als ob mir Eure Briefe keine Freude gemacht hätten, so geschähe mir Unrecht! Aber — etwas ist doch dran —: das Schreiben,

---

75. Tochter Albert Wagners.

das grässliche Schreiben! Sehen — hören — und sprechen: das wäre meine Sache, und das würde mir die wahre Freude bringen. Ich möchte bei Euch sein — dann wäre Alles in Ordnung: auch Deine Vorwürfe wegen meines „Egoismus" würden sich bald wenden, und Du müsstest einsehen, dass von solchem Zeuge hier eben gar nicht die Rede sein kann. — Was soll ich Euch nun schreiben? Nichts anderes, als dass ich eben das „Schreiben" hasse, nicht schreiben möchte, sondern sprechen und hören.

Heute schreibe ich Dir eben nur in Eile, nachdem ich Deine letzten Zeilen bekommen: Fräulein Riese verlangt so nach meiner neuen Dichtung: ich schicke sie! Da habt Ihr genug „Geschriebenes": les't Ihr's vernünftig, so sagt es Euch mehr, als ich sonst in Briefen schreiben kann. — Ich bin so dumm gewesen, dem . . . . Brendel ein Exemplar zu schicken: Frau Steche soll es sich doch gleich von ihm leihen; ich bin überzeugt, er hat's noch nicht gelesen. Macht Euch darüber und sagt mir, wie's Euch gefallen hat! —

Nun, damit soll aber nicht gesagt sein, dass ich auf Eure Briefe nicht noch antworten würde: gewiss — sie haben mir so herzlich zugesetzt, und so ganz mir den wahren Lohn — der Sympathie — gewiesen, dass ich das nicht so nur hinzunehmen gedenke!! Grüsse die beiden lieben Frauen heute herzlichst von mir! Kommt Alle den Sommer in die Schweiz (Liszt kommt auch!) — dann sollt Ihr mit mir zufrieden sein. Ist Frau Riese nicht mit Emilie Ritter befreundet? Das Geld muss sich schon erschwingen lassen — wenn's gilt, helf' ich auch mit dazu. Anfang Mai will ich meinen hiesigen Freunden etwas von mir zu hören geben: eine grosse Musikaufführung geeigneter Stücke aus meinen 3 letzten Opern. Macht sich's, so lese ich wohl auch meine neue Dichtung vor. —

Was war das von Dir für ein Heldenstück, nach Weimar zu gehen! Andere haben's auch schon gekonnt:

mach' keinen solchen Lärm davon! — sonst komme ich mit der „grossen Maskje!"*)

Ach! Ihr seid alle verrückt, und ich bin verrückt; und —!

Wenn ich Euch erst einmal meine Sachen aufführe, dann soll Euch angst und bang werden: das sage ich Euch!

Adieu! Genug des Unsinn's! mir kribbelt's in allen Gliedern vor Ungeduld, dass ich — nicht mit Euch reden kann!

Lebe wohl! Grüsse die Deinen.

Dein R. W.

9. März.

77. *An seine Nichte Franziska Wagner.*

(Zürich, 17. April 1853.)

Nun, wie steht's, Fränze? Kommst Du denn noch! Oder ist Dir's gar nicht Ernst damit gewesen? Denn was Du da vorbrachtest, dass Dich „Papa" im „Frühjahr" mit wollte nach „Paris" nehmen, das schien mir doch ein bischen sonderbar, da ich gar nichts davon weiss, dass die Pariser Expedition schon im Frühjahr losgehen soll. Wenn das nicht nur Flausen waren, so lass' mich ferner inne werden, dass überhaupt Dein Vorsatz, mich zu besuchen, nicht nur ein Strohfeuer-Vorsatz gewesen sei: sonst glaub' ich Dir gar nichts mehr! — Wir haben jetzt, — in demselben Haus — eine grössere Wohnung bezogen, und sind darin höchst üppig eingerichtet: zwei Gastbetten stehen bereit.

---

*) Vgl. Leben Wagners I, S. 84/85.
77. Tochter Albert Wagners.

18., 20. und 22ten Mai habe ich hier eine grosse Musikaufführung von Compositionen von mir. Meine neue Dichtung will ich Dir nicht erst schicken: wenn Du kommst, erhältst Du sie hier, und wenn Du nicht kommst, kriegst Du sie gar nicht. —

Grüss' Herrn Stocks allerschönstens: er hat mir wieder viel Freude gemacht; wenn ich einen Brief von ihm erhalte, weiss ich immer, dass was Gutes kommt. Ich sage ihm auch diessmal meinen herzlichsten und besten Dank.

Nun noch einmal! Wer mich nicht bis Ende Juni besucht, der trifft mich gar nicht. Juli gehe ich in ein Bad nach Graubünden und Ende August nach Italien. Anfang Juni kommt auch Liszt.

Du weisst genug! Lass bald von Dir hören, und sei versichert, dass Du mit Deinem Besuche auch Minna grosse Freude machen wirst. Adieu Fränze!

       Dein
       illustrer Onkel
Zürich, 17. Apr. 53.   R. W.

78. *An die Nichte Clara Brockhaus.*

(Zürich, Juni 1853.)
Meine liebe Clara!

Hab' schönstens Dank für Deinen Brief. Sogleich konnte ich ihn nicht beantworten, denn ich hatte in der letzten Zeit mit den Musikaufführungen, von denen Du gelesen haben wirst, so viel zu thun, und war schliesslich von der Anstrengung so sehr ermüdet, dass ich eine Zeit

---

78. Luisens Tochter.

lang mir alles Andere weit vom Halse halten musste.
Jetzt mache ich mich nach einiger Erholung darüber her,
Briefschulden zu bezahlen, und da sollst Du gleich in
erster Reihe mit drankommen. Viel habe ich Dir allerdings nicht zu melden: bei mir und in meinem Leben
kommt ab und zu einmal die Fluth, im übrigen herrscht
immer die Ebbe. Wärest Du aber bei meinem letzten Geburtstage hier gewesen, da würdest Du Dich gefreut haben:
die Musikaufführungen machten selbst mir grosse Freude,
und allseitig ist mir eine Liebe bezeigt worden, die mir
wohl zu Herzen gehen musste. Ja, warum war'st Du
eigentlich nicht mit dabei? Deine Aeltern konnten gar
nichts gescheuteres thun, als Dich einmal zu mir schicken.
Wir bewohnen jetzt ein recht hübsches, geräumiges Logis,
in welchem Du Jahr aus Jahr ein Dein ganz bequemes
Unterkommen mit finden könntest. Da Du so auf Musik
und Gesang brennst, dürfte ich Dir am Ende von manchem
Nutzen sein, und vieles könnten wir zusammen lernen.
Was mich ganz besonders betrifft, so sehne ich mich sehr
nach einem jungen Wesen in meiner Nähe: dass ich
kein Kind habe, muss ich jetzt recht schmerzlich beklagen.
Du, liebes Kind, könntest mir von einer grossen, vielleicht
mein ganzes weiteres Leben entscheidenden Wichtigkeit
sein: und wahrlich, ich wollte es Dir danken! — So denke
ich denn viel darüber nach, wie ich's wohl anfangen
müsste, Dich Deinem älterlichen Hause mindestens für
eine Zeitlang einmal zu entführen: sollten sie es denn
gar nicht zugeben können, dass Du mich einmal besuchtest,
wenn sie sich eben versichert halten dürften, dass Dir
bei mir gewiss kein Leid geschähe? Ich denke fast, sie
werden vernünftig sein, und es könne sich eben nur darum
handeln, wie Du die Reise machtest? Das fänden wir
am Ende auch schon heraus. Ich glaube, Franziska wird
mich nächstens einmal besuchen; mit ihr käme wahrscheinlich noch Jemand: denen könntest Du Dich dann ohne
alle Gefahr anschliessen. Wie wäre es denn ausserdem,
wenn Deine Mutter einmal einen Abstecher nach der

Schweiz machte: es könnte ihr gar nichts schaden, und eine Zeitlang sollte sie es schon bei uns aushalten. Sie liesse Dich dann zurück. Rede doch recht verständig einmal mit ihr!

Wenn Du dann bei mir wärest, so wollten wir dann viel anfangen: es *(6 Zeilen Lücke, durch Abschneiden der rückseitigen Unterschrift)* . . . .
. . . .
. . . .
sollte ich Dich aber so verstehen müssen, als ob Du wünschtest eine „Carrière" als „Sängerin" zu machen, so glaube ich fast, wir würden darüber einig werden, dass nach näherer Prüfung die Befriedigung dieses Wunsches in unsren öffentlich künstlerischen (und namentlich theatralischen) Zuständen Dich gewiss nicht glücklich machen könnte. Du würdest — nach meinem Rathe — wenn Du in Allem tüchtig für die Kunst wärest, gewiss auch wiederum der Kunst nützen und in ihr wirken sollen, ohne deshalb in einen Stand zu treten, der heut' zu Tage von der Kunst nur den Namen, nicht aber die Berechtigung herleitet. Hierüber würden wir recht viel mit einander verkehren, und mir würde es gewiss gelingen, Dir den Weg der Befriedigung für Deinen Wunsch zu zeigen, ohne deshalb in einen Sängerstand treten zu müssen.

(Es fehlen die abgeschnittenen Schlußzeilen: Grüße an die Eltern, Ort, Datum und Unterschrift.)

(Nachschrift am Rande:)

Vielleicht überbringt Dir Karl Ritter diesen Brief. Nehmt ihn gut auf: er gehört der Familie an, der ich jetzt einzig meine unabhängige Stellung verdanke!

79. *An Cäcilie Avenarius.*

(Zürich, 20. Juni 1853.)

Das ist ja eine fürchterliche Geschichte, liebe Cecilie; fast möchte mir bange werden! — Lass' Du Dir übrigens kein graues Haar darüber wachsen! Jedenfalls hat ein hier unterhaltener Königl. Sächs. Spion nicht gewusst, was er für Neuigkeiten an seine Brodherren zu berichten habe, hat sich 'was aufbinden lassen, und hat nun wieder der Sächsischen Polizei was aufgebunden. Ich denke nicht dran die deutsche Grenze zu betreten: vielmehr beabsichtige ich für diesen Sommer mich immer weiter von ihr zu entfernen, bis an das Mittelländische Meer. Grüsse also Eure Polizei schönstens von mir, und sag' ihr, sie solle ihr Geld besser verwenden, als Portraits von mir anfertigen zu lassen: übrigens hoffte ich, dass ich recht hübsch drauf aussehe; ich trüge jetzt lange Locken, und hätte sehr schöne gewölbte Augenbrauen. —

Die Sache war mir in der That sehr komisch: am Abende, bevor ich Deinen Brief erhielt, stritt jemand mit mir, und verwettete sich hoch und theuer, kein Mensch würde mir etwas thun, wenn ich jetzt nach Deutschland ginge; aller Orten würde gewiss von oben herab die Weisung gegeben, meine Anwesenheit zu ignoriren u. s. w. Ich gab's nicht zu, und behauptete das Gegentheil. Wie macht es mir nun Spass, meinem Freunde Deinen Brief unter die Nase zu halten! —

Ich reise heute Abend mit Minna nach Interlaken und in's Berner Oberland: bis Mitte Juli erwarte ich dann Liszt hier. Warum — zum T. — nimmst Du's denn nicht an,

---

79. Der scherzhafte Eingang bezieht sich auf die Erinnerung des im Mai 1849 erlassenen Steckbriefes im Sächsischen „Polizei-Anzeiger", vgl. Leben Wagners III, S. 19/20.

wenn er Dich durchaus mitnehmen will? Erwartest Du erst noch eine besondere Aufmunterung von mir? Wie confus! — Da macht es Mathilde Schiffner anders: die kommt Mitte Juli ganz auf ihre eigene Faust, Minna zu besuchen und ihr bischen Erspartes zuzusetzen. Das sind doch noch Menschen — wenn gleich es leichtsinnig ist, so allein sich den Verführungen auf einer Reise auszusetzen! —

Für Deine letzten Briefe danke ich Dir sehr: nur bist Du mir nicht bös', wenn ich nicht so bald antwortete. Ich habe jetzt eine schrecklich ausgedehnte Correspondenz, und schreibe höchst ungern. Auch war ich in letzter Zeit sehr müde von meinen Musikaufführungen. Diese waren allerdings herrlich, ja — göttlich: die reinsten, schönsten Eindrücke habe ich empfangen, und sie sind mir geblieben. Glaubt mir, Ihr kennt alle meine Musik nicht, wenn ich sie nicht selbst aufführe: das bekomme ich nun weg! —

Grüsse die Steche und Riese bestens: sie sollen nicht zürnen, wenn ich keinem noch wieder geschrieben habe, aber versichert mögen sie sein, dass ihre Briefe mir grosse Freude machten. — Nach Jahren denke ich daran, hier einmal alle meine — auch die zukünftigen Werke vollständig aufzuführen: wie, und mit welchen Mitteln, muss noch mein Geheimniss sein: — dann hoffe ich Euch alle hier zu sehen. Aber — die sächsische Polizei kriegt mich nicht — darauf kann sie Gift nehmen: denn mein Verlangen nach dem theuren Vaterlande ist zu klein. —

Leb' wohl! Grüss' Eduard und die Kinder — von mir und Minna!

          Dein

Zürich,   Richard.
20. Juni 1853.

80. An die Nichte Clara Brockhaus(?).

(Zürich, 4. Juli 1853.)

Liebes Kind!

Auf Deinen Wunsch beantworte ich Dir sogleich in Kürze Deine sorglichen Zeilen, für die ich Dir schönsten Dank sage. — Was hinter der neuesten Albernheit, die Euch erschreckt hat,*) stecken mag, ob vielleicht ein hiesiger Spion die sächsische Polizei belogen hat, und was sonst — Gott weiss es! So viel ist gewiss, dass ich auch nicht im entferntesten daran gedacht, nach Deutschland zu gehen, sondern dass ich mir recht wohl gefallen lassen kann, die dortigen schlechten Aufführungen meiner Opern ohne mich vor sich gehen zu lassen. Ich schrieb Dir dagegen vor einiger Zeit, dass ich bald in ein Bad nach Graubünden, und dann an das Mittelländische Meer (Nizza, Genua u. s. w.) zu verreisen gedenke. Hierbei komme ich auf meinen letzten Brief, von dem Du gar nichts erwähnst: ich hatte ihn an Karl Ritter in Dresden gesandt, er sollte ihn Dir überbringen; vermuthlich hat der es nicht gethan. Heute will ich ihn noch mahnen, den Brief Dir zuzustellen, den Du jedenfalls beantworten musst.

Ich kann Dir leider heute nicht mehr Zeit zuwenden: Liszt ist bei mir zu Besuche, und da geht es ziemlich wild her; wir rasen völlig in freudiger Mittheilung, und jede Stunde giebt es ein Fest. Du könntest recht wohl mit dabei sein! —

Hoffentlich habe ich durch dieses Wenige Dich und die Deinigen beruhigt! Grüsse sie alle schönstens von

---

80. Die Adressatin nur aus dem Inhalt des Briefes zu errathen, Adresse unvorhanden.

*) Erneuerung des 1849 erlassenen „Steckbriefes" im Sächsischen „Polizei-Anzeiger" vgl. Leben Wagners III, S. 19/20 und den vorhergehenden Brief.

mir, und habe herzlichen Dank für Deine Liebe, die mir
grosse Freude macht! Lass bald wieder hören

      Deinen

Zürich,   Richard W.
4. Juli 1853.

81. *An Cäcilie Avenarius*.

(Zürich, 15. September 1853.)

Liebe Stadträthin!

Das ist allerdings ein Unglück! — Während ich zur
Kur in St. Moritz — Graubünden — war, kam Frau
Steche's Brief und Album hierher; ich kam zurück nach
Zürich, und fand beides nebst einer Unmasse andrer
Sendungen vor, die mir alle nicht in das Bad hatten nachgeschickt werden dürfen, damit ich dort Ruhe und Erholung fände. Nur kurze Zeit blieb ich in Zürich, um
mich nach Italien aufzumachen: mit grösstem Widerstreben
musste ich zuvor eine Menge Anfragen und Zusendungen
abfertigen, namentlich unglücklichen Componisten über
ihre Werke schreiben, die ich jetzt so glücklich bin
haufenweise zu empfangen; dazu meine sonstige Correspondenz! Alles Verdriessliche schaffe ich mir gern so
schnell wie möglich vom Halse — vieles musste daher
abgethan werden, ehe ich an das Albumblatt für Fr. Steche
denken konnte. Endlich sass ich schon halb im Postwagen,
als mir dieses Blatt noch schwer auf das Herz fiel: glücklicher Weise fiel mir etwas ein — der ausgelassene Gesang
des Schwanes aus Lohengrin —, — das schrieb ich schnell;
einen Brief sollte Fr. Steche aus Italien bekommen, wo
ich mir die beste Faullenzerlaune versprach und daher

vielen schreiben wollte, denen ich sonst nur kurz das Nöthigste mitgetheilt hätte. Wem wollte ich nicht alles schreiben! — Leider kam es zu dieser Laune nicht: in Genua wurde ich krank, und nachdem ich 4 Tage mit dem Entschlusse gekämpft, machte ich mich endlich schnell zur Rückkehr auf. Hier angekommen, erfahre ich, dass Dein Brief so eben nach Genua unterwegs ist: heute kommt er soeben von dort zurück.

Erkläre Dir aus dieser Geschichte manches — Dir und andern! Heute schreibe ich daher entschieden auch nur, um die Sache zu berichtigen. Wenn Brendel nicht gelesen hat, soll er auch nicht lesen: ich wünschte nie diess Manuskript*) bekannt gemacht zu haben, es kann jetzt noch niemand angehören als mir. Es möge so wenig wie möglich weiter bekannt gemacht werden: es führt nur zu beängstigenden Missverständnissen. —

Minna ist gerade jetzt keineswegs im „Dick- und Fettwerden" begriffen, vielmehr ist sie so gründlich unwohl, dass mir ihr Zustand viel Bedenken und Sorge einflösst; jedenfalls muss ich sie sehr schonen und ihr Ruhe gönnen: mit Gewalt suche ich sie daher völlig zu verhätscheln, — was das arme Thier nur verdient. Jetzt ist sie in Baden zur Kur (4 Stunden von hier) ich besuche sie täglich, bin daher immer unterwegs. Entschuldige daher, wenn ich nur auf dem Sprunge schrieb.

Lamentire übrigens nicht so über mich: Julius that sehr klug, Dir meinen Brief nicht zu zeigen!

Adieu! Grüss links und rechts!

Dein

Zürich, Richard.
15. Sept. 1853.

---

*) Die Dichtung vom „Ring des Nibelungen."

82. *An Eduard Avenarius.*

(Zürich, 28. September 1853.)

Lieber Eduard!

Verehrtester Stadtrath!

Du weisst, dass ich Dir immer nur mit „Geschäften" komme: brumme also nicht, wenn ich mit so etwas sogleich zur Thür hereinfalle.

Also:

„In der Petersstrasse muss durchaus eine neue Schleusse gelegt werden —"

doch, das lass' Dir von den Stadtverordneten vortragen!

Also — etwas Anderes! —

Kürzlich erhielt ich aus dem solidesten Zuchthause Sachsens einen fünf Bogen langen Brief meines ehemaligen Collegen, des königl. Musikdirectors Röckel. Dieser steht (unter anderem) in dem Wahne, dass ich mit „Buchhändlern" im Verkehr stände, und bittet mich demnach, ihm Bestellungen, namentlich auf Uebersetzungen aus dem Englischen, zu verschaffen. Gegenwärtig übersetzt er ein Buch des amerikanischen Philosophen Emerson — so viel ich weiss — für O. Wigand; er fürchtet aber, dieser werde ihn nicht genug und weiter beschäftigen können. Nun fällt mir ein, dass ich mich hierfür doch nur an Dich wenden kann: denn J. J. Weber liegt doch Wigand näher als mir. Ich bitte Dich daher, wenn Du irgend kannst und es Dir in's Geschäft passt, dem armen Züchtlinge eine Bestellung zuzuwenden: Du kannst das direct thun, indem Du Dich an die Direction der Strafanstalt wendest. Sonst kann auch ich es vermitteln.

So. — Das war das Geschäft! — nun habe ich nichts weiter zu thun, als Dich herzlich zu grüssen, und die Frau Stadträthin dazu.

Nächste Woche gehe ich nach Basel zum Rendez-vous mit verschiedenen Karlsruh-Musikfestlern, die mich dort

begrüssen wollen, dann gene ich mit Liszt auf eine Woche nach Paris. Hast Du dort was zu bestellen, so schreib mir's.
 Adieu!
Dein
Richard W.
Zürich,
28. Sept. 1853.

83. *An Cäcilie Avenarius.*

(Zürich, 22. December 1853.)

 Aber, liebe Cecilie! kennst Du mich denn gar nicht mehr, und kannst Du Dir meine Art so wenig erklären, dass Du meine — meist scherzhafte — grade aber vertrauliche Derbheit so ganz missverstehst, als es der Fall zu sein scheint, wenn Du behauptest, ich hätte Dir mit meinem letzten Briefe wieder wehe gethan? Gegen wen soll man denn ungenirt sein, wenn nicht einmal gegen seine nächsten Geschwister? — Schäm' Dich über Deine Empfindlichkeit! — und lass' es mit dieser neuen Grobheit abgethan sein! —

 An die Steche habe ich so eben ein Briefchen geschrieben, das Du wohl besorgst? Auch das andere Billet besorge doch auf die Stadtpost: Herr Steche wird es Dir erklären. —

 Ich war nach Liszt's Abreise noch 8 Tage mit Minna in Paris: Kietz und Anders florirten; natürlich waren wir ganz unter uns, und alles Gerede über meinen Pariser Aufenthalt in den Blättern war Unsinn. —

 Jetzt componire ich des Morgens, und Briefe schreibe ich nur gelegentlich des Abends u. s. w., wo ich aber auch nie Lust habe. Im Uebrigen lebe ich hier wie auf dem

Lande, ganz zurückgezogen. Wie es scheint, habe ich jetzt viel Ruhm; mit dem Geld ist's auszuhalten: ich habe immer nichts — das ist so meine Art. —

Minna's Gesundheitszustand macht mir viel Sorge: sie geht mir plötzlich sehr ein und magert zum Schrecken. — Natalie soll wieder kommen und ihr die Wirthschaft abnehmen: sonst geht's nicht mehr, sie strapazirt sich zu sehr. Schön Dank für die Besorgung des Briefes!

Hat denn Eduard etwas für R(öckel) in Waldh(eim) thun können? Grüss' ihn bestens!

Jetzt möchte ich dem Peps den Lohengrin einstudiren: am Ende besser wie Widemann, von dem ich doch Schreckliches höre! —

Ich schmiere schrecklich! was Du nicht lesen kannst, denk' Dir! Schreib' bald einmal wieder! Adieu, liebe Schwester!

                                 Dein
                                     Richard.

Zürich,
22. Dec. 53.

84. *An seine Nichte Clara Brockhaus.*

(Zürich, 12. März 1854.)

Mein liebes Clärchen!

Hab' schönen Dank für Deinen lieben Brief! er kam mir recht zur Freude. Bereits hatte ich mich in der letzten Zeit wieder viel mit Dir beschäftigt. Dein Auftreten in Leipzig gab mir dazu Veranlassung. Mich freute es, dass man tadelte, Du hättest zu heftig (oder wie?) gesungen. Wenn Du Conzertsängerin werden, und darauf ein Patent haben willst, musst Du's anders anfangen. Für alle Fälle

---

84. Tochter Luisens.

nimm Dir ein Muster an der Mayer in Leipzig, diesem eigentlichen Typus des Leipziger Gesanggeschmackes. Wie sie dort den Lohengrin zugerichtet haben, hast Du wohl erfahren: das sind so die Freuden, die mir mein liebes Vaterland macht. Doch hab' ich auch den Lohengrin schon aufgegeben: sie mögen damit machen, was sie wollen! —

Mit den Nibelungen wird's anders: die schreibe ich nicht für die Theater, sondern — für uns! Aber aufführen werde ich sie doch: ich habe mir diess als einzige und letzte Lebensaufgabe gestellt. Meine Bühne werde ich mir selbst dazu bauen, und meine Darsteller mir selbst erziehen: wie viel Jahre es mich kostet, ist mir gleichgültig; wenn ich's nur einmal erreiche. Nach der Aufführung werfe ich mich mit der Partitur auf Brünnhilde's Scheiterhaufen, so dass Alles verbrennt. —

Was wirst denn nun Du mit Deiner Stimme anfangen? Willst Du meine Brünnhilde werden, so sag' dem Vater, er soll Dich in zwei Jahren losgeben: dann hoffe ich mit der ganzen Musik fertig zu sein, und dann geht es an das Menschen-Suchen. Schön wär's, wenn ich Dich fände! —

Seit ich von Paris zurück bin, war ich fleissig: ich kann nichts anderes mehr beginnen, als arbeiten; damit betäube ich mich und decke mir mein elendes Leben zu. Das „Rheingold" ist seit November angefangen und fertig geworden: nur instrumentire ich noch dran. Im Sommer componire ich die „Walküre"; Frühjahr nächsten Jahres geht's an den „jungen Siegfried", so dass ich im Sommer übernächsten Jahres auch mit „Siegfrieds Tod" fertig geworden zu sein denke. Dann kommst Du — spätestens — nicht wahr? —

Was macht das kluge Ottchen? Sie schlägt doch nicht der Fräulein Eule nach? — Wo wohnt Ihr denn eigentlich? Du schreibst mir nie eine Adresse. Ich versuch's wieder mit Prossen.

Wie geht's Vater und Mutter? Ich hörte, es gefiel' ihnen nicht mehr auf dem Gute? Sie wollten doch noch einmal eine Schweizerreise machen!

Wahrlich — gerade Du fehlst mir recht: eine grössere Freude könnte mir nicht werden, als wenn Du bald einmal zu mir kämest. Auch die Tante würde sich sehr freuen: sie hat Dich herzlich lieb. — Dass Dich der Vater nicht gern fortlässt, kann ich ihm allerdings auch nicht verdenken. Er soll mitkommen! —

Liebes Kind, leb' wohl! Grüss' die Deinen, und gieb Ottchen einen Kuss. Du lass' bald wieder hören: — hören? — leider muss ich darunter nur — geschriebenes Sehen meinen! —

Adieu! hab' nochmals Dank, und denke immer mit Liebe an mich!

Dein
Zürich, Richard W.
12. März 54.

85. *An Eduard Avenarius.*

(Zürich, 3. (?) Juli 1854.)

Lieber Eduard!

Sieh einmal, ob Du mir einen recht grossen Gefallen erweisen kannst!

Ich befinde mich in einer, zwar vorübergehenden, aber recht peinlichen Geldverlegenheit. Mit Sicherheit kann ich auf grössere Einnahmen erst im Spätsommer und Herbst rechnen: einige drückende Schulden (unbezahlte Rechnungen) werden mir aber jetzt so lästig, dass

---

85. Ohne Datum, Couvert mit Poststempel nicht erhalten. Vermerk des Empfängers: 1854, 3. Juli. Vielleicht Datum des Empfanges?

ich vor Scham kaum mehr auszugehen wage: dazu habe ich aber — um den Betreffenden zu helfen — selbst ein paar Wechsel ausgestellt, so dass ich für das nächste Geld schaffen muss. Mein einziger hiesiger Freund, der mir sonst in derlei Lagen immer aushilft (Sulzer), steckt grade jetzt mit den Eisenbahnen so tief drin, dass er keinen Heller flüssig machen kann. Liszt, der mir sonst von auswärts half, ist selbst in grosser Klemme. Da ich vor einiger Zeit an Brendel zu schreiben hatte, bat ich diesen, zu sehen, ob unter meinen Bewunderern nicht einer zu finden wäre, der mir gegen einen Wechsel auf 4 oder 5 Monate tausend Thaler vorschösse? —

Der hat nun mit seiner Antwort auch grässlich getrödelt: heute schreibt er mir endlich, er wüsste Niemand, als etwa Härtels, oder wenn Du es durch Mendelssohn machtest. Da nun hier wirklich nichts anderes in Rede steht, als Hülfe in einer vorübergehenden Verlegenheit, so gebe ich endlich meinem verwandtschaftlichen Herzen einen Stoss, und wende mich an Dich, mit der Bitte um Deine Vermittelung. Wäre es mit Deinem Associé zu machen, so würde es mir wohl am liebsten sein, weil — wie ich Dir wohl gelegentlich mitgetheilt habe — Härtels bei ähnlicher Veranlassung (ich bot ihnen den Verkauf meines Eigenthumsrechtes an meinen Opern an) sich kleinlich und ängstlich bewiesen. Ich stelle — wie gesagt — einen förmlichen Wechsel aus, wenn es sein kann, auf Ende des Jahres, hilft es zur Realisirung, so kann ich ihn aber auch auf 4 ja auf 3 Monate ausstellen; denn bis dahin ist meine Erntezeit. In Verlegenheit soll mich der Wechsel gewiss nicht bringen; denn schon jetzt gehen flotte Bestellungen auf meine Opern ein, und ohne im Mindesten zu übertreiben, darf ich meine bevorstehenden Herbsteinnahmen auf ein paar tausend Thaler anschlagen. Um Dich aber ganz persönlich zu beruhigen, sage ich Dir, dass im schlimmsten Falle, wenn ich zur Verfallzeit die Summe noch nicht ganz zusammen hätte, ich mit Sicherheit auf die Hülfe eines andren

Freundes zählen könnte, der — ich weiss es — sich glücklich schätzen würde, mich ihm auf diese Weise zu verbinden. Dieser ist jetzt auf einige Monate von hier abwesend, — und — offen gestanden — möchte ich doch nur in einem alleräussersten Falle mir gegen diese Familie — immerhin etwas — vergeben. — Sapienti sat! —

Nun, siehe einmal zu, Du guter Stadtrath, ob Du mir helfen kannst! Schnelligkeit ist eben — wie ich Dir zeigte — Hauptsache. — Ich gehe jetzt nach Sitten zum Musikfeste, bin aber in acht Tagen wieder da. —

Minna ist bereits in der Molkenkur am Vierwaldstätter See. Heute ist endlich auch das Wetter, das Du uns mit Deiner Fahrt nach Glarus so verdorben hattest, wieder schön geworden. — Wie ist Dir der ganze Ausflug bekommen? —

Grüss' doch Cecilien herzlichst: auf der Reise denke ich eine gute Stunde zu bekommen, um ihr auf ihren letzten lieben Brief zu antworten.

Ich bin wieder fleissig gewesen: die „Walküre" ist angefangen! —

Adieu! Gieb bald gute Nachricht

Deinem
R. W.

86. *An Eduard Avenarius.*

(Zürich, 2. September 1854.)

Liebster Schwager!

Nun sei mir ja nicht bös', dass ich Dich so lange auf Deine freundlichen Briefe ohne Antwort gelassen habe. — Ich bereue, so ungeschickt gewesen zu sein, Dich in einer Geldangelegenheit belästigt zu haben, wo ich leicht vermuthen konnte, dass Du nur Beunruhigung empfinden, nicht aber Hülfe schaffen konntest. Daran war Brendel's unvorsichtige Notiz schuld. Lass' Dich die Sache jetzt nicht mehr kümmern; geht es mir auch nicht nach Wunsch, namentlich da ich diesen Herbst — vielleicht der „schlechten Zeiten" wegen — auffallend weniger Bestellungen erhalte, als ich glaubte hoffen zu dürfen — so soll das doch gerade Dir keine Sorge machen. Mit mir wird's nun einmal ewig eine verrückte Bewandtniss haben: wäre ich — recht glücklich — so brauchte ich fast gar kein Geld: so schwanke ich immer zwischen oft ganz excentrischem Verlangen nach Lebensannehmlichkeiten, und — Lebensekel, während ich als Künstler und Mensch doch wiederum immer unfähiger werde, der heute lohnbringenden Welt die mindesten Zugeständnisse zu machen! Lassen wir das!! —

Amüsirt hat mich's aber doch bei der Gelegenheit, einmal dem Enthusiasmus — den ich erweckt — auf den Puls zu fühlen: es ist mir wirklich rein unmöglich geblieben, von diesem Enthusiasmus auf ein paar Monate 1000 Thlr. aufzutreiben. — Doch, wie gesagt — lassen wir das: es wäre unerklärlich, wenn es anders wäre! —

Soeben ist meine Frau abgereist. Sie geht zunächst nach Zwickau, wo sie sich mit ihren Aeltern bei andren Verwandten Rendez-vous gegeben hat: von dort wird sie Cläre in Chemnitz besuchen; dann geht sie auf kurze Zeit zu einer Freundin nach Berlin, und wird vorher Euch in Leipzig einen kleinen Besuch abstatten. Vielleicht könntet Ihr sie in 14 Tagen etwa in Chemnitz avertiren, ob sie Dich und Cecilie treffen wird. —

Minna soll Dir erzählen, wie es uns weiter gegangen ist. — Die Gastrophie ist ihr ein unentbehrliches Buch geworden: sie hat es auf der Reise mit. Sulzer behauptet, Vaerst verstünde nichts von der Sache: er ist Rumohrist. —

Ich arbeite wie verrückt, damit ich meine Nibelungen noch zur nächsten Ostermesse fertig bekomme: Du weisst, dass ich sie für die polnischen Juden und Messfreuden schreibe. —

Leb' wohl! Sei mir nochmals nicht böse! Verachte mich, wenn's sein muss, aber — behalte lieb

Deinen
Schwager
R. W.

Grüss' herzlichst Cecilien!! —
Zürich, 2. Sept. 1854.

87. *An die Nichte Clara Brockhaus.*

Zürich, 28. Jan. 57.

Mein liebes Clärchen!

Du siehst, ich habe Dich nicht vergessen! Lass' Dir das genug sein, und entschuldige mich, dass ich Dir auf Deinen Brief so lange nicht antwortete! Wer meinem Leben genau zusähe, würde sich eher wundern, dass ich doch noch zu so manchem dann und wann Lust finde. Eigentliche Ruhe habe ich nie: entweder grosse Aufregung beim Arbeiten, oder grosse, andauernde Abspannung in Folge derselben. In den Zwischenzeiten habe ich selten die nöthige Stimmung zu einem Briefe, und noch seltener eine angenehme Veranlassung zu Mittheilungen. Ich wollte Dir einmal in einer recht guten Stunde schreiben; nun aber mahnt mich doch mein Gewissen, nicht zu erwar-

---

87. Fragment. Der ganze Brief war ursprünglich ein — dreifach zusammengefaltetes — Doppeloktavblatt. Von dem zweiten Blatt ist zunächst das untere, die Unterschrift enthaltende Drittheil mit der Scheere abgetrennt, dann aber das ganze zweite Blatt abgerissen, — offenbar zu Gunsten irgend welcher befreundeter enthusiastischer Autographenliebhaberinnen, denen damit — zum Nachtheil späterer Zeiten — ein besonders beglückender Gefallen geschah!

tungsvoll mehr zu sein, und vor allen Dingen Dir den Gedanken zu verscheuchen, als ob ich Dir etwa absichtlich nicht schriebe.

Vor Allem nimm meinen herzlichen Glückwunsch zu Deinem Brautstand! Natürlich musste ich lächeln, als Du mir mit einer gewissen Aengstlichkeit Deinen Bräutigam als Offizier vorstelltest. Gelte ich Euch denn wirklich als so vorurtheilsvoll, dass mich der Stand eines Menschen gegen ihn einnehmen könnte? Da muss ich Dir denn sagen, dass ich sonderbarer Weise unter dem Offiziersstande sehr ausgesprochene Enthusiasten für meine Opern kennen gelernt habe und namentlich hatte ich in Dresden an den Gardeoffizieren immer sehr gewogene Freunde. Du siehst daraus, dass schon meine Eitelkeit mir mein Vorurtheil hätte benehmen müssen. Aber — dies bei Seite — wünsche ich nur überzeugt sein zu können, dass Du Deine Wahl mit ganzem Herzen getroffen haben mögest: ist dies so, wie Du mir es ja versicherst, dann tritt getrost Deinen jungen Ehestand an, und sei auch meiner besten Wünsche versichert. So gratulirt Dir auch meine Frau von ganzem Herzen. —

(Schluß fehlt.)

88. *An die Schwester Clara Wolfram.*

Genf, 20. August 58.
Meine liebe Cläre!

Ich versprach Dir noch etwas Näheres über die Veranlassungen zu dem entscheidenden Schritte, in dem Du mich jetzt begriffen siehst. Ich theile Dir das Nöthige mit, damit Du auch sonstigem Geschwätze, gegen das ich zwar sehr gleichgültig bin, entgegnen kannst.

Was mich seit sechs Jahren erhalten, getröstet und namentlich auch gestärkt hat, an Minna's Seite, trotz der enormen Differenzen unseres Charakters und Wesens, auszuhalten, ist die Liebe jener jungen Frau, die mir anfangs und lange zagend, zögernd und schüchtern, dann aber immer bestimmter und sicherer sich näherte. Da zwischen uns nie von einer Vereinigung die Rede sein konnte, gewann unsere tiefe Neigung den traurig wehmüthigen Charakter, der alles Gemeine und Niedere fern hält und nur in dem Wohlergehen des Andren den Quell der Freude erkennt. Sie hat seit der Zeit unserer ersten Bekanntschaft die unermüdlichste und feinfühlendste Sorge für mich getragen, und alles, was mein Leben erleichtern konnte, auf die muthigste Weise ihrem Manne abgewonnen... Und diese Liebe, die stets unausgesprochen zwischen uns blieb, musste sich endlich auch offen enthüllen, als ich vor'm Jahre den Tristan dichtete und ihr gab. Da zum ersten Male wurde sie machtlos, und erklärte mir, nun sterben zu müssen!

Bedenke, liebe Schwester, was mir diese Liebe sein musste, nach einem Leben von Mühen und Leiden, von Aufregungen und Opfern, wie dem meinigen! — Doch wir erkannten sogleich, dass an eine Vereinigung zwischen uns nie gedacht werden dürfe: somit resignirten wir, jedem selbstsüchtigen Wunsche entsagend, litten, duldeten, aber — liebten uns! —

Meine Frau schien mit klugem weiblichen Instinkt zu verstehen, was hier vorging: sie benahm sich zwar oft eifersüchtig, verhöhnend und herabziehend, doch duldete sie unseren Umgang, der ja andererseits nicht die Sitte verletzte, sondern nur auf die Möglichkeit, uns einander gegenwärtig zu wissen, abgesehen war. Somit nahm ich an, Minna sei verständig und begriffe, dass hier für sie eigentlich nichts zu fürchten sei, da ja eben an eine Vereinigung bei uns nicht gedacht werden konnte, und dass daher Nachsicht ihrerseits das Gerathenste und Beste sei. Nun musste ich erfahren, dass ich mich hierüber wohl getäuscht hatte; Geschwätze kamen mir zu Ohren, und sie verlor endlich so weit die Besinnung, dass sie einen Brief von mir auffing und — erbrach. Dieser Brief, wenn sie ihn eben zu verstehen im Stande gewesen wäre, hätte ihr gerade eigentlich die gewünschteste Beruhigung geben können; denn unsere Resignation spielte auch hierin das Thema. Sie hielt sich aber nur an die vertrauten Ausdrücke und verlor den Verstand. Wüthend trat sie vor mich und nöthigte mich dadurch, ihr mit Ruhe und Bestimmtheit zu erklären, wie es stünde, dass sie Unglück über sich gebracht hätte, als sie einen solchen Brief erbrochen, und dass, wenn sie sich nicht zu fassen wisse, wir von einander gehen müssten. Hierin wurden wir, ich ruhig, sie leidenschaftlich, einig. Doch anderen Tages dauerte sie mich. Ich trat zu ihr und sagte: „Minna, Du bist sehr krank." Wir fassten den Plan einer Kur für sie auf; sie schien sich zu beruhigen, der Tag der Abreise an den Kurort nahte. Sie wollte durchaus die Wesendonk vorher noch sprechen. Ich verbot ihr das entschieden. Alles lag mir daran, Minna allmählich mit dem Charakter meiner Beziehungen zu jener bekannt zu machen, um sie so zu überzeugen, dass für das Fortbestehen unserer Ehe eben nichts zu fürchten sei, weshalb sie sich gerade nur klug, besonnen und edel benehmen, jeder thörichten Rache entsagen und jede Art von Aufsehen vermeiden sollte. Endlich gelobte sie mir dies. Doch liess es ihr nicht Ruhe. Hinter meinem Rücken ging sie doch hinüber und — ohne es wohl selbst zu begreifen — verletzte sie die zarte Frau auf das Gröblichste. Da sie ihr gesagt: „Wäre ich eine gewöhnliche Frau, so ginge ich mit diesem Briefe zu Ihrem Mann!" so hatte die Wesendonk, die sich bewusst war, nie vor ihrem Manne ein Geheimniss gehabt zu haben (was natürlich eine Frau, wie Minna, nicht begreifen kann!), nichts zu thun, als sofort ihrem Manne diesen Auftritt und den Grund davon zu berichten. — Hiermit war denn auf eine rohe und gemeine Weise in die Zartheit und Reinheit unserer Beziehungen hineingegriffen worden, und manches musste sich ändern. Mir gelang es sehr spät erst, meine Freundin darüber aufzuklären, dass einer Natur, wie der meiner Frau, eben Beziehungen von dieser Hoheit und Uneigennützigkeit, wie sie zwischen uns bestanden, nie begreiflich zu machen wären; denn mich traf ihr ernster, tiefer Vorwurf, dies unterlassen zu haben, während sie ihren Mann stets zum Vertrauten gehabt hatte. — Wer nun begreifen kann, was ich seither (es war damals Mitte April) gelitten habe, der muss auch begreifen, wie mir endlich zu Muthe ist, da ich erkennen muss, dass die unausgesetzten Bemühungen, die gestörten Verhältnisse fortzuerhalten, durchaus nichts fruchteten. Ich habe Minna drei Monate mit der höchsten Sorgfalt in der Kur gepflegt; um sie ruhig zu machen, brach ich endlich während dieser Zeit allen Umgang mit unseren Nachbarn ab; nur für ihre Gesundheit besorgt, versuchte ich alles Mögliche, sie zur Vernunft und Einsicht in das ihr und ihrem Alter Geziemende zu bringen: Alles umsonst! Sie beharrt in den trivialsten Vorstellungen, erklärt sich beleidigt, und kaum etwas beruhigt, bricht bald die alte Wuth aufs neue hervor. Seit einem Monat, wo Minna — während wir Besuch hatten — wieder zurückgekehrt ist, musste es endlich zur Entscheidung kommen. Die beiden Frauen so dicht bei einander, war fernerhin unmöglich; denn auch die Wesendonk konnte es nicht vergessen, dass ihr zum Lohn ihrer höchsten Aufopferung und zartesten Rücksichten für mich von meiner Seite her, durch meine Frau so roh und verletzend begegnet worden war. Auch war nun unter den Leuten davon gesprochen worden. Genug, die unerhörtesten Auftritte und Peinigungen für mich liessen nicht nach, und aus Rücksicht auf jene wie auf diese musste ich mich endlich entscheiden, das schöne Asyl, das mir mit solcher zarten Liebe bereitet worden war, aufzugeben.

Jetzt bedarf ich aber der Ruhe und vollkommensten Abgeschlossenheit: denn was ich zu verschmerzen habe, ist viel. — Minna ist unfähig, zu begreifen, welche unglückliche Ehe wir von je geführt haben; sie bildet sich das Vergangene alles anders ein, als es war, und wenn ich Trost, Zerstreuung und Vergessen in meiner Kunst fand, glaubte sie am Ende gar, ich hätte deren niemals bedurft. Genug, hierüber bin ich mit mir zum Abschluss gekommen; ich kann diese ewige Zänkerei und misstrauische Laune nicht mehr um mich dulden, wenn ich noch meine Lebensaufgabe muthig erfüllen soll. Wer mir genau zugesehen hat, der musste sich von jeher über meine Geduld, Güte, ja Schwäche wundern, und wenn ich jetzt von oberflächlichen Beurtheilern verdammt werde, so bin ich dagegen unempfindlich geworden; nie aber hatte Minna eine solche Veranlassung, sich der Würde, meine Frau zu sein, werther zu zeigen, als jetzt, wo es galt, mir das Höchste und Liebste zu erhalten: es lag in ihrer Hand, zu zeigen, ob sie mich wahrhaft liebe. Aber, was solche wahrhafte Liebe ist, begreift sie nicht einmal, und ihre Wuth reisst sie über alles hinweg! —

Doch entschuldige ich sie mit ihrer Krankheit; wie wohl auch diese Krankheit einen anderen, milderen Charakter angenommen haben würde, wenn sie selbst anders und milder wäre. Die vielen widerwärtigen Schicksale, die sie mit mir erlebt, und über die mich mein innerer Genius (den ich ihr leider nicht mittheilen konnte!) leicht hinweg hob, stimmen mich auch gegen sie rücksichtsvoll; ich möchte ihr so wenig wie möglich wehe thun, denn endlich dauert sie mich doch immer sehr! Nur fühle ich mich fortan unfähig, es an ihrer Seite auszuhalten; auch ihr kann ich dadurch nicht nützen: ich werde ihr immer unbegreiflich und ein Gegenstand des Argwohns sein. Somit — getrennt! Aber, in Güte und Liebe! Ich will nicht ihre Schmach. Nur wünsche ich, dass sie selbst mit der Zeit einsähe, dass es besser sei, wenn wir uns nicht viel wiedersehen. Für jetzt lasse ich ihr die Aussicht, sobald die Amnestie eintritt, nach Deutschland zu ihr zurückzukehren; deshalb sollte sie auch alle Sachen und Möbel mitnehmen. Am Ende will ich auch nichts verreden und alles von meiner zukünftigen Stimmung abhängen lassen. Bleibe also auch Du dabei, dass es jetzt nur eine vorübergehende Trennung sein solle. Was Du vermagst, um sie ruhig und vernünftig zu machen, das bitte ich Dich, unterlasse nicht! Denn — wie gesagt — unglücklich ist sie doch; mit einem geringeren Manne wäre sie glücklicher gewesen. Und so bedaure Du sie mit mir! Ich werde Dir dafür von Herzen danken, liebe Schwester! —

Ich warte hier, in Genf, noch etwas, bis ich nach Italien gehen kann, wo ich, vermuthlich in Venedig, den Winter zuzubringen gedenke. Schon erquickt mich etwas die Einsamkeit und die Entfernung von jedem quälenden Umgang. An Arbeiten war zuletzt gar nicht mehr zu denken. Sobald ich wieder Stimmung finde, um am Tristan fortzucomponiren, sehe ich mich für gerettet an. Wahrlich, ich muss mir so zu helfen suchen: ich will nichts von der Welt, als dass sie mir Ruhe zu den Arbeiten lässt, die einst ihr gehören sollen. Somit beurtheile sie mich auch mild! — Den Inhalt dieses Briefes kannst Du, liebe Cläre, getrost benutzen, um Aufklärungen zu geben, wo sie nöthig sein sollten. Im ganzen aber möchte ich natürlich nicht, dass viel von dem Vorgefallenen gesprochen wird. Begreifen, um was es sich hier handelt, werden doch nur die wenigsten; dazu muss man die Personen, die hier in Betracht kommen, genau kennen.

Nun leb' wohl, liebe Schwester! Und hab' nochmals herzlichen Dank für die discrete Anfrage, die ich Dir, wie Du siehst, vertrauensvoll beantworte. Behandle Minna schonend, aber lasse sie allmählich auch begreifen, woran sie mit mir ist!

Dein Bruder

Richard W.

89. *An Cäcilie Avenarius.*

Venedig, 28. Jan. 59.

Sei versichert, liebe Cecilie, dass ich Dir auch ohne Deinen heutigen Brief nächstens einmal geschrieben haben würde. Dir vorm Jahre nicht geantwortet zu haben, lag mir immer noch auf dem Gewissen, und zwar nicht bloss als eine Schuld. Ich lebe so gränzenlos einsam, dass ich fast nur noch von Beziehungen der Phantasie und des Gedächtnisses lebe. Trotzdem dieser Kreis sehr ausgedehnt ist, bist Du drin doch oft auch wach geworden; kürzlich wollte ich mich schon nach Deiner Adresse erkundigen, da ich sie verloren. Es ist mir nun lieb, sie von Dir selbst erhalten zu haben. Habe besten Dank für Deine heutige Mittheilung. Vom Lohengrin in Berlin hatte ich noch nichts weiter erfahren, als was mir eine Depesche Bülows sagte. Er soll erträglich ausgefallen und gut aufgenommen worden sein. Was an dem ersteren ist, und ob es mir genügen würde, lasse ich dahingestellt sein; wie es aber nun mit mir steht, ist mir das letztere der wichtigste Punkt, denn auf Einnahmen dieser Art (die besten Einnahmen habe ich immer von den schlechtesten Aufführungen!) bleibe ich für meine weitere Lebenslust allein angewiesen. Mir sollen meine Werke nur so lange Freude machen, als ich daran arbeite: sind sie fertig, so erlebe ich nur Kummer daran, und das einzig Gute ist, dass sie mir wieder die Mittel zu neuer Arbeit liefern, indem sie mir das Leben möglich machen.

Vater Geyers Bild liegt jetzt stets vor mir auf dem Schreibtisch. Ein Bekannter, der von Zürich nach Leipzig reiste und mit Hermann Br.'s Söhnen befreundet ist, hat mir eine vortrefflich gelungene, besonders-artige Photographie von dem Portrait ausgewirkt, und bei seiner Zurückkunft mich sehr dadurch überrascht und gerührt. Es gehört zu dem sehr wenigen, das ich auf meinem Fortgang von Zürich mit mir nahm. Es ist so ein Band, mit dem ich mich in einem Zusammenhang mit der Welt weiss, während sonst das Gefühl der Losgelöstheit und Einsamkeit überwiegend ist. — Ich schrieb Ottilien und dankte ihr.*) Sie hat mir nicht erwidert. Vor einiger Zeit hatte ich ein Bedürfniss nach einem Buche aus dem Brockhausischen Verlage, das mir aber zur Anschaffung zu theuer war. Das schrieb ich Hermann, gab ihm Nachricht, und bat ihn, mir — wie für sich — diess Buch auszuwirken, wenn auch nur leihweise.**) Auch er hat mir nicht geantwortet, was doch auf eine Bitte wenigstens mit Ja oder Nein geschehen sollte.

Desto lieber ist es mir nun, dass Du Dich durch mein Schweigen nicht hast abschrecken lassen. Dein damaliger Brief kam in eine schrecklich leidenvolle Zeit. Der eigentliche Quell der namenlosen Bekümmernisse und Erschütterungen, die mich im vorigen Jahre trafen, liegt in dem traurigen Gesundheitszustande meiner Frau. So unerhört besinnungslos und leidenschaftlich sie sich in den zartesten Angelegenheiten benahm, kann ich ihr endlich doch darum nicht eigentlich zürnen. Jeder leidet auf seine Weise, und sie leidet — auf die ihrige — aber sie leidet und litt besonders sehr. Man denke sich nur den unausgesetzten Zustand eines Herzschlages, wie ein gewöhnlicher Mensch ihn eben nur bei einem Todesschreck empfindet, und dazu ein Jahr lang fast vollkommene Schlaflosigkeit! Es ist nicht möglich, dass man denjenigen, der unter solchen Qualen leidet, verantwortlich für das macht, was er im halben Wahnsinn thut. Doch war auch unser Beisammensein endlich unerträglich geworden. Ich musste durch Einsamkeit einmal wieder frische Kräfte schöpfen, um bestehen zu können; auch Minna aber, wusste ich, musste Veränderung und mögliche Zerstreuung gut thun. Ihr scheint es nun in Dresden wirklich etwas erträglicher zu gehen; obwohl ich zu meinem Kummer erfahre, dass sie doch wieder

---

*) Der Brief ist nicht erhalten.
**) Nicht erhalten.

sehr dem Einfluss von Klatschereien anheimgefallen ist.
Nun ich wieder etwas Ruhe und Fassung gewonnen habe,
bin ich entschlossen, sie stets mit der Schonung und
Milde zu behandeln, deren sie, wenn ihr Zustand, der
wesentlich vom Gemüthe bedingt ist, einiger Maassen
gehoben werden soll, auf das Dringendste bedarf. Ihr
Leben ist so vollständig in meine Hand gelegt, dass ich,
wie ich ihr schnell den Tod geben könnte, diese Hand
natürlich nur noch zu ihrer Pflege ausstrecken kann.

Ich werde nicht so bald dazu kommen, Clara zu
schreiben; was ich mit ihr zu besprechen hätte, greift
mich sehr an. Schreibe Du ihr aber doch, sie solle mir
meine letzte Ermahnung an sie ja nicht übel deuten. Ich
glaube aus Minna's Briefen in der Zeit, wo sie bei Cläre
war, zu erkennen, dass diese in der besten Absicht und —
ich glaube ast auch — mit der klügsten Einsicht, eine
gewisse entscheidende Bestimmung auf Minna über ihr
Verhältniss zu mir herbeizuführen suchte. Gewissermaassen hatte sie mein Brief aus Genf dazu autorisirt.
Alles was mich betreffen kann oder konnte, musste bei
mir selbst aber bald endlich ganz unberücksichtigt bleiben,
als ich nur noch den jammervollen Zustand der ge-
ängstigten, namentlich auch an ihrem Uebel so schrecklich leidenden Frau vor den Augen behielt. Es war mir,
als ob diess jedem so gehen muss, dem sie nahe trat,
und bat daher Clären, doch nur gänzlich Alles zu vermeiden, was im Gespräch Minna von Neuem aufregen
könnte. Das hat sie vielleicht gekränkt. Wenn sie sich
aber überlegt, dass hier Alles zu spät ist, und namentlich
es nur eine gänzlich unnütze und erfolglose Grausamkeit
sein kann, Minna zum Bewusstsein ihres wahren Verhältnisses zu mir zu bringen, so tröste ich mich damit, dass
auch sie finden muss, es sei, wenn das Eine ganz unmöglich ist, besser, das andre Mögliche einzig im Auge
zu haben, das ist: die Unglückliche liebevoll zu täuschen,
um ihr über den Rest eines jedenfalls mühe- und kummer-
vollen Lebens ruhig hinweg zu helfen. Und hierzu eben

bin ich entschlossen. Denn das einzige Wohl, das ich noch geniessen kann, ist — Andern so wenig als möglich Wehe zu bereiten. Wer mir am Allernächsten steht, weiss sich eben dadurch selbst zu helfen. Die grösste Sorge trifft daher diejenige, die mich so wenig begreift. —

Ueber die zukünftige Gestaltung meines äusseren Lebens kann ich Dir gegenwärtig fast noch gar nichts sagen: doch danke ich Dir herzlich für Deine Theilnahme dafür. Eine Begnadigung seitens des Königs von Sachsen darf ich wohl kaum hoffen. Doch ist es nicht unmöglich, dass es einer Vereinigung mehrerer mir befreundeter Fürsten gelingt, unter sich und beim deutschen Bund mir ausnahmsweise den Aufenthalt in gewissen deutschen Bundesstaaten — mit Ausnahme Sachsens — auszuwirken. Es muss sich diess in diesem Jahre entscheiden.

Zunächst ist festgesetzt, dass mein neues Werk „Tristan und Isolde" im September in Karlsruhe zur ersten Aufführung kommen soll. — Nächsten Winter gedenke ich wieder mit Minna zusammen zu verbringen. Wo? — mache ich sehr von ihrem Gesundheitszustand abhängig; jedenfalls werde ich für sie ein besonders mildes südliches Klima aufsuchen müssen. Doch ist hier eben Alles unbestimmt. Paris ist mir sehr verhasst. Venedig genügt mir für jetzt sehr wohl. Ich lebe hier wie aus der ganzen Welt entfernt, zwischen Himmel und Meer, in grosser Zurückgezogenheit. Leider war ich viel krank, wenn auch nicht gefährlich, aber doch sehr verstimmend. Bis Juni gedenke ich hier zu bleiben. —

Gelegentlich frage doch Eduard einmal, ob er sich wohl die Mühe geben wollte, darüber nachzudenken und — wenn es ihm nicht zu viel ist — mir zu berichten, wie ich wohl am besten und erfolgreichsten die Dichtung des „Nibelungen-Ringes" an die Oeffentlichkeit brächte? Ich kann mich der Einbildung nicht erwehren, dass dieses Gedicht, ganz für sich, als literarische Erscheinung Aufsehen und dauernde Beachtung gewinnen sollte. Daraufhin muss aber schon die Anlage in der Herausgabe gemacht werden, und die Art, wie Härtels so etwas ansehen und betreiben — als reines Anhängsel eines musikalischen Verlagsartikels — will mir durchaus nicht die angemessene dünken. Bitte Eduard doch darum! —

Es kommt mir soeben eine Abhaltung und ich muss schliessen.

Leb' wohl, meine gute Schwester! Denke an mich und gieb mir öfter Nachricht. Wenn ich nicht sogleich antworte, halte diess nicht für Gleichgültigkeit. Ich bin immer leidend, aber meistens mitleidend, und jede Bitterkeit nimmt immer mehr in mir ab.

Es hat mir wohlgethan, mich mit Dir einen Augenblick zu unterhalten. Grüsse Deinen Mann und Deine Kinder herzlich von mir, und sei stets meiner Theilnahme und Liebe versichert.

Dein
Bruder
Richard.

90. *An die Schwester Clara Wolfram.*

Luzern, 7. April 59.

Besten Dank, liebe Cläre, für Deinen Brief! Sei mir nicht böse, wenn ich nur wenig Dir dagegen schreibe. Du glaubst nicht, bis zu welcher Stärke sich meine Correspondenz allmählich gesteigert hat, und wie sparsam ich mit Worten sein muss, um nicht oft ganz von der Arbeit lassen zu müssen.

Also! Erstlich was die Julius-Rente*) betrifft, so bemühst Du Dich wahrlich zu viel. Ein für allemal zahle ich jährlich die 5 Louisd'or; kann ich, so geschieht auch

---

90. (Tägl. Rundschau v. 26. Sept. 1902.)

*) Es handelt sich um seinen Anteil an der Unterstützung seines Bruders Julius.

mehr. Lieb ist mir's, wenn ich erst Ende Sommer schicken darf, weil dann gegen Herbst meine Einnahmen sich bessern. Also hierüber nie mehr ein Wort! —

Des weiteren hoffe ich, dass Du mich gut genug verstanden hast, mir es nicht übel zu nehmen, dass ich Dich vorigen Herbst bat, alles für sie Aufregende gegen Minna zu meiden? Sie schrieb mir damals immer erhitzter und heftiger, so dass ich vermuthen musste, es würde mit ihr viel zu viel über den bösen Punkt verkehrt. Natürlich konnte ich mir sagen, dass es schwer, ja unmöglich sein würde, ihr auszuweichen, und bei meiner Bitte an Dich war nicht der mindeste Vorwurf. Aber nicht genug glaubte ich thun zu können, um nach allen Seiten hin mich eines beruhigenden Einflusses auf sie zu versichern. Ein Herz, das so gar nicht zur Ruhe kommen will, ist doch eine schreckliche Qual. Sie dauerte mich sehr, und da ich immer mehr einsah, dass mit Vernunft, und auf Vernunft, bei ihr zu wirken ganz unmöglich sei, erkannte ich auch, dass es nur eine Wahl gäbe — sie entweder mit rücksichtsvoller Täuschung wie spielend, immer ausweichend, immer nur beruhigend, alles von ihr Ausgehende ignorirend, zu behandeln, oder — sie offen und bestimmt ihrem Elend zu überlassen. Es versteht sich, dass ich nur das erstere ergreifen konnte. Soviel mir irgend möglich, habe ich sie stets nach diesem Grundsatze in meinen Briefen behandelt, bald ernst, bald scherzhaft, und die Wirkung schien sich allmählich vortheilhaft für sie herauszustellen. An Geld, an reichlichem Geld, zu wirklich angenehmem Leben, lass' ich's ihr nicht fehlen und habe sie damit jetzt wieder für den ganzen Sommer so ausgestattet, dass sie ein wahrhaft elegant-behagliches Leben führen kann. Gebe nun Gott, dass alles diess und die Sommerkur in Schandau so gründlich bessernd auf sie wirkt, dass sie zum Herbst es mir möglich macht, ihr wieder mein Haus zu übergeben, ohne fürchten zu müssen, durch neue Rückfälle in ihren alten Zustand mir und sich alle fernere Hoffnung zu rauben!

Was mich betrifft, so thut mir die Einsamkeit ausserordentlich wohl. Zwar war ich oft unwohl, doch hat diess meinen Geist nie gedrückt. In mir ist schönste, tiefste Ruhe. Was mir sie verleiht und ihre Erhaltung mir ermöglicht, ist die edelste und rührendste Erfahrung meines Lebens. Hier ist alles hoch und über das Gemeine erhaben. Unglaubliche Opfer, aber tiefer Friede. Ich lebe noch, um meine Werke fertig zu schaffen: nur deshalb noch. Und dafür — dazu wird mir geholfen. — Genug der Andeutung! —

Hier denke ich meinen dritten Akt zu schreiben. Meine Stimmung ist vortrefflich. — Lebe wohl, liebe Cläre; sei für Deine schwesterliche Liebe bedankt und zähle immer auf meine Erwiderung.

Dein Bruder
(Schweizerhof.)　　　　　　　　　　Richard.

91. *An Eduard Avenarius.*

Paris, 10. Mai 1860.
Liebster Eduard!

Ich habe eine grosse Bitte an Dich. — Es liegt mir daran, sehr bald — sofort — meine Nibelungen-Stücke als Dichtung erscheinen zu lassen. Das erste Stück, — das Rheingold — wird bereits bald im Klavierauszug herauskommen, und es liegt mir daran, zugleich die vollständige Dichtung dem Publikum vorzulegen. Doch will ich keinesfalls diese Dichtung beim Musikverleger, (diesmal: Schott in Mainz) erscheinen lassen: sie würde hierdurch, wie meine früheren Dichtungen, als „Operntext", meist nur den Musikern zukommen, auch als solche nur beachtet werden, und dass diess ein sehr alberner point de départ sei, brauche ich Dir, der Du diess Gedicht kennst, wohl nicht erst zum Herzen zu führen. Somit suche ich einen Verlag, der durch die Firma von vorn herein dem Buch die richtige Bedeutung giebt, und ich muss hierfür Cotta für die geeignetste halten. Ich suche nun Jemand, der Cotta mein Gedicht in der nöthigen, empfehlenden und hinweisenden Art anbietet. Ein namhafter Schriftsteller dünkt mich am Besten: doch stehe ich mit keinem in näherer Beziehung.

Da Du nun, wie ich höre, immer noch eine Art Buchhändler bist, jedenfalls aber von früher her noch die nöthigen Beziehungen hast, die mir gänzlich abgehen, so bitte ich Dich herzlichst, die Sache in Deine Hand zu nehmen.

Meine geschäftlichen Ansichten hierbei sind — unmaassgeblich — folgende.

Ich erwarte mir, namentlich mit der Zeit, einen grossen, weitverbreiteten und populären Erfolg dieser Dichtung auch beim lesenden Publikum. Dieser Erfolg kann nur auf das Dauerndste genährt und gesteigert werden durch die einstigen Aufführungen der einzelnen Stücke auf den Theatern. Dem Musikverleger habe ich — vorläufig für das Rheingold — das Recht zugestanden, die einzelnen Stücke (in wohlfeilen Ausgaben) ohne scenische Bemerkungen, als Textbücher für die Theateraufführungen, zu drucken; die Gesammtausgabe der ganzen Dichtung habe ich mir besonders reservirt, und diese eben trage ich nun dem von mir in's Auge gefassten Buchhändler an. Schon beim ersten Erscheinen soll das Werk, denke ich, grosse Theilnahme erregen: gelangt dann zunächst der Klavierauszug des Rheingoldes unter das Publikum, so wird es namentlich auch den Musikern sehr daran liegen, das ganze Gedicht kennen zu lernen. Dasselbe Verlangen wird sich noch stärker bei der wirklichen Aufführung des Rheingoldes wiederholen, und so später jedesmal bei einer ferneren Aufführung der folgenden einzelnen Theile, die ich, wie Du siehst, einzeln und nach und nach zur Darstellung zu bringen mich — resignirt habe. Somit sind dem Verleger des Gedichtes ganz ungewohnte, neue günstige Chancen für das Unternehmen zu eröffnen. — Zunächst glaube ich auf eine Auflage von 2000 Exempl. halten zu müssen, das Exemplar (schön ausgestattet) etwa bis zu 2 Thaler brutto-Preis. Mein Honorar für diese Auflage müsste im üblichen Verhältniss ausfallen. Für jede neue Auflage dann wohl neue Stipulationen.

Sieh doch nun, liebster Eduard, was Du mir hierin ausrichten kannst. Die Sache drängt gegenwärtig etwas, da ich schon viel Zeit verstreichen liess, und der Klavierauszug des Rheingoldes bereits gestochen wird.

Das Exemplar, welches ich einst in Deine und Ceciliens Hände gab, liehest Du wohl einstweilen dem Verleger zur Einsicht. Sobald dieser sich dann entscheidet, überarbeite ich das Manuskript schnell noch einmal, und schicke es dann von hier aus zum Druck ein.

Im Uebrigen, erlasse mir, Liebster, ausführlichere Nachrichten von mir: ich wüsste nicht wo anfangen, und meine Relationen sind jetzt, namentlich auch durch meine Entfernung von Deutschland, so übermässig angewachsen, dass ich vor Correspondenz u. s. w. rein meistens gar nicht mehr zu mir selber komme.

Nur so viel: mit Dresden wird jetzt unter sehr günstigen Auspicien wegen meiner Rückkehr nach Deutschland unterhandelt. Mitte nächster Saison wird der Tannhäuser (auf Befehl) auf der hiesigen grossen Oper aufgeführt, was ich — ohne davon zu wissen — der Fürstin Metternich zu verdanken habe. Mir steht demzufolge Alles zur Disposition. Nur Geld habe ich noch gar nicht, sondern musste im Gegentheil schrecklich zusetzen.

Viele herzliche Grüsse an Cecilie. Minna geht es ganz erträglich.

Leb' wohl, und sei mir gut!

Dein
Richard W.

16 rue Newton,
champs Elysées.

92. *An Eduard Avenarius.*

Paris, 6. Juni 1860.

Liebster Schwager!

Sei bestens bedankt für Deine gefällige und sorgliche Antwort. Seitdem habe ich Deinen Rath befolgt und mich direct an Cotta gewendet: er hat abgelehnt, Kriegsfurcht vorschützend. Ich sah das voraus, wenn auch nicht die Kriegsfurcht. Glaub' mir, dass es nun nicht Faulheit ist, wenn ich Dich von Neuem bitte, Dich dieser Sache anzunehmen. Es macht mir schon die Zusendung des Buches von hier aus fatale Schwierigkeiten: von Cotta habe ich mein Exemplar noch nicht zurück: es kann verloren gegangen sein — und es ist mein letztes, was ich besitze.

Also, — mögest Du nun J. Weber, oder einen Berliner Buchhändler vorziehen, so bitte ich Dich nun, Dich als mit meiner vollsten Vollmacht versehen zu betrachten, die Sache zum Abschluss zu bringen. Bedenke doch, wie fremd ich bin in Buchhändlerangelegenheiten. So sagst Du mir, ich solle lieber sogleich eine bestimmte Forderung stellen? Ja, welche denn? Ich beanspruche ja nur das raisonnable und verhältnissmässige: wie Teufel soll ich das aber kennen? Fordere ich diese oder jene Summe, so bin ich sicher, dass es doch nicht dabei bleibt, und man mir sagt, „das geht aus den und den Gründen nicht; und aus den und den Gründen könnten wir Ihnen nur das und das bieten!" Also nur Verzögerung.

Somit denn — wenn Du sonst Zeit hast — mach' das doch Alles für mich ab: eben weil ich's nicht verstehe, bitte ich ja Einen, der's versteht. Das ist doch ganz natürlich. Zudem muss ich Dich bitten, das Exemplar, welches ich einst in Eure Hände übergab, für jetzt dem betreffenden Verleger zur Ansicht zuzustellen: kommt die Sache zu Stande, so überarbeite ich mein Exemplar (wenn ich es wieder bekomme) noch einmal, und schicke es dann zum Druck ein. —

Du schreibst, Du seiest für eine derartige Verhandlung in sonderbarer Stellung, weil Du selbst Buchhändler seiest. Ja, wie denn? — Bist Du wirklich noch dem Leipziger Geschäft associirt, mein Gott — und hast Du Lust Dich auf die Sache einzulassen — so schiess' doch los, und nimm den Trödel über Dich, kurz, einfach und lieblich! — Bei „Cotta" hatte ich einen symbolischen Effect im Sinne: sonst, denke ich, wird sich die Sache wohl schon selbst helfen. — Also — ganz was Du für gut und vernünftig hältst. Meine Ansichten über das Geschäft habe ich Dir ausführlicher mitgetheilt. Nur au die Einzelausgabe der Stücke kann ich nicht eingehen, weil ich dem Musikverleger der einzelnen „Opern" das Recht zusprechen musste, die Textbücher einzeln drucken zu lassen.

Nun lass mich bald etwas Reizendes hören: ich hab' viel Bedürfniss! —

Grüss' Cecilien schönstens. Ihre Zeilen haben mich sehr erfreut. Dass sie in 11 Jahren nicht dazu gekommen ist, ihren Bruder im Exil einmal aufzusuchen, ist und bleibt bedenklich. So alle 3 bis 4 Jahre stossweise einmal etwas von sich hören, ersetzt da nichts. Auch denke ich von Venedig aus ihr einmal ziemlich genügende Auskunft über mich gegeben zu haben. Im Uebrigen lässt sich jetzt wahrlich nicht viel mehr über mich sagen: ich begehe die Thorheit, mich immer noch im Leben herumzutreiben, und dafür geschieht mir ganz Recht, dass mir's recht miserabel darin geht. Und so wird's gehen, bis es nicht mehr geht, und dann wird man: ach Herr Jesus! sagen. Das kennen wir schon Alles! Einstweilen amüsirt es mich, wenn man mir oft Elogen macht, und mich ob meines „höheren Kunstlebens" beneidet. Banquier Kaskel sagte mir einmal: „ja, Sie Herr Wagner haben es gut; Sie schreiben eine neue Oper, und nehmen Ihr schönes Geld dafür ein; aber unser eines, was hat der sich zu quälen, um seine Finanzen in Ordnung zu halten: kein Mensch giebt einem was."

Ach, es ist eigentlich wirklich eine Freude! —

Nun, Minna hoffe ich nach Ems in's Bad schicken zu können. Ich werde wohl hier aushalten müssen. Leb' wohl, und gieb mir bald gute Nachricht! Hab' auch ungeheuer grossen Dank von
Deinem
Richard W.

93. *An Cäcilie Avenarius.*
Paris, 31. Juli 60.

„Cile! Cile!
In Deinem Bett' ist eine grosse Maskje!"
Glaube mir das!
Du hast meinen scherzhaften Ton letzthin missverstanden! Es war mindestens durchaus keine Bitterkeit in meiner Ironie. Kind! aber wo soll man die rechten Launen immer her nehmen? Alles, was ich Dir auf Deine traurigen Berichte über Dein eigenes Leben zum Troste sagen kann, ist: tröste Dich mit mir!! — Ist Dir das nicht genug, so beherzige, was die Prinzessin im Tasso einmal zur Antwort giebt: „wer ist denn glücklich?"

Manches kann ich aber nicht begreifen. Dass Umgang mit Deinen Schwägern unerlässlich ist, kann ich mir aus den zu nehmenden Rücksichten Deines Mannes erklären: dass Du aber Deine eigentliche Person nicht diesen Berührungen solltest entziehen können, muss mich wundern. Derlei Schwäger dürften doch nur dann näher Dich berühren können, wenn etwa eine Schwäche Deines Mannes es zuliesse. Immer, denke ich, hast Du Dich da einzig an Deinen Mann zu halten: und steht es da gut, so hat Dich doch das Uebrige nicht anzufechten.

Höre aber meinen Rath. — Beachte nichts wie Deine Kinder: ich wär' froh, wenn ich für meine Frau Kinder hätte! — Sorgen, welche Dir diese machen, darfst Du nie

---
93. In Bezug auf den Briefanfang vgl. S. 199 dieses Bandes.

beachten! In diesen Sorgen liegt die Nothwendigkeit Deines Daseins. Im Uebrigen suche dann so viel wie irgend möglich Musse zu guter Lectüre. Glaub' mir, der Umgang mit lebenden Menschen kostet immer mehr, als er einbringt: man setzt da — meistens — immer zu. Das Buch eines edlen Geistes ist aber der kostbarste Freund, den man haben kann. Hier schweigt alles aufregende Interesse: die Stimme eines Abgeschiedenen, Vollendeten, ruft uns Ruhe zu. — Völlige Musse zu guter Lectüre ist das einzige Gut, wonach man nicht genug streben kann: diess ist die grösste Gunst des Schicksals, wenn man sie in reichem Maasse geniessen kann. —

Auch wegen Deiner Gesundheit lass' Dich mit mir trösten. Meine Nerven sind so furchtbar empfindlich, dass sie immer vibriren, entweder höchstes Wohlgefühl, oder tiefste Gedrücktheit und Schmerz erzeugen: das Wohlgefühl tritt natürlich nur ganz ungemein selten ein, bei mir nur in Folge sehr bedeutender innerer Vorgänge, oder manchmal bei einer plötzlichen günstigen Wetterveränderung. Das ist aber Alles sehr selten und äusserst flüchtig: das Schmerzgefühl, Angst, Zerschlagenheit, Zerrissenheit ist der beständige dauernde Zustand. Vor ungefähr 10 Jahren beängstigte mich diese unleugbare Wahrnehmung ungemein: endlich habe ich mich fügen lernen. Es ist nun einmal so, und man kann übrigens alt dabei werden (das lass' Dir auch gesagt sein!). Ja, es ist sogar Aussicht da, dass das im Alter abnimmt: die leidenschaftlichsten Menschen haben oft erst im Alter noch Behagen kennen gelernt. Hierzu muss die moralische Kraft viel helfen: nämlich — man muss ruhig werden. Ein voller, tiefer Schlaf ist das himmlischeste was ich kenne: ihn mir zu bereiten, lass' ich mir oft sehr angelegen sein. Er ist mein einziges Heilmittel! Wir brauchen nichts, wie Ruhe. Wie schwer wird es aber eben unser Einem, die sich zu erhalten! Aber vieles eignet man sich doch an: ich richte mich völlig darauf ab, mich nicht über alles zu ärgern. Man kann da viel erreichen: oft schon habe ich mich vor mir selbst loben können. Und man nützt dadurch nicht nur sich, sondern auch den Andern so viel! Gott, wie viel unnütze Aufregungen hätte ich mir und meiner Frau im Hause ersparen können! Manchmal, und in sehr wichtigen Dingen, erspare ich die jetzt wirklich! —

Nun genug der guten Lehren! — Meine — sogenannte — Amnestie hat Dir jedenfalls mehr Freude gemacht, wie mir. Allerdings kann ich nun die deutschen Bundesstaaten, zum Zwecke der Aufführungen meiner Werke, wieder betreten — mit Ausnahme des gewaltigen Königreich's Sachsen. Diese Aufführungen selbst, auf die es einzig hier ankommt, werden mir aber jedenfalls mehr Noth, Aerger und Verdruss aller Art machen, als ich Genugthuung haben werde. Das steht ausser allem Zweifel. Doch bleibt's immerhin mein Hauptziel, und meine einzige Lebensaufgabe, ohne welche ich sonst gar nicht wüsste, warum ich dieses unsinnige Leben tragen sollte. Wäre der Fall mir vor'm Jahre begegnet, so wäre ich allerdings nicht nach Paris gegangen, hätte viel Geld und Unruhe erspart. Doch hat mir jedenfalls nur Paris, und die bedeutenden Bekanntschaften, die ich hier machte, dazu verholfen. Jetzt muss ich zunächst die Aufführung des Tannhäuser hier abwarten: sie findet — allerdings — auf Befehl des Kaisers statt, und zwar war es die Fürstin Metternich, die, ohne dass ich davon wusste, diesen Befehl auswirkte. Vermöge dieser Wendung bin ich für diess Unternehmen in einer noch nie erfahrenen vortheilhaften Stellung: das ganze grosse Institut der Oper steht zu meiner Verfügung, ich bin Herr, und brauche nur zu fordern, was ich wünsche. Daraus gedenke ich denn den Vortheil zu ziehen, dass allerdings die Aufführung die beste noch je stattgehabte von dieser Oper sein soll. — Diese wird etwa Ende dieses Jahres vor sich gehen: dann denke ich in Deutschland — wo?? — baldmöglichst den Tristan aufzuführen. —

Dein Mann, der ehemalige, oder nochige Buchhändler

E. Avenarius, ist mir rein unbegreiflich! Ich glaubte, da er mir gar nicht antwortete, er hätte meinen letzten Brief, worin ich ihn bat, für meinen „Ring des Nibelungen" mir einen Verleger zu besorgen, nicht erhalten: durch Dich erfahre ich nun, dass er ihn wohl bekommen hat. Was soll ich mir nun von Deutschland erwarten, wenn mein eigener Schwager mich so schnöde behandelt! Wasch' ihm den Kopf, ich bitte Dich, und dringe in ihn, dass er mir antwortet, und möglichst meine Bitte mir erfüllt. Sonst enterbe ich ihn! — Nun gute Cile, lass' Dir Deine Kur gut bekommen: sei muthig und studire auf Ruhe, aber auf die rechte Ruhe! Und habe Dank für Deine Treue! Leb' wohl! Nimm vorlieb, und bleibe mir gut!

Dein
Richard.

94. *An Eduard Avenarius.*

Soden, 13. August (1860).
Bester Schwager!

Das Datum wird Dir alles sagen. Die Frauen haben Confusion gemacht, und Euer langes Hin- und Herschreiben hat's auch nicht besser gemacht: wäre Cecilie sogleich aufgebrochen! Gestern bin ich gekommen; Sonnabend muss ich wieder nach Paris! Donnerstag und Freitag bin ich in Baden-Baden. Ich sage Dir nichts mehr. Minna hat Unrecht gehabt, nicht zu sagen, dass ich schon bald kommen würde. —

Ich schreibe Dir aber nur in der Eile, im Begriff, nach Frankfurt zu steuern. Ueberall halte ich mich incognito. Dass ich in Wiesbaden gleich meine Opern aufführen würde, hat sich nur ein Entenfabrikant einfallen lassen können. — Ueber die Verlagsangelegenheit hätte ich Dir gern mit mehr Ruhe geschrieben. Doch will ich im Fluge sogleich die Hauptsache berühren. Den Contract auf Theilung des Gewinnes acceptirte ich schon: wie um aller Welt willen soll ich aber, wenn der Verleger nicht etwa mein specieller Freund wäre, mich versichern können, dass ich nicht betrogen werde? Kein Mensch will an die Redlichkeit der Buchhändler in Auflags- und ähnlichen Beziehungen glauben. Ich selbst habe noch nichts Gutes in diesem Bezug erfahren. Den Gewinn von Lohengrin haben Härtels auch mit mir theilen wollen: von dieser Oper verkaufen sich seit Jahren die Klavierauszüge in ganz Europa und Amerika, und noch hat sie Härtels — — — nicht soviel Gewinn getragen, dass sie etwas mit mir zu theilen gehabt hätten!! Wovon also solche Geschäfte bestehen, wie sich Härtels ein Haus halten und Kleider bezahlen können, muss ein Räthsel bleiben, wenn von solchen Unternehmen nach 10 Jahren selbst immer noch nichts abfällt. — Was mich beruhigte, das wäre, dass einstweilen es sich eben nur um eine geringe Auflage von 500 Exempl. handelte: einerseits halte ich aber eine so geringe Auflage der falschen Zusendung wegen (denn natürlich wird so was immer nur an Musikdirectoren und andere Musikanten geschickt) für unpraktisch — sie kommt nicht in die rechten Hände; andrerseits aber, willst Du mir dafür bürgen, dass Weber, falls starke Nachfrage kommt, nicht neu wieder auflegen lässt, ohne mir davon zu sagen, oder sogleich nicht schon mehr abziehen lässt? Ich fürchte auf diesem Wege auch von meinem Nibelungengedicht nie einen Groschen zu beziehen! — Diese und derartige Bedingungen würde ich annehmen, sobald Du das Werk verlegen wolltest. Ueberlege Dir's! Vermagst Du's, so beruhige mich über meine Scrupel: ich habe wahrlich Grund, auf Verleger etc. sehr wenig zu geben. Bedenke nur, dass ich auf die Herausgabe von Rienzi, fliegender Holländer und Tannhäuser noch — schuldig bin!! Ist mein Misstrauen daher nicht sehr gerechtfertigt? —

Bitte, lass Dich's nicht verdriessen, mir weiteren

Aufschluss zu geben, und — wo möglich — mir etwas Sicheres, wenigstens für die Zukunft — auszuwirken.

An ein Rhein-Rendezvous ist nun diessmal wohl nicht mehr zu denken. Aber, ich denke, Ihr kommt zur Tannhäuseraufführung nach Paris. Diess wird jedenfalls etwas Merkwürdiges werden, und sicher die beste Aufführung, die bisher noch von dieser Oper stattgehabt. —

Grüss' Cecilien, und hab' Dank (für) Deine freundlichen Glückwünsche!

Minna lässt allerschönstens grüssen: die Kur ist ihr sehr gut bekommen. —

Also — leb' wohl!!

                        Dein

                              Richard.

95. *An die Schwester Luise Brockhaus.*

Liebe Luise!

Hier ist der einst versprochene Bericht an Fritz. Ich habe ihn unter tausend Unterbrechungen zu Ende gebracht. Sehr schön stylisirt mag er wohl nicht sein; auch ist das Manuscript, welches ich unmöglich noch einmal abschreiben mochte, vielleicht nicht über die Maassen leserlich ausgefallen. Da es zum Druck — für die Illustrirte denke ich? — bestimmt ist, und die Setzer sehr gut mit üblen Manuscripten auszukommen wissen, thut Ihr vielleicht besser, den Bericht erst zu lesen, wenn er Euch gedruckt vorliegt. Vielleicht hat aber Ottilie*) ein kühnes Auge, und findet sich mit der ihr eigenen Energie eben so glücklich durch dieses Manuscript, wie einst zu Vachette: somit sei eine vorläufige Lectüre ihrer Gewandtheit überlassen! —

---

    95. (Undatiert. Ende März 1861.)
    *) Luisens Tochter, vgl. S. 175. 192. 211 (Ottchen.)

Ich wüsste übrigens jenem Aufsatze nichts Wesentliches beizufügen, als höchstens einige stärkere Bezeichnungen für die Schwächen der Aufführung, die bei der ganzen Sache mein eigentliches wahres Leiden ausmachten. Hatte ich mich doch darein ergeben müssen, die Musikdirection einem musikalischen Unteroffizier (wie ihn Herwegh in einem Züricher Berichte nennt) zu überlassen! Mein Leiden vor der Aufführung, die ich selbst leider nicht mehr hindern konnte, war weit grösser, als nach derselben. Wahrlich, ich bin froh, vom Jockeyclub verhindert worden zu sein, mein Werk zum eigentlichen Gehör zu bringen: ich selbst hätte nicht mehr zuhören können!

Dass ich nach langen Jahren der Resignation mich in solchem Falle einmal wieder fangen liess, das kränkt mich eigentlich, und ich kann mich nur damit trösten, dass mir so etwas nie wieder passiren soll.

Den Parisern bin ich übrigens durchaus nicht bös' geworden: sie sind leichtsinnig und reden jeden Unsinn nach, den man ihnen aufheftet; kommt es zur Sache, so bleiben sie doch auch wieder für das Gute impressionable, und schlagen sich dann nach Herzenslust für das, was ihnen gefällt. — Einzig bin ich über die Stumpfheit meiner hohen Protectoren in Deutschland betreten, die niemals auf den Einfall kommen, wie unwürdig ein Künstler von meinem Ernste eigentlich allen Chancen eines Abenteurer-Lebens ausgesetzt bleibt. Wer wird mir eine wohlanständige Ruhestätte für mich, ein geeignetes Atelier für meine Kunst daheim bieten? — Lassen wir doch ja die deutsche Innigkeit und Tiefe uns nicht zu hoch zu Kopfe steigen! — Vorläufig ist es mir noch gar nicht, als ob ich Paris bereits aufgeben sollte: wenn Ottilie am Schlusse meines Berichtes (also am Eck des Boulevard und der Rue Montmartre) angekommen sein wird, halte die dort gegebene Andeutung wirklich für Ernst!*)

---

*) Zu der „Andeutung" Zeile 2/3 von unten fehlt uns der Schlüssel!

Clara Wolfram
geb. Wagner

Einstweilen bleibe ich verwundert über meine Gesundheit. Es scheint mir, als ob ich noch zu manchem Sturm aufbewahrt sein soll. —

Noch danke ich Dir sehr, beste Luise, für Deinen ersten Brief: namentlich hast Du mich durch Deine Ermahnungen zu Gunsten meiner Frau sehr gerührt. Gewiss ist diese sehr zu bemitleiden! Weiss Gott, aber auch sie hält's aus. Wie sehr wünschte ich, ihr eine ruhige Niederlassung bieten zu können, wo sie namentlich mich nicht zu anhaltend in ihrer Nähe hätte: ich sollte immer nicht eher zu ihr kommen, als bis Noth und Aerger einmal wieder vorüber wäre, z. B. jetzt wo ich mich, trotz alles Elendes meiner Lage, nach den erhaltenen Prügeln in einem fast behaglichen Zustande befinde. —

Clärchen hat mir recht freundlich und fast reuevoll geschrieben: dass ich noch nicht dazu kommen konnte, ihr zu erwidern, hat sie wohl entschuldigt, und sieht mir wohl auch nach, wenn es sobald noch nicht dazu kommt. Sage ihr aber, dass sie mich sehr erfreut hat.

Mein Schicksal wird es wohl nicht anders wollen, als dass ich mich mit Dresden einmal gründlich aussöhne: es ist mir so, als ob ich vielleicht nächsten Herbst mich dort einem politischen Reinigungsprozess zu unterwerfen haben würde. Hoffentlich macht man's dann gnädig. Für meine Frau wüsste ich, ausser Dresden, wirklich keinen passenden Niederlassungsort.

Für jetzt bin ich noch durchaus Project-los. Ich weiss, was ich auch anfange, ich werde doch mehr Noth und Kummer als Freude davon haben. Am besten wär's wohl, ich könnte so aus der eigentlichen Welt verschwinden. Das ist aber so schwer! —

Nun, leb' wohl! Grüss' Fritz und die Kinder bestens von mir, und sei meines aufrichtigsten Dankes für Deine schwesterliche Theilnahme versichert.

Dein Bruder
Richard.

96. An Cäcilie Avenarius.

19 quai Voltaire. Paris, 7. Januar 62.
Liebe Cile!

Ich schreibe Dir nur gleich ein paar Zeilen, sonst kommt es am Ende wieder nicht dazu: besser also wenig, aber schnell! —

Wüsstest Du, wie wirklich fremd es mich anweht, wenn ich so auch aus Deinem Briefe ersehe, wie unendlich wenig Ihr von den Nöthen meines Lebens wisst! Wie mir das vorkommt, wenn ich da lese, dass ich in der grossen Welt und im Ruhm Alles vergässe, was nicht dazu gehöre!! — Wie und wo da anfangen, um eines Anderen zu belehren!!

Genug, dass mein ganzer Ruhm und meine ganzen Erfolge in Deutschland mir nicht eine Stätte bereiten helfen, auf der ich mich sammeln und zu neuer Arbeit rüsten könnte. Die Einladung der Familie Metternich, bei ihr in Paris einige Zeit ruhig und sorglos zurückgezogen leben zu können, musste mir mitten in Deutschland als ein grosses Glück gelten. Es lockte mich hierher: währenddem starb der Fürstin Mutter, der Vater — wahnsinnig — wird nach Paris gebracht, hält die für mich bestimmte Wohnung ein, und ich — sehe mich wieder in der Welt um, wo ich ein gut versorgtes Zimmer für mich und meine Arbeit, das einzige was mir übrig bleibt, finden könnte!! Misslingen jeder meiner Unternehmungen — Abschlag von allen Seiten — Nichtwissen, was mit mir anfangen, überall! — Keine Sicherheit, keine Einnahmen, Noth und Sorge: keine Heimath, keine Familie, nichts! —

Ach, was wisst Ihr! —

Kind, **warum** kam'st Du in zehn langen Jahren nicht einmal zu mir in die Schweiz? **Cläre** fand doch den Weg! —

Doch, das geht so!

Nach Berlin komme ich doch wohl bald einmal!

Doch **kann** — oder **könnte** mir Berlin zu viel sein, als dass ich nicht mit einem Besuch dort vorsichtig und nicht zu schnell sein müsste. Diess ist leider Politik! —

Nächsten Monat denke ich mich nach Wiesbaden überzusiedeln, um einige Zeit lang dort ruhig zu arbeiten. Eine baldige Niederlassung ist mir unerlässlich: so schlimm, wie's damit stehen mag, alles übrige ist doch für mich noch schlimmer.

Nun hab' Muth, und sei getrost: Du bist nervenleidend — Kind, da kommt man nicht um, wie sehr man auch leidet: sogar, mit der Zeit, bessert sich solches Leiden! Im Ganzen befinde ich selbst mich jetzt besser, als zu erwarten wäre. Hab' Muth! Diess Jahr sehen auch wir uns wieder. Bestimmt ist nichts, doch zielt vielerlei auf einen Berliner Besuch ab. Halt' Dich wacker, nimm Dich zusammen. Ich mach' Dich noch zu lachen: erwarte das! —

Leb' wohl, gute Cile! Nimm vorlieb! Es lässt sich nichts Artiges über mich sagen! — Grüss' Eduard. Geht's ihm gut? Sag' ihm, mir ging's schlecht! Somit wäre das in Ordnung!

Adieu! Hab' Muth und behalt' mich lieb!

Dein
Bruder
Richard.

97. *An Eduard Avenarius.*

19 quai Voltaire.   Paris, 15. Januar 62.

Lieber Eduard!

Hab' besten Dank für Deinen Brief! Sei nicht bös', wenn ich nur kurz das Nöthige darauf antworte!

Sei versichert, dass Deine Einladung mir herzliche Freude gemacht hat. Sie bestimmt mich, Anfang Februar

Euch auf einige Tage zu besuchen. Ich würde auf Monate zu Euch kommen, wenn ich jetzt nicht in einer feurigen Arbeitsperiode wäre. Ich bleibe dabei, mir dafür ein Terrain zu wählen, auf welchem ich meinen übrigen Neigungen und Entschlüssen gemäss, dauernd mich niederzulassen beabsichtigen kann. Somit bleibe ich bei Wiesbaden. Mündlich erfahrt Ihr Alles, was dafür, und gegen einen längeren Berliner Aufenthalt spricht.

Nun wünschte ich aber bei Gelegenheit dieses Besuches auch meine Frau zu sehen; ich werde mit ihr manches zu besprechen haben. Ob Ihr nun uns Beide, wenn auch nur für einige Tage, bei Euch aufnehmen könnt, muss ich wohl bezweifeln. Wäre kein andrer Rath, so quartiert Ihr mich wohl lieber in einem Gasthof in Eurer Nähe ein, und nähmet die Frau zu Euch. Es wäre am Ende ja nur der Nacht willen: von früh an wäre ich ja dann doch bei Euch. —

Ich schreibe jetzt noch meiner Frau drüber.

Bis Ende dieses Monates bin ich noch hier.

Da ich Euch bald zu sehen hoffe, verspare ich mir denn mündlich allerlei auf, was jetzt unnütz wäre.

Adieu! lieber Eduard; grüss' Cecilien und Deine Kinder schönstens, und hab' nochmals Dank für Deinen freundlichen Brief.

Von Herzen
Dein
Richard W.

98. *An die Schwester Clara Wolfram.*

Biebrich, 2. Juni 1862.

Meine liebe Cläre!

Aus Minna's Nachrichten habe ich zu schliessen, dass in diesen Tagen die Hochzeit Mariechens stattfindet. Ich

---

95. Tägl. Rundschau v. 26. Sept. 1902.

meinestheils bin alles Familienlebens, ja aller Familienempfindung so entwöhnt, dass es wahrlich schon eines bedeutenden Anlasses bedurfte, um mich einmal nach diesem Kreise der menschlichen Beziehungen hinzuwenden. Doch — sei versichert! — hätte ich es auch nicht übers Herz gebracht, diese Zeit vorübergehen zu lassen, ohne meiner treuesten alten Schwester mit einem herzlichen Grusse zu nahen. Lebten wir zusammen, so würdest Du ohne Zweifel anhaltendere Beweise meiner Anhänglichkeit erhalten. So wie ich jetzt lebe, nur bemüht, mir Ruhe und Ungestörtheit zur Arbeit, meiner letzten Zuflucht vor der Welt, zu erhalten, und dennoch stets von Eingriffen aller Art in diese Ruhe bedrängt, muss ich endlich fast jeder Beziehung mit der Aussenwelt gram werden, und mit Sorge allem dem ausweichen, was mir Zersplitterung meiner Zeit und meiner Aufmerksamkeit veranlasst. Du glaubst nicht, wie gerechtfertigt diese Sorge ist, und wie sehr ich stets an Beunruhigung und Misslingen leide, so dass ich mir oft vornehme, jede Hoffnung, mich mit den Menschen zu verständigen, aufzugeben, und namentlich auch jeder neuen Anknüpfung auszuweichen. In diesen Tagen kam ich zu Biebrich aus Karlsruhe zurück, wo schliesslich alle meine wiederholten Erfahrungen mich dazu bringen mussten, in einer sehr ergreifenden Unterredung mit dem Grossherzog alle bisher auf dessen Freundschaft gebauten Aussichten aufzugeben, indem ich nicht mehr umhin konnte, auf eine Weise mich über seinen Hoftheaterdirektor E. Devrient zu beschweren, die mir, da ich andererseits den Sturz dieses Mannes unmöglich herbeiführen wollen kann, jede Resignation auf jene Aussichten zur Pflicht machten. Wie ich so zurückreiste und mir meine Zukunft überlegte, trat mir wirklich als einzige wahre Zuflucht nur die Aussicht auf einen möglichst nicht lange mehr ausbleibenden Tod entgegen. Nach Haus gekommen, fand ich nun auch einen Brief Minnas vor, der mich im schrecklichsten Grade besorgt um sie machte. Denn dieser Brief machte wirklich auf mich den Eindruck, als käme er von einer Wahnsinnigen. Sie soll wieder schrecklich aufgeregt sein: Gott gebe, dass ihr der Aufenthalt in Reichenhall Besserung verschafft! Nach manchen Vorgängen darf ich das hoffen. Im übrigen muss ich glauben, dass einiger Stillstand in unserer Correspondenz und nur Erwähnung des Nöthigen jetzt meinerseits etwas zu ihrer Beruhigung beitragen kann. Vielleicht findet sie wieder etwas Fassung, wenn sie an die projectirte kleine Einrichtung in Dresden gehen wird. Was mich betrifft, so behalte ich mir vor, hier wenigstens noch die Hauptarbeit an meiner neuen Oper zu beendigen, und dann, im Spätherbst, zu Minna nach Dresden zu kommen. Von ganzem Herzen hoffe und wünsche ich dann, dass sich mir Dresden allmählich ganz wieder zur Heimath gestaltet. Ich habe so gar keinen weiteren Plan und Wunsch, dass diese Hoffnung wirklich das Einzige ist, an das ich mich noch festhalte. Der Gedanke der Heimath und Familiennähe ist hierbei sehr mächtig, und wenn ich mich auch gegen Niemand der Meinigen noch darüber ausgesprochen habe, so gebe ich Dir doch die wahrhafte Versicherung, dass Eure Nähe und die Aussicht auf Umgang mit Euch sehr wesentlich zu meinem Wunsche, gerade in Bezug auf Sachsen und Dresden, mit beiträgt.

Meinen ersten Akt des Wiedereintrittes in den Familienkreis will ich nun heute begehen, indem ich Dich bitte, Mariechen meinen allerinnigsten Glückwunsch zu ihrer Vermählung auszurichten. Alles, was ich über ihren Bräutigam vernommen habe, spricht dafür, dass dieser Glückwunsch seine volle Begründung hat. Sage Mariechen, auch sie und ihr junger Mann gehörten mit zu denen, bei denen ich einstens und bald mich wieder als bei den Meinigen zu fühlen hoffe.

Nun grüsse allerbestens auch Deinen guten Mann, sag' allen das Beste und Liebste von mir! Erlebe Freude und tröste Dich in allem Ungemach mit

Deinem herzlich Dir ergebenen
Bruder Richard.

99. An die Schwester Clara Wolfram.

Biebrich a. Rh., 11. Juli 1862.

Wie konntest Du fürchten, liebe Cläre, in Deinem Briefe könnte auch nur etwas enthalten sein, was ich Dir hätte übel deuten können? Ich habe es bis hierher ertragen, Niemand einzumischen, und mit der unglücklichen Frau, die sich und mich nutzlos zu Tode quält, allein auszukommen gesucht. Es ist aber des Wahnsinnes kein Ende zu finden: wahrlich, was nun mir einzig wohlthun kann, ist auch mit Anderen und den Meinigen offen über dieses unheilbare Verhältniss zu verkehren, und seitdem ich Eure Stimme vernehme, ist mir's wirklich als ob mir einiger Tag anbräche. Einzig legte mir die quälende Krankheit Minna's die Pflicht der Schonung auf: ihr trauriger Charakter, der Alles mit Neid und Hass verfolgt, was mir anhängt, konnte diess bereits lange nicht mehr. Nun sehe ich aber, dass ich auch unmöglich dazu gemacht sein kann, auf ihr Herzleiden vortheilhaft zu wirken. Die Fortdauer oder Wiederanknüpfung unseres Zusammenlebens ist somit das Thörichteste und Widersinnigste, was geschehen könnte. Es kann sich daher nur um die Art handeln, wie es aufgehoben wird; und diess hängt davon ab, was endlich Minna's Klugheit über sie vermag. Ich habe ihr eine kleinere Niederlassung für sie in Dresden angeboten: sie soll ein Zimmer für mich bereit halten: ich werde es versuchen, sie dort zu sehen; benimmt sie sich vernünftig (was ich leider durchaus bezweifeln muss!) so kann ich sie öfter besuchen, und, indem ich mir anderswo ein stilles Asyl zum Arbeiten offen halte, so kann ich noch, ohne grosse Beschämung für sie, vor der Welt den Bruch verbergen. Diess ist die letzte Anstrengung meines guten Willens. Doch bezweifle ich, dass sie von Erfolg sein wird. Der Gedanke einer Scheidung ist nicht von mir ausgegangen, so nahe er auch liegt und so verzeihlich es auch mir sein müsste, dem Wunsche nachzuhängen, meine Jahre noch an der Seite eines mir sympathischen Wesens gewinnreich für meine Arbeiten zu pflegen. Doch will ich kein Glück, sondern nur Befreiung von einem Drucke, der mich elend macht. Der rechte Zeitpunkt hierzu ist längst verfehlt; meine Gutmüthigkeit, sowie mein Gerechtigkeitsgefühl haben mich verleitet, ein unheilbares Uebel bis zum Zustand der Unerträglichkeit anwachsen zu lassen. Jetzt könnte ich als Scheidungsgrund menschlicher Weise nichts Anderes vorbringen, als die gegenseitige Erspriesslichkeit einer vollständigen Trennung.

Du siehst, liebste Cläre, ich bin vollkommen mit Dir einverstanden; noch mehr, ich bewundere Dich und Dein klares Urtheil, dass Du Dich durch Minna's unglaubliche Fälschungen der Thatbestände zwischen uns nicht hast verwirren lassen. Genug! in der zweiten Hälfte des August hoffe ich auf einige Tage nach Dresden zu kommen, und Dich ebenfalls zu sehen. Bitte Cecilien dann auch dabei zu sein: sie soll um des Himmels Willen mich nicht auch à la Minna quälen: sie scheint gar keinen Begriff von der traurigen Confusion meiner Lage und Stimmungen zu haben.

Meine Stube ist eben voll von Besuchen! Nimm vorlieb, liebe Cläre! Glaub' an meinen herzlichsten Dank für Deinen lieben Brief, und dass er mir sehr wohlgethan. Viele gute Grüsse!

Dein
Richard.

100. *An seine Nichte Franziska Ritter.*

Frankfurt, Montag früh.

Liebste Fränze!

Du bist gescheit und hast das Herz auf dem rechten Flecke. Der 1000 Thaler-Mann ist gefunden, wenn Du

---

100. Tochter Alberts.

ihn zum Stehen bringst. Hör'! Geh' zu Dr. X! er ist reich, mein Jugendfreund, und liebt mich. Bereits hat er meiner leichtsinnigen Jugend Opfer gebracht: jetzt möge er sie edleren Interessen bringen. — Sag' ihm, ich sei bereit, im Februar in Leipzig ein grosses Concert zu geben, wenn e r jetzt meiner elenden Lage ein Ende macht durch sofortigen Vorschuss von 1000 Thlr. Er soll sich an die Spitze eines Comités für dieses Concert stellen: ein Ehrengeschenk meiner Vaterstadt für mich wäre dabei vielleicht nicht ohne S i n n ins Auge zu fassen. Von dieser Februar-Einnahme zahle ich sogleich die 1000 Thlr. zurück. Reicht sie nicht aus, so ergänze ich den Rest aus meinen folgenden Berliner Concert-Einnahmen.

Theile ihm mit, was die Familie Ritter so lange für mich gethan hat, und wie es Euch leid thue, jetzt nichts mehr thun zu können. Kurz! Weiche nicht! Er muss! Findet endlich die Grösse der Summe Anstoss, so gehe, im Nothfall, bis auf 600 Thaler herab. Erreichst Du 1000 Thlr., so erhält Sascha sogleich seine 100 davon zurück. Im allerschlimmsten Falle müsste X 200 Thlr. vorschiessen, welche sogleich meiner Frau — 16. Walpurgisstrasse Dresden — zugeschickt werden müssten. In allen Fällen wäre diese Sendung sogleich von Leipzig aus zu vollziehen.

Nun sieh' zu! —

Ich war schlaflos, und da fiel mir plötzlich diese Lösung als so leicht ein: — nur aber D u kannst's zu Stande bringen.

Bitte — melde mir s o g l e i c h telegraphisch nach Biebrich (in discreter Fassung) das Resultat. Ich hoffe auf diese Depesche für etwa morgen — Dienstag — Mittag.

Adieu! Viel herzliche Grüsse an Euch gute Kinder!

Dein

Richard W.

101. *An seine Nichte Fransiska Ritter.*

Wien, Kaiserin Elisabeth,
17. Nov. 62.

Himmel! Liebste Fränze! was quält mich die Welt! All' nichts! All' nichts! Ich komm' um keinen Schritt weiter, hab' hier rasend zu thun, und kann an meine Geldteufelei nicht denken. And're müssen's!

Gut! nimm Steche's vor! Immer Basis: — ein Anfang Februar zu gebendes Concert in Leipzig: — zum Comité kann man Dr. Härtel ziehen: der ist neuerdings gut geworden, darauf hin — schneller Geldvorschuss! —

Adieu! Adieu! Hab't mich lieb und verzeih't mir die Noth!

Dein

Richard W.

102. *An seine Nichte Fransiska Ritter.*

Wien, Kaiserin Elisabeth
21. Nov. 62.

Liebste Fränze!

Ich hab' Dir das letzte Mal nur sehr wild geschrieben. Vielleicht bist Du drüber ärgerlich geworden. Mit möglichster Zahmheit möchte ich daher noch einmal nachholen, was Dir zu wissen nöthig ist. — Du wirst wissen, was ich von Bieberich aus an Stör zurücktelegraphirte: die ganze Anfrage war thöricht, das siehst Du wohl ein. Mit dem Grossherzog hab' ich viel Noth: er möchte, ich sollte mich in Weimar als sein Bediensteter etabliren. Eine Eitelkeit seinerseits, der ich keinen Vorschub geben kann. Wegen dieser Honoraranfrage ist nun auch **gar nichts** weiter erfolgt. Auch kam es durch Dingelstedt, und was auf diesem Wege erfolgt, habe ich bereits seiner

Zeit kennen lernen. Misère. Ich bin nun in diesem Augenblicke so ausschliesslich durch mein hiesiges Vorhaben in Beschlag genommen, ausserdem so furchtbar ermüdet, und durch die nun schon so lange währende Geldkrisis gelähmt, dass ich wirklich die Intervention eines klugen und herzvollen Weibes, wie Dich, nöthig habe, um nach dieser Seite hin annehmen zu können, es geschehe, was irgend geschehen kann, während ich meinen andern Sorgen mich überlasse. Während ich hier, um Schnorr zum Tristan herzubekommen, mich Combinationen überlasse, die mich zur Aufopferung meines stipulirten Honorars drängen können, muss ich andrerseits glauben können, es werde mir Hülfe bereitet. Noch habe ich Minna in Schulden und ohne Subsidien gelassen; von mehreren Seiten bin ich aufs Aeusserste bedrängt, und **muss** allernächstens Hülfe haben. Die Idee mit dem Leipziger Concert dünkt mich so sehr einfach. Also ein Comité, welches — mit Bezug auf meinen letzten künstlerischen Erfolg in Leipzig — für etwa die ersten Tage des Februar ein von mir zu dirigirendes und zu meinem Vortheil zu veranstaltendes grosses Concert arrangirt, eine Subskription propagirt, mit mir wegen des Programmes sich in Verbindung setzt, und gewissermassen — im Namen meiner Leipziger Freunde — mich zu kommen einlädt. Nun gälte es nur, wenn die Sache gut geht (was ja gar nicht zu bezweifeln ist, sobald es geschickt angefangen wird) zuvörderst **den** oder **diejenigen** zu finden, die mir die vermuthliche Einnahme — nach einem mässigen Ansatze — vorschussweise zur Disposition stellen; gegen den Empfang der Summe verpflichte ich mich, am bestimmten Tage in Leipzig einzutreffen u. s. w. Gewiss hast Du schon meine letzten Zeilen so verstanden, und viel—leicht erfahre ich schon bald etwas? Ich kann hier erst nächste Woche mit den Proben ordentlich anfangen: doch ist von oben der strengste, ernsteste Wille, und ich denke es wird nun dazu kommen. Uebrigens thut mir Wien wohl, nicht die „Künstler,“ sondern das Volk, bei dem ich ganz unglaublich gut angeschrieben bin. Ein neues Modemagazin „zum Lohengrin" ist jetzt eröffnet; jeder Hausknecht ist entzückt, wenn er erfährt, wem er die Stiefel wichst. Es ist ein ganz merkwürdiges Volk, das mir doch schon einige angenehme Eindrücke gemacht hat.

Jetzt grüss' Sascha, und Deine Kinder, sei treu und unverdrossen: durch ein Gelingen kannst Du mir jetzt unglaublich aufhelfen; und ich brauch's so! —

Adieu, gute Fränze!

Behalt' mich lieb!

Dein Onkel

Richard.

103. *An Cäcilie Avenarius.*

Mainz, 27. Nov. 63.

Liebe Cecilie!

Dein Brief ist mir auf mehrere Querzüge nachgeschickt worden und trifft mich erst heute. —

Du thust mir Unrecht. Durch Berlin auf eine Nacht zum Ausruhen reisend, konnte ich Dich seit 15 Jahren nicht zum ersten Mal wieder aufsuchen: ich komme bestimmt einmal auf längere Zeit nach Berlin, und wohne dann bei Dir. Ich vermuthete zu einem längeren Aufenthalt dort schon bei meiner Rückreise aus Petersburg Veranlassung zu erhalten: alles zerschlug sich aber wieder.

Weshalb ich vor 2 Jahren nicht zu Dir kam, habe ich Dir damals verschwiegen.

Es war unmöglich, diesmal nach Dresden zu kommen: dass Du dort auf mich gewartet hast, ist mir sehr leid. Meine Ermüdung nach den Prager und Carlsruher Concerten war übermässig und macht mich gegen alle derartigen Unternehmungen fernerhin sehr bedenklich.

Ich bin hier durch meinen Verleger (Schott) mit allerlei schwierigen Verhandlungen noch hingehalten, so dass ich selbst wegen Löwenberg heute noch nichts Gewisses bestimmen kann.

Ich habe es eben **sehr, sehr schwer!** Das sollten Alle bedenken, denen in meiner Handlungsweise manches unerklärlich bleibt. Am Besten wär's, ich wäre todt, — denn eher hat es mit meinen Lebensnöthen doch kein Ende, — und Ihr scheint Alle davon wenig (zu) begreifen.

Grüsse Minna herzlich! Es war mir voller Ernst mit einem etwas längeren Besuch in Dresden. Dazu wird es wohl auch bald einmal kommen, — aber — unter leichteren Umständen, als diess jetzt der Fall gewesen wäre. Sollte ich immer Alles genau erklären, so fände ich gar keinen Augenblick Ruhe mehr für mich.

Leb' wohl, und lass' Dich nicht zu Ungerechtigkeiten verleiten! Ich hoffe bald einmal länger bei Dir zu sein!

Dein Bruder
Richard.

104a. *An den Schwager Heinrich Wolfram.*

In Wien hat man den besten Willen für mich, nur fehlt es ganz an den Sängern, die ich brauche: doch bleibt hier einzig noch die Hoffnung.

Grüsse Cläre von ganzem Herzen: Gott, wie gerne plauderte ich alle Tage so recht behaglich mit ihr. Ich denke und hoffe immer, es wird dort noch. Für jetzt arbeite ich nach Kräften, meiner Zukunft eine solide Unterlage zu sorgenfreiem Auskommen zu gewinnen. Russland kann viel dazu verhelfen: nur habe gerade ich

---

104a. Fragment, undatiert.

das Unglück, dass eben jetzt es dort so schlimm aussieht, und für die Kunst am wenigsten Interesse beansprucht werden kann!

Also, schönsten Dank! Herzliche Grüsse an Alle, und die Versicherung, dass Du mir stets lieb und werth bist, von
Deinem
Richard Wagner.

104b. *An den Schwager Heinrich Wolfram.*

Penzing bei Wien, 16. Februar 1864.

Liebster Schwager!

Herzlichen Dank für Deinen liebenswürdigen Brief! Leider verschwand alles Angenehme, was er enthielt, vor der Nachricht von Minna's Befinden. Gott weiss, wie nöthig ich selbst jetzt einmal eine freundliche Tröstung hätte: doch scheint es, ich soll nicht zur Ruhe kommen! Bisher hörte ich doch meistens, dass es der armen Frau erträglich gehe; Ottilie Brockhaus, die sie vor einigen Monaten verlassen hatte, berichtete mir sogar von ihrem rüstigen Aussehen. Das war mir immer sehr tröstlich: denn alles, was ich durch unser Getrenntleben beabsichtigte, ist doch endlich nur, zu vermeiden, dass wir uns gegenseitig aufreiben. So lasse ich ihr es denn wahrlich auch an nichts fehlen; viele machen mir sogar Vorwürfe, dass ich diess so reichlich thue, da sie wissen, wie schwer mir es überhaupt wird, mich mit Geld zu versorgen. Nun hätte ich wenigstens den Trost, dass sie äusserlich wenigstens gedeihe, wozu ihr doch am Ende selbst auch ihre irrige Beurtheilung meines Charakters und Wesens, über das sie doch einmal nie ins Reine kommt, mit verhelfen sollte.

Dagegen hat nun die kurze Schilderung ihres Zustandes, wie sie Dein Brief enthält, mich plötzlich ganz schrecklich ergriffen. Ich kann mich noch gar nicht fassen, und weine in einem fort! Was mich die unglückliche Frau jammert, kann ich nicht sagen! — Natürlich habe ich ihr sogleich geschrieben, und — ich hoffe, trostreich und ermuthigend. — Könnte doch die gute Cläre einmal wieder sie besuchen! Damit ich doch einmal wieder jemand in ihrer Nähe wüsste, der mir einen klaren Bericht über sie gäbe! Ach, wenn sie mir doch das Opfer bringen wollte!

Jetzt ist es für mich eine vollständige letzte Lebensfrage, ob ich ungestört bei meiner Arbeit verbleiben, und die Meistersinger zu nächstem Winter für die Theater liefern kann. Ich bin darin auf das grausamste wiederholt unterbrochen worden, derart, dass ich schon glaubte, die Arbeit ganz aufgeben zu müssen. Somit setze ich alles daran, mich nicht von der Stelle zu rühren, und keine grosse Veränderung meiner Lage vor sich gehen zu lassen, ehe ich diese Arbeit nicht ganz beendigt habe. Dann — bin ich soweit — hat der hiesige Aufenthalt keinen Grund mehr für mich, und — ist es möglich und räthlich — so bin ich dann selbst zu einer Uebersiedelung nach Dresden bereit. Alles, alles — wird mir aber so grässlich schwer: ich habe nirgends mehr Hülfe, und niemand bekümmert sich um mich. Gott weiss, ob mir selbst das möglich wird, was ich jetzt für so höchst nothwendig halten muss! — Eine Katastrophe mit Minna wäre mir jetzt für alle Zeiten verderblich. Oh, möge sie gedeihen und ruhig alle sonstige Noth mir überlassen!

Auf Deinen Wunsch füge ich einige Zeilen für Director Grosse bei. — Nur wenn Du gewiss glaubst, gegen jenen Bensberg etwas auszurichten, würde ich Dich dafür in Anspruch nehmen. Die gerichtliche Vollmacht würde ich Dir dann ausstellen. Aber ich zweifle, ob es das Mindeste nützt: mit Nürnberg ist's mir auch schon so gegangen. Und dann, diese kleinen Theaterdirectoren,

Gott! was erholt man sich denn an denen? Wenn doch erst die grossen Hoftheater ihre Schuldigkeit thäten! Wie elend steht es da! —

Und doch — wahrlich — Deine Nachrichten waren bereits im Begriff, mich wahrhaft zu erfreuen, — wäre jene andere Nachricht nicht mit dazu gekommen! —

So hab' denn für Alles herzlichsten Dank! Grüss' meine gute Kläre tausendmal und sag' Deinen Kindern viel Freundliches von mir. Leb' wohl, Liebster!

Von Herzen Dein treuer Schwager

Richard Wagner.

105. *An die Schwester Clara Wolfram.*

(München, 26. April 1865.)

Liebe gute Cläre!

Ich kann Niemand von meiner Familie zum „Tristan" einladen: diese Zeit ist für mich so unglaublich aufregend, dass ich Umgang und Unterhaltungen, wie sie durch solche Besuche herbeigeführt würden, gänzlich meiden muss, um bestehen zu können. Vor und nach den Proben und Aufführungen muss ich mich gänzlich abgesperrt halten: keinen Besuch kann ich annehmen, — doch möchte ich gerade Dir es gönnen, diesen wunderbaren Aufführungen beizuwohnen . . . .

Hör' also! Willst Du nach München kommen, so besorge ich Dir volle Gastfreiheit in einem sehr ruhigen, nicht weit gelegenen Privatgasthause, wo auch Schnorr's wohnen. Ich sehe Dich, und wir speisen auch ein paarmal zusammen — alles nach Umständen: im Uebrigen

---

105. Tägl. Rundschau vom 15. Okt. 1902.

wird Frau von Bülow sich freundschaftlichst für Dich sorgen. Die Aufführungen sind am 15., 18. und 22. Mai...

Ich zittere vor den Aufregungen, die mir Dein Anblick, Du arme hart Geprüfte, nun wieder verursachen wird, und schwankte lange, grade in dieser Zeit Dich wiedersehen zu wollen. Du glaubst nicht, welcher Schonung ich bei solcher unerhörten Unternehmung bedarf. — Doch, ich wende mich an Dein Herz! Wir können es so einrichten, dass wir beide nur das Reizende und Befriedigende dieses Wiedersehens geniessen! —

Mögest Du hieraus sehen, wie werth Du mir bist, gute Cläre! — Von Herzen grüsst Dich und die Deinen

Dein Bruder

Richard.

München, 21 Briennerstr.
26. April 1865.

106. *An Alexander und Franziska Ritter.*

Liebste Kinder!

Die Aufführung ist nun bestimmt

Sonntag 10. Juni.

Kommt wenn Ihr könnt, damit ich Euch auch noch einmal zum Abschied sehe.

Von Herzen

Euer

Richard W.

München,
4. Mai 1865.

107. *An den Schwager Heinrich Wolfram.*
(München, 10. September 1865.)
Mein lieber Schwager!

Hab' besten Dank für Deinen freundlichen Brief! Als ich ihn erhielt, erschrak ich, wie immer, wenn ich namentlich einen Brief von Verwandten bekomme, weil ich stets nur Unglück ahne. Ich bin durch die unaufhörlichen schrecklichen Lebenserfahrungen, die ich mache, so sehr erschüttert, dass die nächste Unglücksnachricht mich umbringen, oder gänzlich empfindungslos treffen wird. — Seit Schnorr's Tod weiche ich jedem Umgang aus, um nicht mehr sprechen zu müssen: eine Zeit lang hatte ich mich in völlige Gebirgseinsamkeit geflüchtet. —

Ueber die gute Clara hast Du mich ein wenig beruhigt. Ich hoffe Euch vor unserem Tode bei Euch zu besuchen. Grüsse die gute, treue Schwester bestens! —

Wegen der Aufführung des Lohengrin's bitte ich Dich ganz nach Deiner Einsicht zu verfahren. Ich autorisire Dich, dem Director Eures Theaters zu bewilligen, und mir zu erwirken, was Dir gut und billig dünkt.

Somit wäre diese Angelegenheit meinerseits geordnet! —

Verzeih', lieber Alter, dass ich nicht mehr schreibe. Sehr, sehr viel, oder nur das Nöthigste konnte ich Euch melden. Ich muss mich an das Letztere halten. —

Ich hoffe, eine Zeit lang durch stille Arbeit mich wieder zu kräftigen. Diess macht mir die Liebe eines unbegreiflich schönen und tiefsinnigen Wesens möglich: ein so wunderbar begabter und für mich geborener Mensch, wie dieser junge König von Bayern musste es sein! Was Er mir ist, kann Niemand fassen: mein Beschützer und mein Begeisterer. In seiner Liebe ruhe ich mich aus und stärke mich, meine Aufgabe zu vollbringen. —

Lebt wohl, und behaltet mich lieb! Tausend herzliche Grüsse von

Eurem

München
10. Sept. 1865.

Richard W.

108. *An die Schwester Luise Brockhaus.*

Genf. Les Artichauts.
3. Jan. 66.

Hab' herzlichen Dank, liebe Schwester, namentlich auch für Deine Nachricht! — Ich hatte heitere Veranlassung, in letzter Zeit meiner Familie zu gedenken: unter allen Unruhen meiner wunderlichen Münchener Existenz, dictirte ich des Abends an meiner Biographie, womit ich nun bis zu meinem 21ten Jahre vorgedrungen bin: natürlich kommt Ihr Alle darin vor und hat (es) mich sehr gerührt, der Jugend zu gedenken, welche ungemein klar vor meinem Gedächtniss lag. Bis zu dieser Lebenszeit konnte ich nur im heitren Tone, selbst über alle meine Verirrungen berichten: von da — ab — (und diess ist mir ferner vorbehalten!) wird mein Leben ernst und bitter, und ich fürchte, der heitre Ton wird nun mich verlassen — es kommt meine Heirath! Von ihr weiss kein Mensch, was ich durch sie gelitten habe! —

Natürlich ist dieses Dictat nicht für die Oeffentlichkeit bestimmt: es soll nur nach meinem Tode zum wahrhaftigen Anhalt für denjenigen dienen, der berufen sein sollte, mein Leben der Welt zu beschreiben.

Glaub', mich schmerzte der Tod des guten Fritz sehr: Du weisst, wie sehr er mich immer rührte, wie lieb ich ihn hatte! In gleicher Zeit traf mich aber so viel Beunruhigung und Aufreizendes, dass ich die Stunde nicht fand, in welcher ich Dir mein Beileid anders als mit unwürdiger Flüchtigkeit hätte melden können. —

Mein Fortgang von München wurde eigentlich jeden Tag von mir erwogen: der König wusste, dass es mir eine Wohlthat erweisen hiess, mich nicht mehr zu halten; da es ihm nützte, mochte er sogar einen augenblicklichen Vortheil sich daraus bilden. Er muss älter werden, und nur etwas Leute kennen lernen; sein Feuer liess mir keine Ruhe, er verletzte Alles um sich herum, ohne auf den rechten Widerstand gefasst sein zu können. Was soll ich sagen? Die Zeit wird Alles lehren. Kann Er nicht aus eigenen Kräften sich fest stellen, so kann ich ihm keine künstliche Festigkeit geben. Für jetzt bestehe ich dringend auf einige Jahre gänzlicher Zurückgezogenheit zum einzigen Arbeiten: alle Pläne zu Gründungen und Aufführungen sollen und müssen vertagt werden. Der König erwartet mich zu Ostern in München zurück; allein — ich ziehe es vor, hier oder wo anders ganz im Verborgenen zu leben, da es meine letzte Rettung so erheischt. —

Lass' Dir diess wenige genügen! Wenig — aber sogleich — das war mir möglich! —

Leb' wohl, gute Luise; sei meines innigsten Beileides an dem schmerzlichen Verluste versichert, grüss' Deine Kinder, und bleibe gut
Deinem
Bruder
Richard.

109. *An die Schwester Clara Wolfram.*

(Luzern, 15. Januar 1867.)

Meine liebe Cläre!

Es ist Unrecht, dass ich mit meiner Antwort auf Deinen Brief so lange gezögert habe: wie das aber kam, kann der begreifen, der meinem seltsam abgeschlossenen und doch fortwährend so bewegten Leben näher steht. Ich entschuldige mich daher auch nicht lange, und bitte Dich, mir zu glauben, dass es gewiss nicht Mangel an herzlich theilnehmender Gesinnung war, was mich so lange die rechte Stunde zu einem Brief an Dich nicht finden liess. Du würdest auch nach dieser Seite hin leicht ein richtiges Urtheil über mich gewinnen können, wenn Du öfter an den Abenden zugegen wärest, wo ich an meiner Biographie dictire und mein vergangenes Leben zu meiner eigenen Ueberraschung lebhaft und deutlich an mir vorübergeht. Gegenwärtig bin ich bis zur Zeit meiner Dresdener Anstellung gekommen: oft greift mich der Ueberblick meiner Vergangenheit sehr an.

Noch ein Grund weshalb ich mit Schreiben zögerte, war der halb und halb gefasste Vorsatz, bald einmal meine Heimath und meine Verwandten wieder zu besuchen. Durch die Arbeit an meinen Meistersingern, die ich endlich diesen Sommer erst wieder aufnehmen konnte und bei der ich nun fest bis zu ihrer Vollendung verbleibe, wurde ich bisher auch davon abgehalten. Doch rechne ich für die Ausführung meines Vorsatzes nun auf den nächsten Sommer, wo ich mich für einige Zeit einmal wieder locker machen will. Ich komme dann zu Euch, und sage Dir dann auch all mein Bedauern und herzliche Theilnahme an Deinen harten Prüfungen und Lebensmühen. — Dass Minna bei ihren Vermächtnissen Dich nicht besser bedacht hatte, thut mir aus vielen Gründen sehr leid: Du weisst aber, ihre persönlichen Neigungen gingen nie nach der Seite der mir befreundeten Wesen hin. Gott weiss, wem sie so Manches zugetheilt hat, was wahrscheinlich in anderen Händen sinnvoller aufgehoben war. Widerwärtig im höchsten Grade wäre es mir gewesen, hierüber nur im mindesten mit ihr zu verkehren. An dem Flügel hast Du, glaub' ich, nicht viel verloren, ausser für das, was er als Andenken werth war: für ein geeignetes Instrument in Dein Haus werde ich wohl schon einmal sorgen können. Dein Bericht von Minnas Tod hat mich von neuem recht grauenhaft berührt: es war ein Elend mit der Unglücklichen, und nichts war hier zu ändern. Es liegt in ihrem Schicksal etwas Trostloses, was für meine Augen einen Schatten über alles Dasein wirft!

Ob Ihr über meine seltsamen Schicksale der letzten Jahre klar seht, muss ich dahingestellt sein lassen: hier und da ist mir in Zeitungen etwas vorgekommen, was der Wahrheit ziemlich nahe kam. Ich musste mir unbedingtes Schweigen zum Gesetz machen, da ich durch jedes öffentliche Wort nur meinen armen jungen Freund blossstellen konnte. Alles musste ich vom Verlauf der Dinge, von der allmählichen Reife des Urtheils und des Characters des jungen Monarchen, von seinen endlichen Handlungen abhängen lassen. Es handelte sich um nichts Geringeres als um den Ruin des letzten und einzigen hoffnungsvollen deutschen Fürsten: von seinen eigenen vertrautesten Beamten wurde der Arglose verrathen und umsponnen; ihn endlich klar sehen zu lassen, war für mich keine kleine Aufgabe, und nur seine grenzenlose Liebe zu mir gab mir endlich die Macht, ihn zu den entscheidenden Schritten zu bewegen, die ihn nun endlich wohl von den äussersten Gefahren befreit haben. Ich bin jetzt der besten Hoffnung für sein Wohl, und wünsche für meine Person nur, dass er mich eine längere Reihe von Jahren ruhig hier lässt, wo ich wie ausser der Welt lebe und endlich wieder Arbeitsruhe und Lust gefunden habe. —

Das ist in Kürze doch eigentlich Alles, was ich Dir brieflich sagen kann: wollte ich mich auf Näheres einlassen, so wäre für mich kein Ende abzusehen. Hoffen wir auf ein baldiges Wiedersehen! Es gehört diess zu den angenehmsten Aussichten, die ich mir eröffne. Erhalte Dich gut und — fasse Muth auch gegen die letzten Prüfungen des Lebens! Grüss' die Deinigen, und bleibe immer gut

Deinem treuen Bruder
Richard.

Luzern, 15. Jan. 1867.

110. *An die Schwester Luise Brockhaus.*

(Luzern, 17. Januar 1867.)

Herzlichen Dank, liebe Schwester, für Deinen Gruss! Auch ich habe ein inniges Bedürfniss, Heimath und Verwandte einmal wieder zu sehen. Nächsten Sommer komme ich gewiss zu einem Besuche. An Cläre, der ich seit länger eine Antwort schuldig war, schrieb ich und meldete diess schon vor einigen Tagen. — Deine Noth der vergangenen Zeit begreife ich wohl: nur irrst Du Dich, wenn Du mein Leben, selbst in meiner hiesigen Zurückgezogenheit, ruhig wähntest. Meine Sorgen galten diessmal mir nur insofern, als es meine innige Liebe und Theilnahme für den jungen König von Bayern betraf: in diesem Betreff ging diesen Sommer kein Monat vorüber, der mir nicht einen Todesschreck brachte. Nur seine eigene Liebe zu mir hat es mir endlich möglich gemacht, ihm die Kraft zu erwecken, um sich und sein Land aus höchster Schmach zu befreien. Ich darf hoffen, jetzt Alles für ihn in der besten Wendung angekommen zu sehen, und darf mir sagen, mit Schmerzen, von denen Niemand etwas weiss noch wissen soll, ihm die Sicherung eines edlen Schicksals gewonnen zu haben.

Es wird mir schwer werden, den einzigen erwünschten Lohn dafür zu behaupten, da ich nichts weiter wünsche, als ruhig hier verbleiben zu können, wo ich Ruhe und neue Arbeitslust gefunden habe, wogegen für ihn alles Durchgekämpfte nur Sinn hat, wenn ich mit nächstem wieder ganz zu ihm komme. Doch hoffe ich, ihn meinem Verlangen geneigt zu machen, da er mir jedes Opfer zu bringen im Stande ist. — Unter diesen wunderlich aufregenden Lebensumständen sind endlich doch meine Meistersinger, deren Composition ich erst hier wieder aufnehmen konnte, der baldigen Vollendung nahe ge-

---

110. (Einlage zu einem anderen Brief. Adresse: „An / Madame / Luise Brockhaus / deren Adresse mir abhanden / gekommen ist.")

kommen, und ich hoffe mein populärstes Werk noch in diesem Jahre — wie ich wünsche: in Nürnberg — zur Aufführung zu bringen.

Diess das Wichtigste was ich Dir in der Schnelligkeit mittheilen konnte: nimm damit vorlieb! — Hab' nochmals Dank für die angenehme Ueberraschung, die mir Dein Brief machte, sei meiner herzlichsten Erwiderung Deiner schwesterlichen Ergebenheit versichert, grüss' die Deinigen, und hoffe mit mir auf ein baldiges Wiedersehen!

Von Herzen Dein treuer Bruder

Luzern, Richard.
17. Jan. 1867.

Bitte um die verlor'ne Adresse!

111. *An die Schwester Clara Wolfram.*

(Luzern, 20. October 1868.)

Meine liebe Cläre!

Euer treuer alter Freund Mejo benachrichtigte mich von der bevorstehenden Feier Deines vierzigjährigen Hochzeittages. Das war schön von ihm. Mir ging daraus von neuem bekräftigt hervor, wie werth ich Dir sein muss, dass Eure Freunde glauben dürfen, ein herzliches Wort von mir würde Dich an diesem Tage besonders erfreuen. Wie herzlich auch ich an Dir hänge, wirst Du selbst mir wohl bezeugen. Wenn sich mein Leben jetzt immer mehr vereinsamt, so ist wohl einerseits meine immer schmerzhaftere Empfindlichkeit gegen die ewig mit Missverständnissen und Unsinnigkeiten mir begegnende Welt daran schuld, andererseits fühle ich diese Vereinsamung aber um so mehr, als ich ohne Familie bin. Den Begriff der Familie kenne ich nur aus meinem alten Zusammenhange mit meinen Geschwistern: wie sehr aber musste diesen das Leben lockern! Gern hätte ich ihn wieder aufgefrischt; ohne gerade eine Familienconferenz veranlassen zu wollen, gehe ich immer damit um, Euch der Reihe nach einmal aufzusuchen. Ich war nahe daran, diess vor kurzem auszuführen, und Mejo's Nachricht bestärkte mich bereits darin, jetzt bald in Chemnitz nachzufragen.

So viele ernste Angelegenheiten, welche ich jetzt in Ruhe und gesammelter Fassung sich erledigen lassen muss, hielten mich aber bei der Vorstellung, dass ich mit dieser Reise nothwendig mich grosser Unruhe aussetzte, von der Ausführung des Vorhabens zurück. Das viele Sprechen mit vielen Personen ist es, was mich stets fieberhaft aufregt und ermüdet: das kommt wohl mit daher, dass ich an keinem Hauptorte mich je zu einer anhaltenden Verkehrsthätigkeit fixiren konnte, und nun, wohin ich komme, immer als ein Fremder begafft und ausgefragt werde, was mich in leidenschaftlich ärgerliche Aufregung versetzt, namentlich da Niemand sich doch die Mühe giebt, mich und was ich schaffe und wirke, genau kennen zu lernen, und jeder daher immer nur an mir wie an einer Curiosität herumtappt. So eine Stellung, wie die meinige, mag sich aus der Ferne recht gut ausnehmen: woher käme es denn aber, dass ich etwas anderes schaffe, als andere, wenn ich nicht auch anders wäre, und es mir eben nur an Trödel, Summs, Klatsch, Lob u. s. w. läge, wie allen denjenigen, mit denen ich eben verwechselt werde, zum Beispiel auch von Herrn W., wie ich sehr fürchte. Ja, das wäre hübsch, so etwas durchzumachen, wie so ein Werk zu schreiben (unter welchen Nöthen!), dann mit schlechtem Pack sich abzuquälen, um — gegen alle Gewohnheiten der Leute — es edel und verständig zur Aufführung zu bringen, und nun bloss sich hinsetzen zu sollen, um sich darüber zu freuen, wenn die Leute kommen und einen loben! Nein, liebe

Cläre, das muss Niemand von mir verlangen. Wonach aber gerade ich, und bei solchen Gelegenheiten verlange, das habe ich Dir gezeigt: ich habe meine alte Schwester mit völliger Gewalt kommen lassen, um ihr eine Freude, und mir eine Herzstärkung an ihrer treuen, echten Empfindung von meinem Werke zu machen. Und das war mit wenigen Worten, einem Blicke, einem Händedruck gethan! Also — lassen wir den vortrefflichen W. Liebt er mich, desto besser für ihn.

Sieh', und gerade so wie Du zu meinen Meistersingern kamst, wäre ich nun gern auch zu Deinem Festtage gekommen: es war mir, glaube es! nicht möglich. Dafür schicke ich Dir denn die Meistersinger selbst, die nun, da diess nach früherem Auftrage nicht schon besorgt war, als Brautführer sich recht gut ausnehmen werden: namentlich ist Hans Sachs dazu gemacht, heute mein Amt zu übernehmen; die Lehrbuben können in Gottes Namen auch mit bei der Feierlichkeit figuriren: auch die Nürnberger Gassenprügelei findet sich vielleicht als Intermezzo, zur Erinnerung an Nürnberg recht gut dabei ein. Wenn Du den Nachtwächter hörst, denk' an mich!

Liebe Cläre! Diese Meistersinger kommen wirklich nicht ganz ohne Sinn zu Deinem vierzigsten Hochzeitstage. Nimm Dir aus ihnen den Geist einer ruhig lächelnden Resignation. Er hat mir dieses Werk eingegeben, und was kann uns schöner ziemen beim Rückblick auf ein mühe- und sorgenvolles Leben, das so wenige unserer Wünsche erfüllte; dass wir alles ertrugen, um endlich jede eigentliche Hoffnung fahren zu lassen, zeigt doch, dass mit dem Allem nur ein Wahrhaftes zu gewinnen war: Ruhe des Gemüthes in der Entsagung! Und wahrlich, aus ihr lässt sich noch ein grosser und einzig untrübbarer Genuss herausschlagen, die ruhige, interesselose Freude am Schönen und Guten. Sieh', so etwas konnte ich Dir bieten, als ich Dich nach München kommen liess, denn für solchen Genuss hatte ich etwas zu bieten. Nun sende ich Dir das Werk noch zum Nachleben zu: blättere oft drin, und kommt dann darüber der goldene Hochzeitstag heran, so schlag's noch einmal auf, vielleicht erklingt es dann von selbst wieder! —

Grüss' den alten ehrsamen Heinrich und alle Deine Kinder! Braut und Bräutigam hoch!!

Dein treuer Bruder
Richard.

Luzern, 20. Oct. 1868.

112. *An die Schwester Ottilie Brockhaus.*

Tribschen (Luzern),
6. Dec. 1868.

Meine liebe Ottilie!

Sei nicht bös' wegen der scheinbar trivialen Weise, mit welcher ich Dir zunächst mein Andenken durch allerhand profane Aufträge zurückrief; wohl einsehend, dass die Sache nur von der humoristischen Seite anzufangen wäre, liess ich Dir diese Aufträge sogar durch Hermann ausrichten, wodurch diess natürlich einen so grotesken Character erhalten musste, dass die scherzhafte Seite offen gelegt wurde, auf was auch der vortreffliche Hermann, zu meiner freudigsten Erbauung, so liebenswürdig wie gut gelaunt in seiner Erwiderung eingegangen ist. — Was nun die Sache selbst betrifft, so sind in Wahrheit alle meine irdischen Wünsche vollkommen erfüllt worden, Alles ist im besten Zustande und trefflicher Qualität angelangt; der Buchhändler meldete sich zuerst, dann der Cigarrenhändler, und endlich kamen die Piquanterien in vollster Naturüppigkeit ebenfalls an.

Indem ich Dir und dem guten Clemens nun meinen herzlichsten Dank sage, fällt es mir schwer Dir zu versprechen, in Zukunft Dich mit ähnlichen Aufträgen zu verschonen, ohne Dir zuvor noch ein Anliegen vorgetragen zu haben. Meine Sehnsucht geht nämlich auf „comprimirte Gemüse" aller und jeder, namentlich feiner Gattung. Ich bin hier immer so grob mit solchen Dingen daran; aus Basel versuchte meine Haushälterin dann und wann etwas kommen zu lassen, aber es ging immer mit Hängen und Würgen, namentlich mit zahllosen und kostspieligen Irrungen in den Bestellungen, deshalb denn noch diese letzte Bitte an Dich, wenn auch nur um Dich in der fortgesetzten Uebung der Sorge für die gute Nahrung zu erhalten, für welche Du bei meinem letzten Besuche in wirkliche Leidenschaftlichkeit gerathen warest! —

Es geht mir jetzt ganz erträglich: seit einiger Zeit habe ich herrliches Wetter und geniesse die von Anderen so selten gekannten Genüsse des Winteraufenthaltés in einer so wundervollen Landschaft. Auch mit dem Arbeiten geht es vorwärts. Je weniger ich von der Welt erfahre, desto wohler wird mir überhaupt, und zur Abwehr aller Teufeleien habe ich mich durch meine festen Entschlüsse gut gestählt. Sollte ich Dir dagegen Unruhe gebracht haben, so thut mir diess herzlich leid: ich habe nichts in dieser Welt vor, und hege namentlich keine sogenannten Lebenspläne, wogegen ich allerdings in der strengen Consequenz meiner Empfindungen von den Verhältnissen dieser Welt mein Schicksal zu acceptiren jeden Augenblick bereit bin. In vielen Dingen habe ich sogar den wunderlichen Stolz der buddhistischen Bettelmönche, welche um Almosen baten, nicht weil sie deren bedürftig waren, sondern um den Spendenden das Verdienst des Gebens zuzuwenden.

— Neulich fiel mir ein Auszug der ziemlich berühmt gewordenen Laube'schen Kritik meiner „Meistersinger" und was damit zusammenhängt, in die Hände: es war wirklich recht peinlich zu lesen, und mir zu denken, dass dieser doch recht versunkene Mensch jetzt im Hause meiner Schwester mit einer gewissen sozialen Unparteilichkeit dem Bruder gegenüber behandelt werden könnte, gewann etwas recht Betrübendes für mich. Es widersteht mir nun in diesem Punkte eine gewisse Anforderung zu stellen, (ich) wünschte aber doch, dass Du ihm, falls er in seiner sonderbaren Ungenirtheit über jene Sache in Deinem Hause zu sprechen kommen sollte, das stricteste Stillschweigen über mich auferlegtest, ja, ihm verbötest meinen Namen zu nennen. Sollte es zu dieser Bestimmung eines Mittels bedürfen, so bediene Dich der Frage, ob es ihm recht wäre, wenn ich seine diesjährigen Briefe an mich und Frau v. Bülow, auch seine durch Charlotte v. Hagen an letztere ausgerichteten Aufträge, mit der Bewerbung um die Münchener Theater-Indendantenstelle und seinen dabei gegebenen Versicherungen in Betreff seines Eifers für meine Werke und Tendenzen, veröffentlichte? Vielleicht nähme er diess zwar an, weil er sehr wohl weiss, dass ich selbst mit seiner Einwilligung solcher Gemeinheiten nicht fähig bin. Daraufhin wagt überhaupt mancher etwas gegen mich. Doch — genug auch hiervon! —

Herzlich wird es mich freuen, gute Nachrichten von Euch zu erhalten: hoffentlich macht auch „Tayia" im wirklichsten Sinne Fortschritte? Könnt Ihr Euch einmal recht zusammenraffen, so rechne ich künftigen Sommer auf einen recht complizirten Besuch von Euch in meiner schönen Einöde. Ich bitte, dass Ihr das immer recht in Erwägung zöget! —

So grüsse denn Alles bestens, selbst auch Ritschl und Nietzsche, die mir sehr wohl gefielen. Behaltet mich lieb, und Du vor Allen, liebe Schwester, gedenke stets freundlich

Deines Bruders

Richard.

113. *An die Schwester Cäcilie Avenarius.*

(Luzern, 22. December 1868.)

Liebe Cecilie!

Allerdings war es das Verlangen, an verwandtschaftlichen Bemühungen mich wieder heimisch zu erfrischen, welches mich zunächst zu meinem kürzlichen Ausflug nach Leipzig bestimmte. Ich liess es von meiner Stimmung abhängen, ob ich auch Dresden, vielleicht auch Berlin besuchen würde. Nach einigem Aufenthalt in Leipzig empfand ich zunächst die grosse und sehr angreifende Beschwerung, welche es verursacht, wenn man seit langen Jahren aus allem Zusammenhang mit den Seinigen gekommen ist, und nun denjenigen, welchen man doch sehr fremd geworden ist, und welche eigentlich so viel wie gar nichts in unsren Lebensschicksalen genauer beachtet haben, Aufschluss über Alles, was uns betroffen hat, erst geben muss, um einigermaassen erst die Punkte herzustellen, über welche man etwa verwandtschaftlich sich unterhalten kann. Doch hatte ich Hermann Brockhausens in den letzten 10 Jahren wiederholt gesehen; auch mit Clären, wie mit Luisen hatte ich mich einige Male berührt. Für diessmal war ich ermüdet, und bestimmte mich zur Umkehr. Berlin ist ausserdem für mich ein höchst fataler Ort, den ich nur zur äussersten Noth noch einmal betreten könnte: ich habe ihn in den vergangenen 6 Jahren zweimal durchreist, aber doch eben nur als Reisestation, müde und erschöpft, ganz unfähig einen Aufenthalt damit zu verbinden. Am wenigsten hätte ich daran denken können, so lange unterbrochene Familienbeziehungen bei solch' einer Durchreise wieder anzuknüpfen, wobei mir denn ausserdem immer die Frage blieb, warum meine Verwandten denn nicht zu der Zeit, wo ich ab- und ausgeschlossen war, einmal zu mir kamen. Zwischen mir und Cläre hat es entschieden ein Band geknüpft, dass sie mich damals in der Schweiz ordentlich besuchte: auch traf ich sie damals in Dresden an, als es galt eine höchst peinliche Zusammenkunft mit meiner bedauernswerthen Frau erträglich zu machen. Für Dich, liebe Cecilie, war auch seiner Zeit der Tag und die Stunde gegeben, die jedem Menschen in bedeutenden Beziehungen zum andren Menschen einmal gegeben sind, und wo es dann sich zu entscheiden hat, welches Wort von ihm gesagt wird. Du hast diese Gelegenheit, sehr zur Ungunst Deiner Beziehungen zu mir, nicht nur versäumt, sondern Alles, was damals auf mir lastete, durch Dein blindes Urtheil über meine Lage zu Minna nur noch drückender gemacht. —

Es that mir leid, im Sommer des vorigen Jahres zu erfahren, dass Dein Mann mit seinem Sohne mir einen Besuch zugedacht hatte: ich hätte gewünscht, dass er mir seine Absicht zuvor angemeldet, nicht aber mich eben nur wie ein gelegentliches Reiseabenteuer bei einem Schweizerausfluge betrachtet hätte: ich würde dann ihm geantwortet und die Zusammenkunft bei mir verabredet haben. —

Jetzt bitte ich Dich, Dir diess Alles nicht übermässig zu Herzen zu nehmen! Hier — sei nicht böse! — schicke ich Dir auch, was mir grade von meinen Portrait's zur Hand ist. Meine Büste bestellte sich Ottilie bei mir, als sie in München das Atelier des Bildhauers besuchte: Luise wünschte sie ihrer Tochter Cläre zu Weihnacht zu schenken, und bestellte sie selbst beim Bildhauer. Mir fällt es jetzt schwer, von hier aus so etwas zu besorgen, da ich von München gänzlich ausgeschieden bin.

Dass meine Erinnerungen an Dich nur freundlicher Art sind, glaube ich Deinem Sohne Richard bei seinem Besuche in München (1865) bewiesen zu haben. Grüsse ihn, und Eduard und die fast ganz unbekannten Glieder Deiner Familie von mir und glaube an die brüderliche Anhänglichkeit

                                   Deines

Luzern, 22. Dec. 1868.   Richard.

114. *An die Schwester Luise Brockhaus.*

(Luzern, 28. Januar 1869.)

Liebste Luise!

Schnell was Dir nöthig ist! — Thue mir doch den Gefallen, und drücke Dich das nächste Mal, wenn die fatale Schluss-Unruhe (namentlich des Sonntagspublikum's) wieder eintritt, tief in die Loge zurück, schliesse die Augen, und folge nur der Schlussrede des H. Sachs. Findest Du dann in seinen Worten die eigentliche, nun endlich herausgewachsene ernstere Bedeutung des Ganzen sinnvoll ausgedrückt, hörst Du dann auch in der Musik, wo sich das Thema der Nürnberger Meistersinger mit dem des Preisliedes Walther's unmittelbar vermählt, diese grössere Bedeutung dem Gefühle als ein angenehm melodisches Spiel zugeführt, so sage mir dann, was Du von mir denken würdest, wenn ich der Rohheit eines Theiles des Publikums (das sich ja eigentlich ungeladen zu mir drängt) sogleich aus Gefälligkeit eine Schönheit opfern würde, welche ein Geschenk für Diejenigen ist, die von mir eingeladen sind. Diese, denen mein Werk einzig gelten kann, sollten daher füglich das Ihrige thun, das Schöne ungetrübt sich erhalten zu wissen. Wenn der König von Sachsen schliesslich noch einmal in seinem Mantel zum Applaudiren zurückgekehrt ist, so mag das recht wohl dem Herrn KM. Rietz gegolten haben, vielleicht auch Mitterwurzer, der sich diese Ehre ebenfalls zuspricht; ich glaube dass die Anregung, die ihn zu dieser Theilnahme bestimmte, gewiss einen stärksten Nachdruck aus meines Sachs' letzter Rede erhalten hatte; denn an solche Leute ist diese gerichtet. Nun lass' getrost die Unberufenen sich hinausdrängen: das begegnet überall; in den besten Concertanstalten wird das Publikum am Schlusse einer Beethoven'schen Symphonie unruhig: besucht man ein Theater, so muss man von vornherein wissen, dass man der Mehrzahl nach mit schlechtem Menschenpack zusammen geräth. Gegen dessen schlechte Gewohn-

Ottilie Brockhaus
geb. Wagner

heiten das Gute und Aechte aber aufrecht zu halten und zu schützen, das ist eben die Aufgabe der Edleren und Gebildeteren. Statt an mich Dich zu wenden, solltest Du daher lieber einen muthigen und geistvollen Menschen zu bestimmen suchen, öffentlich das Publikum über seine Rohheit zu belehren und ihm deutlich zu machen, was es verdirbt und verliert. —

Herzlich freut mich Alles, was ich von Euch erfahre, sei dessen versichert; und gewiss erfreut es mich nicht minder, zu ersehen, dass mein Werk doch wenigstens so gegeben wurde, dass eine schöne Wirkung nicht ausbleiben konnte.

Recht angenehm werden mir weitere Berichte sein, mit denen ich sonst nicht überreichlich versehen werde. Hätte die Generaldirection mehr Bildung und Ehrgefühl, so würde ich wohl auch ihrerseits eine Nachricht erhalten haben: das scheint man nun allerdings aber nicht mehr zu kennen.

Leb' wohl, liebste Luise! Herzliche Grüsse an Dich und die Deinigen!
          Dein
            Richard.
Luzern, 28. Jan. 1869.

115. *An Eduard Avenarius.*

(Tribschen, 12. October 1869.)

Lieber Eduard!

Da Du mich nun einmal wieder besucht hast und Alles so hübsch war (mit Ausnahme Eures Nichtwieder-

---

115. Mit Beilage eines handschriftlichen Prospektes der „Gesammelten Schriften und Dichtungen."

kommens), so erlaube mir denn, dass ich mich Deiner auch zur Rathertheilung gemüthlich erinnere.

Ich sagte Dir bereits von meiner Absicht einer Herausgabe meiner gesammelten Schriften. Es mahnt mich immer mehr daran zu denken, die Uebersicht und wirkliche Kenntniss meines Wirkens und Schaffens für jetzt und spätere Zeiten sicher zu stellen, da ich andererseits auch gar nicht hindern kann, dass man sich auf das Kenntnissloseste und Lüderlichste mit mir beschäftigt, und die Confusion über mich sich immer nur mehrt. — Ich theile Dir auf dem beiliegenden Blatt die Anordnung dieser Herausgabe mit. Du wirst erkennen, dass das Ganze mannigfaltig genug, und doch zusammenhängend ist. Das Material zu dem 1ten Band liegt vollständig bereit, sowie fast Alles Uebrige. Nun heisst es den richtigen Verleger dafür zu finden. Ich setzte Dir meine bisherigen langweiligen Erfahrungen mit J. J. Weber auseinander; ich würde sehr bekümmert sein, wenn ich in diesem Style (wie aus Erbarmen Gottes) fortfahren sollte. So in ein gräulich grosses Geschäft eben nur als mitgehende Waare hineingeworfen zu werden, verdriesst mich. Mein Ideal wäre immer ein junger Anfänger, der etwas daran wenden will, seiner Firma schnell Beachtung zu gewinnen: er müsste „in das Zeug gehen" können. Ueberlege es Dir doch einmal, was und wen Du mir hierfür vorschlagen könntest? Der Plan der Herausgabe, ob diese zu beschleunigen oder zu verzögern wäre, müsste sich ganz nach den Umständen richten. Die Bände brauchten nicht in der schliesslich gültigen Reihenfolge veröffentlicht zu werden: so könnte z. B. Band IV (Oper und Drama) ganz bis zum Schluss warten. Die 3 Operndichtungen, Kunstwerk der Zukunft, auch Kunst und Revolution, sind ganz vergriffen, und ich erhalte namentlich von Ausländern viel Klage hierüber. Nach Frankreich, England, Russland stünde ein guter Absatz bevor. Mit Band I würde sofort begonnen werden können: er bietet eine vollständige Unterhaltungslectüre von heitrem Character. (Gott, wenn ich denke, wie die ganz nichtigen und leeren Briefe Mendelssohns gekauft worden sind!) Aber nun — es müsste mir etwas leicht gemacht werden und die Sache sich einigermaassen lohnend ausnehmen. — Desshalb also nun meine herzliche Bitte an Dich, mir mit Rath und That hülfreich an die Hand zu gehen. —

Hoffentlich hat Vevey Deinen etwas leidenden Zustand verbessert? Cecilie hat mich doch sehr durch ihr kräftiges, tüchtiges Aussehen überrascht. Es war sehr gescheidt, dass ich Euch endlich einmal wieder gesehen habe: der „Waidmann" ist gelöst. Seit Ihr fort seid, habe ich allerdings unerhörten Aerger gehabt: Gott weiss, wann ich endlich einmal ungeschoren gelassen werde. Nichts kann sich in meinem Leben ohne Krampf und Convulsionen machen, — das scheint nun mein Schicksal zu sein! Ich lege Dir übrigens auch eine „Erklärung" von mir in der Allg. Ztg. bei, welche Dir vielleicht nicht zu Gesicht gekommen ist. Du siehst, vor welchem Teufelszeug ich mich zu wehren hatte. Andererseits ist es mir Recht, dass mein Entschluss, mich nie wieder mit Aufführungen meiner Werke (da es nun einmal Alles so elend ist!) einzulassen, sich so kräftig gestellt hat. Nur auf diese Weise kann ich mich der mir so nöthigen Ruhe versichern, zu deren Gedeihen es wiederum aber nöthig ist, dass ich allen wahrhaft an mir Theilnehmenden einen deutlichen Ueberblick über mein Wirken und Schaffen gebe.

Also, sei bestens gegrüsst, lieber Eduard! Grüss' wiederum Cile und die Kinder von mir, und bleibt Alle gut

Deinem Schwager

Tribschen,   Wagner.
12. Oct. 1869.

116. *An die Schwester Cäcilie Avenarius.*

(Tribschen, 14. Januar 1870.)

Liebe Cecilie!

Ich bin Dir noch für ein unvergleichlich werthvolles Weihnachtsgeschenk meinen ernstlichen Dank schuldig. Erst an einem dieser letzten Tage gelangte ich zu der rechten Stimmung, in welcher ich mir vorgenommen hatte, die Briefe durchzulesen. Du wirst diess richtig verstehen, da Du weisst, wie ich andererseits begierig bin, die Andenken der Familie zu sammeln und vor Verwehung zu schützen. Der in mir hierfür seit mehreren Jahren erwachte und erstarkte Trieb ist keinem unsrer Verwandten unbekannt geblieben, da sie sich vielmehr darüber verwunderten, dass jenen Andenken so eifrig nachgefragt wurde. Ich danke Dir daher sehr, dass Du mit eigener Aufopferung an die Abschrift der rührenden Documente gingest, deren Originalien Deinen Kindern, wie Du vermeinst, von grossem Werthe sein werden, obwohl sie an denjenigen keine persönliche Erinnerung haben, dessen Handschrift so rührend gerade auf uns wirkt, weil sie uns die einst der Berührung nahen Personen selbst unmittelbar zeigt.

Der Inhalt jener Briefe hat mich jedoch nicht nur gerührt, sondern wahrhaft erschüttert. Das Beispiel vollständigster Selbstaufopferung für einen edel erfassten Zweck tritt uns im bürgerlichen Leben wohl selten so deutlich vor das Auge, als es hier der Fall ist. Ich kann sagen, dass ich über diese Selbstaufopferung unsres Vaters Geyer fast untröstlich bin, und dass namentlich seine Briefe an Albert mich geradeswegs mit Bitterkeit erfüllt haben. Ganz besonders ergreift mich auch der zarte, feinsinnige und hochgebildete Ton in diesen Briefen, namentlich in den(en) an unsere Mutter. Ich begreife nicht, wie dieser Ton wahrer Bildung im späteren Verkehr unsrer Familie sich so sehr herabstimmen konnte. Zugleich aber war es mir möglich eben aus diesen Briefen an die Mutter einen scharfen Einblick in das Verhältniss dieser Beiden in schwierigen Zeiten zu gewinnen. Ich glaube jetzt vollkommen klar zu sehen, wenngleich ich es für äusserst schwierig halten muss, darüber, wie ich dieses Verhältniss sehe, mich auszudrücken. Mir ist es, als ob unser Vater Geyer durch seine Aufopferung für die ganze Familie eine Schuld zu verbüssen glaubte. —

Den „bethlehemitischen Kindermord" erhielt ich zu gleicher Zeit in einem gedruckten Exemplar. Da nun das durch Deine schwesterliche Fürsorge gewiss mit grösster Mühe herbeigeschaffte handschriftliche Exemplar in keiner Weise autographisch wichtig ist, andererseits aber, der Seltenheit des Gegenstandes wegen, immerhin Werth hat, so bitte ich Dich mir zu erlauben, dasselbe Dir meinerseits wiederum zuschicken zu dürfen. —

Ich wäre noch Eduard einen Bescheid auf seinen so freundlichen und ausführlichen Brief im Betreff der Herausgabe meiner gesammelten Schriften schuldig. Was ich ihm zu melden habe, ist aber verzweifelt kurz. Nämlich: ich sehe, dass es für die Erfüllung meines Wunsches nicht an der Zeit ist. Diess nämlich ging mir aus den von ihm mir gemachten Vorschlägen als Summa Summarum denn doch hervor. Sei Du nun so gut, indem Du Deinen guten Mann auf das Beste von mir grüssest, ihm einfach dieses Zur-Erkenntniss-kommen meinerseits mitzutheilen.

Nun aber habe ich noch die grosse Bitte, dass Du bei Deinem Sohne Richard, von dem ich — wie Du weisst — viel halte, entschuldigend für mich eintrittst! — Er hat mir seine philosophische Abhandlung zugeschickt, und diese mit einem Briefe begleitet, welchen ich ihm entschieden nur dann erst beantworten kann, wenn ich einmal dazu gekommen sein werde, diese Abhandlung durchzustudiren. Aber studiren muss ich sie; ich bin kein geschulter Philosoph: für so etwas kommt bei mir die Zeit, wie sie einmal kam: jetzt aber ist sie weit fort. Hierfür also Entschuldigung für Entschuldigung, und nur die Versicherung meiner wahren Freude über seinen Brief überhaupt. —

Nun bitte ich Dich noch herzlich alle die Deinigen von mir zu grüssen, und stets der treuen brüderlichen Liebe versichert sein zu wollen, mit der Dich grüsst

Dein
Richard W.

Tribschen,
14. Jan. 1870.

117. An die Schwester Clara Wolfram.

Meine liebe gute Cläre,

Sei mir nur nicht bös', dass ich Dich für das Erste bloss durch eine allgemeine Anzeige von meiner neuen Verheirathung benachrichtigen liess und glaube nicht, dass hierin eine Geringschätzung oder Erkaltung irgend welcher Art sich geltend gemacht hätte. Vielmehr hat es mir wirklich an Zeit gefehlt, meinen zarteren Pflichten nach Aussen eben jetzt nachzukommen: der an und für sich so lange verzögerte Act meiner bürgerlichen Vereinigung mit meiner jetzigen Frau hing in letzter Zeit endlich noch von der Herbeischaffung von nöthigen Heimathspapieren u. s. w. ab, dass ich den Tag der Trauung nicht im Voraus bestimmen konnte, und endlich, als Alles in Ordnung war, es für gut finden musste, nur gerade den ersten möglichen Tag, wie von heute zu morgen, festzusetzen, damit dieses Nöthige endlich ohne Weiteres in Ordnung kam. Unter solchen Umständen begreifst Du, dass, wie ich die Trauung in aller Stille ohne alle Ceremonien und Festlichkeit vor sich gehen liess, ich auch alles damit

---

117. Fragment ohne Datum.

Zusammenhängende eben nur schnell abmachte, was natürlich nicht sagen wollte, dass ich hiermit mir vorgenommen hätte, das grosse beruhigende Glück, welches mein Leben jetzt verschönert und mit einem früher nie geahnten Ziele erfüllt, denjenigen, die treu und theilnehmend an mir gehangen, nicht auch herzlich mitzutheilen.

Ich thue diess hiermit, meine liebe Schwester, und bitte Dich, mir und meiner Frau Deine schwesterliche Liebe erhalten zu wollen. Was sich seit Jahren, auf unseren endlich zu befestigenden Bund vorbereitend, zwischen uns erlebte, darüber waren keine Erklärungen abzugeben: eine Hingebung und Selbstaufopferung ohne Beispiel konnte und durfte von der Welt aufgefasst und beurtheilt werden, wie sie das gewohnt ist zu thun; wir hatten dafür zu sorgen, dass wenigstens die freundlich Gesinnten dereinst erfuhren, was hier errettet und erhalten worden war. Die Zeit ist nun glücklicher Weise da, wo sich jeder davon überzeugen kann!

(Schluß fehlt!).

118. *An die Schwester Ottilie Brockhaus.*

(Tribschen, 25. October 1870.)

Schönen Gruss, liebe Ottilie!

Ich höre gern von Dir, und namentlich wenn ich Gutes zu hören bekomme. Du hattest an Cosima wunderschön geschrieben: noch heute brach sie in Thränen darüber aus. Ja, das ist ein wunderbares Wesen! Oft glaube ich nur zu träumen, dass sie mein ist. — Zum Frühjahr überfallen wir Euch. Ich will meiner Frau alles Werthe aus meinen früheren Zeiten, Menschen und Räume zeigen. Dann wird es denn auch wieder einmal Zeit, dass ich mich etwas in der „Welt" umsehe, was ich da noch zu Stand bringe. Gott weiss, was glücken wird. Einstweilen spar' und sammle ich Kräfte. Zu Weihnacht schicke ich Euch 'was. —

Grüss' vielmals unsren theuren Hermann, Eure Söhne und Töchter. Clemens noch meinen besondren Dank. Wohl hätte er meinen Sohn taufen sollen: der heisst nun Helferich Siegfried Richard Wagner. Er ist schön und stark, und soll Wundarzt werden: was sonst noch, das ist seine Sache. Welch' ungeheures Glück für mich!! —

Sei geküsst von Deinem
Bruder
Richard.

119. *An die Nichte Ottilie Brockhaus.*

(Luzern, 5. Januar 1871.)

Meine liebe Ottilie!

Soeben erhalte ich durch Hermann die schmerzliche Trauerbotschaft des Todes Deiner theuren Mutter, meiner lieben Schwester. Sie kam mir ganz unvermuthet, und traf mich wie einer jener Schläge, die uns plötzlich verstummen machen, um uns einem tiefen Nachsinnen zu überliefern, aus dem wir endlich mit dem Gefühl einer grossen, fast erkältenden Leere zu unsrem gewöhnlichen Lebensbewusstsein wieder zurückkehren. Die erste Regung wendet sich dann zu denen, die diese eingetretene Leere am stärksten empfinden müssen, wodurch dann das

---

119. Luisens Tochter.

Mitgefühl mit der Trauer dieser Nächsten uns einzig wieder die volle Lebenswärme erweckt.

Wie schmerzlich muss gerade Dich, liebe Ottilie, dieser ungeheure Verlust betroffen haben! Glaube, dass ich ihn innigst mit empfinde, und auf das Herzlichste verlange, Dir irgend wie wohl thun zu können! —

Diess vermag ich gewiss nur, wenn ich Dich bitte, an die tiefe Wahrhaftigkeit meiner eigenen Trauer um die theure Dahingeschiedene zu glauben, deren edles Herz auch mir so innig mitleidend schlug. Sie war sehr gut, Deine liebe Mutter! Wie muss es mich nun seltsam trösten, dass ich im vergangenen Frühjahr ihr noch einmal so traulich nahe sein konnte; erhöht gerade dieser Trost auch die Lebhaftigkeit meines Kummers, so löste er mir doch auch am freundlichsten die Erstarrung, die jeder so gefühlte Verlust uns zuerst hervorruft, und macht es mir so schneller möglich, in voller Rührung mich an Dich zu wenden, um Dir mein innigstes Beileid zu bezeugen.

Grüsse Deine guten Schwestern auf das Treueste von mir, und melde ihnen, was ich auch für sie an Dich mittheile. Je trauriger Ihr Lieben alle sein müsset, desto freundlicher denkt fortan und immer

Eures
getreuen Oheims

Luzern,   Richard.
5. Jan. 1871 (abends.)

Die herzlichsten Empfehlungen und Versicherungen Ihrer Mit-Trauer begleiten meine Grüsse von Seiten meiner lieben Frau.

120. *An die Schwester Ottilie Brockhaus.*

(Luzern, 26. März 1871.)
Liebe Ottilie!

Wir wollen gern recht viel mit Euch plaudern, und deshalb fasse ich mich heute im Schreiben kurz. Ist es Dir möglich, mich mit meiner Frau auf einige Tage zum Besuche bei Euch aufzunehmen? Wir beabsichtigen einen Ausflug „in's Reich", der uns gegen den 20$^{\underline{sten}}$ April nach Leipzig führen, und — wie gesagt — für einige Tage dort festhalten würde, wenn wir versichert sein können, Euch in Eurem Hause nicht zu stören, da andererseits — ohne unsre Beziehungen zu Euch — ein eigentlicher Aufenthalt dort keinen rechten Sinn haben würde. Vielleicht schlägt sich die gute Anna noch einmal in das Mittel? Das damals von ihr mir so grossmüthig eingeräumte Zimmer würde uns Beiden vollständig genügen. Wir möchten dann auch, wenn Luise dort ist, Dresden auf einige Tage besuchen, um endlich Berlin zu beehren, wo ich etwas nicht Unwichtiges vorhabe.

Sei so gut, wenn es Dir möglich ist, mir einen freundlichen Bescheid zu geben; sei gegrüsst und grüsse auf das Herzlichste von uns!

Dein
treuer Bruder
Luzern,   Richard.
26. März 1871.

121. *An die Schwester Ottilie Brockhaus.*

(Luzern, 8. October 1871.)
Liebe Ottilie!

Clemens kommt nun in diesen Tagen zurück, und wird Dir hoffentlich berichten, wie gern wir ihn hier bei uns hatten.

Für den Augenblick habe ich eine Bitte an Dich. Könntest Du uns eine tüchtige Person für die Kinder empfehlen? Wir müssen die bisher in unseren Diensten gestandene wegen ungenügender Eigenschaften entlassen, und namentlich mir, der ich sehe, wie Cosima ohne solche Hülfe sich übermässig anstrengt, liegt daran, dass so schnell wie möglich ein guter Ersatz eintreffe. Das Frauenzimmer braucht keine sogenannte „Gouvernante" zu sein: die älteren Töchter werden von der Frau ganz allein unterrichtet; höchstens soll sie den jüngeren Mädchen die Anfangsgründe des Lesen's und Schreiben's beibringen, ausserdem zu weiblichen Arbeiten anleiten können. Von „Klavier", „Französisch" u. dgl. ist also ganz und gar nicht die Rede. Nur muss es eine exacte, straffe Person sein, denn sie hat vor Allem die Kinder zu baden, zu waschen, an- und auszukleiden, deren Sachen in Ordnung zu halten, etwas zu schneidern und zu nähen, ihren Mahlzeiten zu assistiren, und dgl. mehr. Vor Allem aber soll sie ein gutes Deutsch (also nicht sächsisch) sprechen, protestantisch sein, und saubere anständige Manieren haben. Wir haben es hier, und von hier aus, ungemein schwer, auf eine solche Person zu gerathen, weil die zunächst vor uns liegende Schicht süddeutsch und katholisch ist, was dem Verständigen Alles sagt. Auch Dir, liebe Ottilie, wird es nicht leicht sein, das Richtige zu finden, wenn Du suchen musst: nur stünde etwa zu hoffen, dass Du gerade solch' eine Person wüsstest und kenntest, der Du vielleicht sogar ein gutes Unterkommen wünschtest; so trifft es sich ja mitunter, und deshalb frage ich an. Hättest Du die rechte Person, so würde ich Dich bitten, sie nur sogleich mit dem nöthigen Reisegelde zu versehen, um sie ohne Verzögerung hierher zu schicken, wo ihre, von Dir befürworteten Ansprüche, ohne Anstand erfüllt werden würden.

Lass' es Dir nicht auffallen, dass gerade ich Dir diesen Fall vorlege: Cosima würde gewiss heute und morgen noch nicht dazu kommen, weil sie übermässig durch die Kinderpflege in Anspruch genommen ist, und eben deshalb drängte es mich, bei Dir diessmal für sie einzutreten.

Noch Eines! —

Ich wünsche mich an Feustel in Bayreuth wegen des Nachweises geeigneter Bauplätze und sonstiger Gefälligkeiten zu wenden, worin gerade ein so gestellter Mann mir von grosser Nützlichkeit sein kann. Nun könnte ich zwar einfach auf meine „Berühmtheit" hin mich an ihn machen; doch ziehe ich es vor, auch „bürgerlich" dem Herrn vorgestellt oder zugewiesen zu werden, da diess gerade bei Eurer früheren genaueren Bekanntschaft mit ihm möglich ist. Sei also so gut, dem Manne in diesem Sinne einige freundlich anmeldende Worte zu schreiben, auf welche ich (sobald Du mir von der Erfüllung meiner Bitte Nachricht gegeben haben würdest) mich beziehen könnte, wenn ich ihm dann schreibe. Es wäre mir aber auch lieb, wenn Du mir bei dieser Gelegenheit den rechten Namen und den denkbaren Titel des Mannes genauer angäbest. —

Im Uebrigen, Liebe, erfährst Du nun genug mündlich von uns, und hierauf nehme ich daher Bezug, wenn ich Dich und die Deinigen von mir und den Meinigen der herzlichsten Liebe und Anhänglichkeit versichere. Cosima hat ihre „Neffen" mit wahrem Stolze lieb gewonnen, und schätzt sie ernstlich hoch, weil sie es verdienen: sie sind gute, tüchtige und liebenswerthe Menschen.

Leb' wohl und bleibe gut

Deinem

treuen Bruder

Luzern,   Richard Wagner.
8. Oct. 1871.

122. *An seinen Neffen Alexander Ritter.*

Bayreuth, 9. März 1873.

Theurer Neffe!

Ich ersuche Dich auf das allerernstlichste, mit einem erfahrenen Rathgeber an der Hand, mir einen geeigneten Tischwein (weiss) unter dem Würzburger Gewächs auszusuchen. Man sagt mir, der „Klostergarten" besitze und produzire einen wirklich l e i c h t e n Tischwein. Von diesem schicke mir zur Probe 12 Flaschen. Der Absender soll Postvorschuss darauf nehmen. Ich bin nämlich zu der Ueberzeugung gekommen, dass ich seit längerer Zeit unter dem Titel Rheinwein nur gemachtes und gefälschtes Zeug trinke. Wogegen der Würzburger, seiner Unbeliebtheit wegen, im Rufe steht, wenigstens rein und ungefälscht vorgesetzt zu werden.

Gott segne Dich! In Eile und Noth

Dein erhabener Onkel

R. Wagner.

123. *An den Schwager Prof. Hermann Brockhaus.*

(Bayreuth, 30. Dec. 1873.)

Mein lieber Hermann!

Das war ja eine recht freundliche Ueberraschung, — ein Brief von Dir, — der uns um so mehr erfreute, als wir bisher vergebens auf ein Lebenszeichen von Ottilie, oder Fritz, gewartet haben, welches uns darüber beruhigt hätte, dass Beide mit freundlichen Gefühlen von ihrem Besuche bei uns zurückgekehrt seien.

Hab' Dank, liebster Schwager! Der Maximiliansorden*) scheint allerdings auf Deine mir zugewendete Theilnahme bedeutender gewirkt zu haben, als diess bei mir der Fall war. Das Capitel dieses Ordens hatte mich — gerade vor neun Jahren — schon einmal gewählt und dem Könige von Bayern vorgeschlagen. Damals — als ich von diesem Orden und seinen Statuten nicht die mindeste Kenntniss hatte — wurde mir vom Cabinets-Secretär nur gemeldet, der König wolle mir (wie es mir zu glauben überlassen war) aus eigener Initiative diesen Orden verleihen: ob es mir recht sei? Hierauf liess ich den König ersuchen, — jetzt — wo sein Verhältniss zu mir genügend beunruhigendes Aufsehen errege — von dieser neuen Kundgebung abstehen zu wollen: auch sei ich so alt geworden, dass, nachdem meine Schüler mit allerhand Orden geschmückt seien, ich mich für den Rest meines Lebens recht gut hiermit begnügen könnte. Das Cabinet — vergnügt darüber, mich auf diese Weise mit dem Ordenscapitel zu verfeinden und meine Stellung in München haltloser zu machen — benutzte diese Erklärung zu allem Ueblen was ihm gut dünkte, und ich erfuhr erst nachher, wie sehr sich Liebig, Kaulbach u. s. w. durch mich beleidigt gefühlt haben. Nun — da nach neun Jahren die Herren die Wahl wiederholt haben, hatte diess wirklich etwas Rührendes für mich, und ich habe diessmal, da mir diess in der rechten Form vorgetragen wurde, die Sache mit Ruhe über mich ergehen lassen, wodurch mir allerdings der Stolz geraubt wurde, ohne dergleichen Ehrenbezeigungen dereinst zu Grabe gebracht zu werden.

Dass Dir Dein Rectorat so gut bekommen und so behagliche Erinnerungen hinterlassen hat, erfreut uns sehr. Ich kann mir wohl denken, dass ein Leben, in welches so wenig Behagen einkehrt, wie das meinige, im Ueberblicke Dich beunruhigen kann. Gewiss könnte mir Manches leichter gemacht worden sein: ich gebrauche

---

*) Vgl. hierzu Leben Wagners, Bd. V, S. 117/18.

eine zähe Gesundheit und ein langes Leben, um der Stumpfsinnigkeit und boshaften Mattherzigkeit das abzuringen, was mit minderer Mühe wohl ebenso gut zu Tage getreten wäre, wenn der Boden unserer Zeit nur mit etwas mehr Gunst gedüngt wäre. —

Ich wünsche nun von Herzen, dass es Euch Allen recht gut ergangen sein möge, wie ich es von den Meinigen sehr wohl berichten kann. Hätte ich mein grosses Unternehmen nicht vor, so hätte ich wahrhaftig jetzt Alles, was am Ziele eines schwierigen Lebens auf das Innigste erfreuen kann. Im Frühjahr gedenken wir nun auch unser Haus zu beziehen, dessen Herrichtung allerdings nicht wenig Geduld und Aerger gekostet hat. Am Ende bekommen wir dann doch einmal auch Dich hier zu sehen?

Grüsse bestens die Deinigen und Unsrigen von mir und Cosima; behalte selbst uns lieb, und sei meiner steten Gegenliebe versichert!

Von Herzen
Dein
Schwager
Richard Wagner.

Bayreuth,
30. Dec. 1873.

124. *An die Schwester Clara Wolfram.*

(Bayreuth, 27. October 1874.)

Seltsam, meine liebe Cläre! Mit der grössten Lebhaftigkeit gedachte ich gestern D e i n e r, und nahm mir fest vor, nächsten Sommer Dich zu bitten, uns hier zu

---

124. (Aus der „Tägl. Rundschau" vom 15. Okt. 1902.)

besuchen, und nach Belieben in unserm nun eingerichteten Hause mit uns zu verweilen; Dein Röschen solltest Du auch mitbringen. Das wurde fest beschlossen, und dabei gedachte ich so vieler Begebnisse meines Lebens, die Du mit erlebt, und wie Du doch eigentlich unter allen meinen Geschwistern mir am vertrautesten bist. Auch über meine Kindheit, von welcher meine Frau so oft wissen will, könntest Du einzig noch deutliche Erinnerungen haben. So — freute ich mich, in dem Gedanken, Dir bald einmal zu schreiben! — Da — kommt soeben die schwarze Botschaft! — Der gute Wolfram! — Wie lieb ist mir's, dass ich seit so langer Zeit ihn voriges Jahr noch einmal wiedersah! — Er war ein guter, redlicher, und gewiss begabter Mensch! Gewiss ist er zu tiefem Frieden gelangt!

Sein Andenken sei gesegnet!

Nun frage ich mich, ob Du vielleicht schon alsbald im Herbste — hier jetzt so schön — zu uns kommen solltest? Alles ist bereit, um Dir eine recht erträgliche Unterkunft zu bieten. Ich denke — Du setzest Dich auf, nimmst Röschen mit, und kommst recht bald an, um zu sehen, wie es um und in Bayreuth steht. Wir sprechen und plaudern dann viel, — und das hilft oft vortrefflich.

Sei herzlichst umarmt, und grüsse Deine jetzt so ernst berührte Famile treulichst

      von Deinem Bruder
        Richard W.

Anhang.

Erläuternde Notizen über die Briefempfänger.

Namenregister.

Erläuternde Notizen
über die einzelnen Adressaten der „Familienbriefe".

Eine eingehendere Auskunft über die einzelnen Adressaten der „Familienbriefe" und das Verhältniss, in welchem dieselben persönlich zu dem Meister gestanden, findet der Leser naturgemäss am entsprechenden Orte, nämlich in dem „Leben Richard Wagners" vom Herausgeber dieser Briefe (Leipzig, Breitkopf & Härtel). Wir können daraus an dieser Stelle zur allgemeinsten Orientirung nur einige erläuternde Notizen über die einzelnen Geschwister — und ihre Deszendenz, soweit dieselbe hier in Betracht kommt — gleichsam auszugsweise beibringen.

1) An die Mutter, Johanna Geyer, gerichtet sind in der vorliegenden Sammlung 4 Briefe: No. 4, 6, 15, 52. Wir müssen darauf verzichten, hier Näheres über ihre Persönlichkeit, ihren Charakter, ihre Bildung und geistigen Anlagen auszuführen und verweisen dafür auf die soeben genannte Quelle, insbesondere Band I, S. 36, 89/90 (4. Aufl.).

2) Albert Wagner, der älteste Bruder, geb. 2. März 1799, erzogen auf der Meissener Fürstenschule, pflegte eine Zeit lang in Leipzig medizinische, dann in Dresden unter Miksch Gesangsstudien und widmete sich dann auf kleineren Bühnen, wie Breslau, Würzburg, Halle der Sängerlaufbahn. Den Engagements seiner inzwischen herangewachsenen Tochter Johanna folgend, siedelte er später nach Dresden, dann nach Berlin über, wo er unter Herrn von Hülsen als Regisseur thätig war, † 31. October 1874.

An ihn gerichtet sind die Briefe No. 30, 35, 46; ein Brief an ihn vom 20. Februar 1834 hatte sich noch bis vor einigen Jahrzehnten im Avenarius'schen Besitz erhalten und kann unmöglich als auf die Dauer verloren betrachtet werden.

Töchter: Johanna, Franzisca, Marie. *Johanna W.*, nachmals verm. Frau Landrath Jachmann in Berlin, ist als gefeierte Sängerin in der Theatergeschichte wohlbekannt; an sie gerichtete Briefe wurden im Archiv des Hauses Wahnfried weder in den Originalien, noch in Abschriften vorgefunden, dürften aber immerhin erhalten sein und sich in künftigen Auflagen der gegenwärtigen Kollektion eingliedern.

Franzisca W., reichbegabt als Künstlerin und bedeutend als Charakter, als Schauspielerin am grossherzogl. Hoftheater in Schwerin thätig, entsagte früh der Bühne, nach ihrer Vermählung mit Alexander Ritter. An sie gerichtet sind die Briefe No. 59, 69, 70, 71, 75, 77, 100, 101, 102, an sie und ihren Gatten No. 106, an Alexander Ritter das Briefchen No. 122.

Marie W., verm. Jakoby in Hamburg. Von Briefen des Meisters an sie ist uns nichts bekannt geworden.

3) *Rosalie Wagner*, geb. 4. März 1803. Für die nähere Verfolgung ihrer Laufbahn als Schauspielerin verweisen wir auf das „Leben Wagners", Band I; zuletzt war sie am Leipziger Theater thätig, und seit Geyers Tode die eigentliche Stütze der verwaisten Familie. Vermählt mit Dr. Oswald Marbach, starb sie bereits im ersten Jahre dieser Ehe, 12. October 1837, bei der Geburt ihrer Tochter Rosalie. Die an sie gerichteten Briefe No. 2, 3, 5 bezeugen das innige Verhältnis des jungen Meisters zu dieser Schwester. — Briefe an den Schwager Prof. Marbach sind aus späteren Jahren (1869) vorhanden, uns aber bisher noch nicht zugänglich gewesen.

4) Der Name des Bruders *Julius* Wagner (geb. 7. August 1804) wird wiederholt in den vorliegenden Briefen erwähnt. Er empfing seine Erziehung in einem Dresdner Freimaurer-Institut, und zwar in einer Freistelle, die er durch die Gesellschaft der Freimaurer erhalten, der sein verstorbener Vater angehört hatte und die sich auch sonst der Familie annahm. Bei einem Bruder seines Stiefvaters Geyer erlernte er das Goldschmiedgewerbe, machte eine Reise

nach Paris und lebte bis zu seinem Tode viel im Hause seines Schwagers Friedrich Brockhaus, als ein „angenehmer Gesellschafter, der aber im praktischen Leben nichts leistete". Für das Letztere spricht auch der Umstand, dass die Geschwister ihm aus ihren Mitteln eine Rente auszusetzen hatten, an der sich der Meister auch in eigenen schwierigen Lebensverhältnissen betheiligte (vgl. S. 227 dieses Bandes). Briefe an ihn sind zu verschiedenen Zeiten geschrieben worden (vgl. S. 207), bisher aber nicht zu ermitteln gewesen.

5) *Luise Wagner*, geb. 14. December 1805, als Schauspielerin zuletzt am Leipziger Stadttheater (vorher in Breslau und an anderen Bühnen), vermählte sich 1828 mit dem dortigen Buchhändler Friedrich Brockhaus, überlebte ihren Ende 1865 gestorbenen Gatten um fünf Jahre und starb Anfang Januar 1871. An sie gerichtet sind die fünf Briefe No. *72, 95, 108, 110, 114;* auf ihren Tod bezieht sich der Brief No. *119.* Alle übrigen an sie und ihren Gatten Friedrich Brockhaus gerichteten Briefe scheinen spurlos verloren, obgleich solche von den frühesten Zeiten her, von Paris aus, und insbesondere aus der Dresdener Periode, vielfach vorhanden gewesen sein müssen, wie so manche Erwähnung bezeugt.

Von ihren Töchtern sind, wie es scheint, nur die beiden jüngsten: Clara und Ottilie, Empfängerinnen von Briefen gewesen. An **Clara Brockhaus** (verm. v. Kessinger) gerichtet sind die Briefe No. *65, 78, 84, 87,* ersichtlich auch der im Autographenhandel von uns angetroffene Brief No. *80.* Letzterer war offenbar, wie so manche andere Briefe, durch Schenkung in den Besitz einer autographenbegierigen Freundin übergegangen, wie z. B. auch die zweite Hälfte des Briefes No. *87 (laut Fussnote auf S. 216)* offenbar stückweise verschenkt worden ist, erst die Unterschrift, dann das ganze übrige Blatt, sodass immerhin die Möglichkeit nicht völlig ausgeschlossen erscheint, dass die fehlenden Theile sich noch wiederfinden.

An die jüngste Tochter Luisens, **Ottilie** Brockhaus, ist der Brief No. *119* gerichtet.

6) *Clara Wagner*, geb. 29. November 1807, künstlerisch die begabteste unter den Schwestern, aber in ihrem äusseren

bürgerlichen Leben die am wenigsten begünstigte. Schon in ihrem 17. Lebensjahr mit Auszeichnung als Sängerin aufgetreten (Schülerin von Mieksch), büsste sie früh den Glanz ihrer Stimme ein und war nur an kleineren Bühnen, wie Augsburg, Nürnberg, Magdeburg thätig; in Augsburg reichte sie dem, in gleichem Engagement befindlichen Sänger Heinrich Wolfram die Hand und folgte ihm später in das Privatleben, als er sich in Chemnitz als Kaufmann niederliess. Das schönste Denkmal ihrer liebevollen Persönlichkeit sind die an sie gerichteten Briefe des Meisters, die ihr durch das ihr geschenkte Vertrauen unter allen seinen Geschwistern eine auszeichnende Stellung anweisen; bezeichnend ist es, dass der Briefwechsel mit ihr auch in den schwierigsten, peripetieenreichsten Zeitläuften seines Lebens keine Unterbrechung erfährt. Die grosse Selbstlosigkeit und Uneigennützigkeit ihrer echten Künstlernatur verleugnet sich aber auch nicht in der Gutmütigkeit, mit welcher sie, laut den Angaben ihrer eigenen Kinder, zahlreiche Briefe ihres Bruders verschenkt hat, wodurch sich diese in unbekannten Privatbesitz verirrten. Vielleicht lässt sich hoffen, dass einer oder der andere noch einmal aus der Vergessenheit auftauche.*) An sie gerichtet sind in unserer Sammlung die Briefe No. 58, 88, 90, 98, 99, 105, 109, 111, 117, 124; an den Schwager Heinrich Wolfram die drei Briefe No. 104a, 104b, 107; von seinem Tode handelt der letzte Brief dieser Sammlung. Zahlreiche frühere Briefe an Schwester und Schwager, vom Jahre 1835 ab, sind einstweilen spurlos verschollen.

Ihre Töchter Rosalie (Röschen) und Marie werden in den Briefen an die Schwester erwähnt; von etwa an sie gerichteten Zuschriften ist uns nichts bekannt geworden.

*7) **Ottilie Wagner**, geb. 14. März 1811, hat für ihre Person niemals einer öffentlichen Wirksamkeit angehört; sie lebte eine Zeit lang in dem Hause ihrer verheiratheten Schwester Luise und*

---

*) *Wir kennen — beispielsweise — die Geschichte zweier dieser Briefe, die sie einer nahebefreundeten Frau H. geschenkt und welche dieser letzteren durch eine wiederum befreundete Mittelsperson fast mit Gewalt gegen eine ihr aufgedrungene (unbedeutende) Zahlung entrissen wurden um in den Besitz einer namhaften englischen Sammlerin überzugehen.*

vermählte sich am 11. April 1836 in der Nicolaikirche zu Leipzig*) mit Professor Hermann Brockhaus, dem gelehrten Sanskritisten und wahrhaft gebildeten Manne, der unter all seinen Schwägern dem Meister wohl am nächsten gestanden hat und dessen plötzlicher Tod (5. Januar 1877) ihm sehr nahe ging. An die Schwester Ottilie gerichtet sind in unserer Kollektion die Briefe No. 1, 112, 118, 120, 121; an den Schwager Hermann B. die Briefe No. 60 und 123; manche andere dazwischenliegende, z. B. der auf S. 224 dieses Bandes erwähnte (vermuthlich der Brockhaus'schen Verlagshandlung eingesandt?) sind einstweilen gänzlich verschollen.

Von ihren Söhnen **Friedrich** und **Clemens** haben beide in den besten Beziehungen zu ihrem grossen Oheim gestanden; insbesondere ist der letztgenannte auch wohl Empfänger eines oder des anderen Briefes gewesen, die uns indess bisher unerreichbar waren.

8) *Cäcilie Geyer*, die Stiefschwester des Meisters, geb. 26. Februar 1815, verm. 5. März 1840 mit dem Buchhändler Eduard Avenarius, damals als Chef der kleinen Brockhaus'schen Commandite („Librairie allemande de Brockhaus & Avenarius") in Paris. Durch den gemeinsamen Pariser Aufenthalt mit seinen Leiden und Freuden, Nöthen und Entbehrungen traten sich die früh mit einander verbundenen Geschwister — vgl. S. 193 dieses Bandes! — besonders nahe, und ein pietätvoller Aufbewahrungssinn hat, im Verhältniss zu den anderen Geschwistern, in ganz unvergleichlicher Weise einen so reichen Schatz werthvollster Dokumente brüderlicher Zärtlichkeit und Anhänglichkeit aufgehäuft und der Nachwelt erhalten, dass wir von einer genaueren Aufzählung der an die Schwester Cäcilie und den Schwager Eduard Avenarius gerichteten an dieser Stelle billig Abstand nehmen. Selbst die in unserer Ausgabe vorhandenen Briefe an die Mutter, an Albert (und einer an Rosalie, No. 5) entstammen der, durch

---

*) Nicht zu Dresden, wie es durch einen verschleppten Druck- oder Schreibfehler im „Leben Wagners" I, S. 256, noch in der neuesten Auflage heisst, obgleich es in Dresden gar keine Nicolaikirche giebt. Wohl aber siedelte das junge Paar thatsächlich gleich nach seiner Verheirathung nach Dresden über.

Cäciliens Sorgfalt erhaltenen, Avenarius'schen Kollektion, die somit den eigentlichen Kern und Grundstock der vorliegenden „Familienbriefe" bildet. Die Originalien befinden sich gegenwärtig im Besitz des Herrn Dr. Ferdinand Avenarius, der sie dem Herausgeber in dankenswerthester Weise zur Verfügung stellte, nachdem er bereits lange zuvor für das Archiv des Hauses Wahnfried genaue Abschriften davon hatte anfertigen lassen.

*9) Aus den Briefen des Meisters an seine erste Frau **Minna Wagner**, geb. Planer, sind in den vorliegenden Band nur einige wenige (No. 21, 22, 23, 36, 37, 39, 43) mit aufgenommen worden: Sie sollten hier einstweilen, bis zu der für eine spätere Zeit in Aussicht genommenen vollständigen Publikation, als willkommene Ergänzung der „Familienbriefe" dienen. Auch diese Briefe sind übrigens nicht ganz vollständig erhalten (vgl. z. B. S. 155) und zum Theil noch, wie so viele andere im unbekannten Privatbesitz — als „Autographen" — zerstreut.*

Namenregister.

Die beigefügte Ziffer bedeutet nicht die Briefnummer, sondern die Seitenzahl. Fetter Druck der Ziffer bei Personennamen bezeichnet den Adressaten des Briefes; bei Ortsnamen den Datierungsort. Eingeklammerte Ziffer bedeutet, insbesondere bei regierenden Fürsten (z. B. König von Sachsen, König von Bayern etc.), dass der Name in dem Briefe nicht genannt ist.

Aachen 87.
Ada (in den „Feen") 8. 9. 13.
Adriano (im „Rienzi") 61. 115.
Albisbrunn 173. 176. 179. 180. 181. 182.
Allgem. Zeitung (Augsb.) 275.
Alpen 189.
Amerika 238.
Amsterdam 106.
Anna, Donna (im „Don Juan") 144.
Anders, E. 122. 209.
Apel, Theodor 12. 13. 17. 21.
Arindal (in den „Feen") 8. 9.
Artichauts, les (Genf) 259.
Asher & Co. 42.
Auber 81. „Stumme von Portici" 143.
Aussig (bei Teplitz) 138.
Autobiographie 259. 261.
Avenarius, Cäcilie, geb. Geyer 22. 23. 24. 29. 32. 42. 43 ff. 45. 46. 47 ff. 49. 50. 51. 52 ff. 54. 55. 67. 68 ff. 75 f. 76 ff. 84. 90 ff. 97. 100 ff. 118 ff. 124 ff. 131 ff. 135 ff. 137. 140 ff. 143. 147. 150. 151 f. 152 ff. 161. 166. 167. 169. 170. 172. 173. 193 ff. 196. 197 ff. 203 f. 209 f. 216. 223 ff. 231. 233. 234 ff. 237. 239. 242 f. 244. 248. 252 f. 270 f. 275. 276 ff.
Avenarius, Eduard 22 ff. 25 f. 27. 28. 29. 30 ff. 33 ff. 40 f. 41 f. 43 ff. 46. 47 ff. 49. 51. 52. 54. 56. 67 ff. 68 ff. 70. 71 f. 72 ff. 75 f. 76 ff. 83. 91. 95. 96. 104. 112. 125. 128 f. 132. 133. 142. 145. 146 f. 150. 151 f. (153). 154 ff. 167 ff. 169 f. 170 ff. 172 f. 180. 181 f. 195. 204. 208 f. 210. 212 ff. 214 ff. 226. 227. 229 ff. 236/37. 238 ff. 243 f. 271. 273 ff. 277.
Avenarius, Marie 127. 128.
Avenarius, Max 42. 45. 46. 49. 51. 55. 56. 72. 74. 75. 96. 100. 104. 119. 123. 126. 137. 141.
Avenarius, Richard 126. 133. 137. 141. 142. 152. 271. 277/78.
Avenarius, Königsberger Familie 125.

Baden (bei Zürich) 207.
Baden-Baden 237.
Ballenstädt 84 Anm. 88.
Barrière St. Dénis (Paris) 26.
Basel 208. 268.
Baur, Hôtel de (Zürich) 196.
Bayreuth 284. 285. 285. 287. 288.
Beale (Verleger) 134.
Beck, Mr. 83.
Beethoven 272.
Bellevue 71.
Belloni (Liszts Secretär) 156.
Bergschenke, obere (bei Teplitz) 69.
Berlin 20. 38. 43. 47. 48. 49. 53. 91. 93. 106. 121. 129. 143. 144. 171. 189. 215. 223. 232. 242. 243. 249. 252. 270. 282.

Berthold, Mad. 20.
Bethmann, Heinrich (Theaterdirektor) 19.
Bensberg (Theaterdirektor) 255.
Bernburg 89.
Berner Oberland 203.
Biberhofer, Bassist 113. 116.
Biebrich 244. 245. 247. 249. 250.
Bielziski 108.
Blanc, Louis 145.
Blasewitz (bei Dresden) 109.
Bochmann, 62. 81.
Bonn 140.
Boulevard Montmartre (Paris) 240.
Boulogne-sur-mer 22.23.24.25.26.
Braunschweig 87. 94. 130.
„*Braut,* die hohe" 61.
Breitkopf & Härtel 5. 106. 177. 178. 179. 180. 181. 182. 213. 227. 238.
Breguet (Uhrmacher, Paris) 99.
Brendel, Franz 198. 207. 213. 215.
Briennerstrasse (München) 257.
Brockhaus, Clara (Clärchen), Tochter Luisens 173ff. 191. 192. 200. 205f. 210ff. 216f. 241. 271.
Brockhaus, Clemens (Sohn Luisens) 268. 280. 282.
Brockhaus, Friedrich (Gemahl Luisens) 14. 43. 81. 133. 134. (175f). (192). (211). (212). 239. 241. 259.
Brockhaus, Friedrich (Sohn Ottiliens) 285.
Brockhaus, Heinrich 46. 104. 145. 166.
Brockhaus, Prof. Dr. Hermann (Gemahl Ottiliens) 43. 48. 81. 161. 164ff. 167. 168. 183. 223. 224. 267. 270. 280. 285ff.
Brockhaus, Luise, geb. Wagner 4. 5. 14. 30. 32. 43. 46. 55. 62. 81. 143. 190ff. (212). 239ff. 259f. 263f. 270. 272f. 280/81.
Brockhaus, Marianne (Luisens Tochter) 192.
Brockhaus, Ottilie, geb. Wagner 3. 43. 45. 48. 55. 81. 119. 137. 165. 166. 224. 254. 267ff. 271. 279f. 282. 282ff. 285.
Brockhaus, Ottilie (Ottchen), Luisens Tochter 174. 175. 192. 211. 212. 239. 240. 280.
Brockhausens 79.

*Brockhaus*ischer Verlag 224.
„*Brockhaus & Avenarius*" 145.
Brünnhilde (im „Ring des Nibelungen") 211.
Brühlsche Terrasse (Dresden) 113.
Buddhistische Bettelmönche 268.
Bülow, Hans von 223.
Bülow, Frau von 257. 269. (vgl. Cosima Wagner).
Bundesstaaten, deutsche 226. 236.

Carl Alexander (Grossherzog v. Sachs.-Weimar) (154). (226). (250).
Carlsbad i. B. 14. 15. 55. 138.
Carlsruhe 208. 226. 245. 252.
Cassel 106. 113. 116.
Cerf, Theaterdirektor 20. 21. 22.
Chalons 43.
Champs Elysées 231.
Chemnitz 137. 215. 265.
St. Cloud 120.
Collmann 67.
Cornet, Theaterdirektor 106. 130.
Cotta, Verlagshandlung 230. 232. 233.
Culm (i. Sachsen) 3.

Daland (im „flieg. Holländer") 113.
Dänemark 3.
David, Concertmeister 131. 195.
St. Dénis, Barrière (Paris) 26.
Dettmer, Sängerin 113.
„*Deutsche Monatschrift*" (Ad. Kolatschek) 171.
Deutschland 46. 70. 135. 185. 203. 205. 221. 231. 236. 240. 242. „Reich" 282.
Devrient, Eduard 245.
Devrient, Emil 57.
Devrient (Schröder-), Wilhelmine 10. 13. 38. 57. 61. 65. 73. 76. 86. 87. 92. 94/95. 97. 113. 115. 126. 144.
„*Dichtkunst,* über moderne dramatische" (aus „Oper und Drama") 171.
Dielitz, Mlle. 106.
Dingelstedt, Franz 250.
Ditimarsch, Regisseur 57.
Donizetti, „Favorite" 33. „Lucia" 107.
Draese 74.
„*Drei Operndichtungen*" 176. 177. 180.

Dresden 38. 43. 44. 45. 47. 50. 55.
56. 59. 60. 63. 67. 68. 69. 70. 71.
72. 75. 76. 78. 83. 84. 86. 100.
103. 105. 107. 112. 114. 118. 124.
128. 131. 135. 142. 145. 146. 147.
150. 151. 152. 158. 160. 162. 165.
168. 178. 185. 191. 192. 205. 224.
231. 241. 247. 248. 252. 255. 261.
270. 282.
Dumersan 27. 28.

Eder, Mlle. 113.
Eger 138.
Eichberger, Tenorist 10. 20.
„*Eiche*, zur" (Teplitz) 53.
„*Eine Mittheilung an meine Freunde*" 177.
Eisold, Theaterdiener 111.
„*Elisabeth*, Kaiserin", Hôtel 250.
Elsa (im „Lohengrin") 189.
Elysées, Champs (Paris) 231.
Emerson 208.
Ems, Bad 234.
Enge, bei Zürich 169. 170. 172. 173.
„*Engel*, zum blauen" (Teplitz) 54.
England 128. 274.
„*Enzio*"-Ouvertüre (zum Raupachschen Trauerspiel) 5.
Ermlitz (Apel'sches Landgut) 21.
Eule, Fräulein 175. 211.
Europa 157. 238.

Fechner, Mr. 98.
„*Feen*, die" 7. 8. 9. 10. 11. Ada: 8. 9. 13. Arindal: 8. 9. Morald und Lora: 8.
Ferté, la, sous Jouarre 154. 156.
Feustel, Friedrich 284.
Fides (im „Propheten") 171.
Fischer, Wilhelm, Chordirektor 57.
Föppel, Bassist 113.
Franck, Buchhändler 146.
Frankfurt a. M. 19. 43. 102. 183. 237. 248.
Frankreich 128. 134. 274.
Freimüller, Tenorist 19.
Friedrich, Grossherzog von Baden (226). (245).
Friedrich August II. v. Sachsen (109). (116). (192).
Frommann, Alwine 144.
Fürstenau 111.

Garcia, Pauline Viardot-G. 27.
Gastrophie 215.
Genf 217. 222. 225. 259.

Gentiluomo (Sängerin) 108.
Genua 205. 207.
Gerhardt, Livia 10. 13.
Gerle, Adolf 12.
„*Gesammelte Schriften und Dichtungen*" 274. 277.
Geyer, *Cäcilie*, verm. Avenarius (Wagners Stiefschwester) 22. 23. 24. 29. 32. 42. u. s. w. Siehe unter: Cäcilie Avenarius.
Geyer, *Johanna* (Wagners Mutter) 3. 4. 11. 14. 15 ff. 20 ff. 35 ff. 44. 45. 46. 49. 54. 58. 59. 60. 62. 63. 65/66. 69. 70. 111. 147 ff. 276/77.
Geyer, Ludwig (Wagners Stiefvater) 109. 223. 276/77. „Der bethlehemitische Kindermord" 277.
Glarus 214.
Glasbrenner, Adolf 21.
Gläser, Musikdirektor 20. 22.
Gotha 64.
Goethe „Tasso" 234. Enkel Walther v. Goethe 144.
Graubünden 200. 205. 206.
Gross-Graupe 146. 147. (148/49).

Hagen, Charlotte v. 269.
Halevy, „Guitarrero" 33. 34. 35.
Halle 55. 105 Anm.
Hamburg 94. 106. 121. 125. 129. 130. 132.
Härtel, Dr. 106. 250.
Härtels (Breitkopf & Härtel) 177. 178. 179. 180. 181. 182. 213. 227. 238.
Harz 154.
Hausen (Canton Zürich) 173. 179. 180.
Heine, Ferdinand 56. 61. 67. 68. 71. 77. 82. 139. 145. 146.
Heinefetter (Sängerin) 105. 110.
Helder, rue du (Paris) 35.
Helene, Grossfürstin von Russland 108.
Helgoland 125.
Herkules (am Scheideweg) 88.
Herwegh, Georg 240.
Hirsch (bei Dresden) 109.
„*Holländer, der fliegende*" 42. 48. 80. 86. 91. 92/93. 106. 113. 116 f. 121. 129. 134. 143. 146. 238. Senta: 92. Daland: 113.
Hôtel de Baur (Zürich) 196.
Hottingen (Zürich) 176.
Humann (Hauslehrer) 193.

Illustrirte Zeitung (Leipzig) 239.
Interlaken 203.
Irene (im „Rienzi") 115. 135.
Italien 200. 206. 222.
Italienische Oper (Paris) 120.

Jette 53. 59. 111.
Jockeyclub, 240.
Johann, König v. Sachsen (226). (272).
Johannisallee (Dresden) 60.
Joly, Antenor (Theaterdirektor) 27.
Jouarre (La Ferté sous J.) 154. 156.

Karl Alexander, Grossherzog v. Weimar (154). (226). (250).
Karlsbad (i. Böhm.) 14. 15. 55. 138.
Karlsruhe 208. 226. 245. 252.
Kaskel, Banquier 233.
Kassel 106. 113. 116.
Kaulbach, Hermann v. 286.
Kietz, Ernst Benedikt 55. 65. 67. 68. 70. 74/75. 77. 98. 101. 104. 110. 122. 126/27. 209.
Kindermann (Bassist) 143.
Kinsky 13.
Klostergarten (Würzburg) 285.
Koch 61.
Königsberg 106. 125. 169.
Kopenhagen 5.
Kranz (Seebad b. Königsberg) 125.
Krebs, Musikdirektor 130.
Kugler, Musikdirektor 20.
Kühne, Hr. und Mad. 46. 49. 82. 95.
Kummer 108.
„*Kunst und Revolution*" 274.
„*Kunstwerk der Zukunft*" 274.
Küstner, Theodor v., Intendant 45. 48. 53. 80.

Lachner, Franz „Catarina Cornaro" 80.
Laforgue 74.
Laube, Heinrich 14. 20. 21. 143. 268/69.
Laube, Iduna, geb. Budäus 30. 32. (143).
Leipzig 3. 5. 9. 19. 20. 43. 44. 48. 52. 53. 55. 56. 62. 67. 87. 91. 101. 102. 103. 112. 120. 130. 131. 133. 136. 137. 142. 143. 144. 146. 147. 150. 154. 166. 195. 196. 210. 211. 215. 223. 233. 249. 250/51. 270. 282. „Grosses Konzert" 4. „Leipziger Zeitung" 97. 118.

Leplay, Fräulein 64. 122.
Liebesmahl der Apostel 117. 118. 121.
Liebesverbot 20. 21.
Liebig, Justus v. 286.
Lind, Jenny 143. 144.
Lindenau, Minister 109.
Lindpaintner 3/4.
Lipinski, Concertmeister 108.
Liszt, Franz 140. 155. 198. 200. 203. 205. 209. 213.
Lohengrin 139. 158. 177. 187. 189. 197. 206. 210. 211. 223. 238. 258. „Elsa" 189.
Lohengrin (das altdeutsche Gedicht) 139.
„*Lohengrin*, zum" (Wiener Modemagazin) 252.
Loizeau, Mr. 74. 97. 98.
London 23. 129. 134.
Lora (in den „Feen") 8.
Lortzing „Casanova" 145.
Loschwitz 106. 109. 112. 193.
Löwe, Schauspieler 13.
Löwenberg (i. Schlesien) 253.
Ludwig II., König von Bayern (258). (259/60). (262). (263). (286.)
Lüttichau, Carl v. (Intendant) 38. 58. 79. 80. 86. 87. 88. 115.
Lutzer, Jenny 13.
Luzern 227. 260. 264. 267. 270. 271. 272. 273. 280. 281.

Magdeburg 18. 20. 21. 79. 95. 97. 130. 131.
Mailand 12.
Mainz 252.
Maraunen 169.
Marienbad 138.
Marienstrasse (Dresden) 89.
Markus 14.
Marschner, Heinrich, Ouvertüre 4. „Hans Heiling" 10. („Adolf von Nassau") 136.
Mayer, Sängerin 211.
Meierbeer siehe: *Meyerbeer*.
„*Meistersinger von Nürnberg*" 255. 261. 265/67. 268. 272 f.
Mejo 264. 265.
Mendelssohn 48. 116. 275.
Mendelssohn (Buchhändler, i. F. „Avenarius & Mendelssohn) 167. 213.
Meser, C. F. (Musikalienhändler) 128. 147.

Metternich, Pauline Fürstin 231. 236. 242.
Meyerbeer 26. 27. 37. 41. 42. 43. 45. 75. 80. 81. 157. 158. 186. 188. „Hugenotten" 48. 75. („Prophet") 171. „Afrikanerin" 189.
Milleschauer (bei Teplitz) 12.
Minkwitz, Oberhofmeister 107.
Mittelländisches Meer 203. 205.
Mitterwurzer (Sänger) 272.
„*Mittheilung an meine Freunde*" 177. Vgl. auch: „Drei Operndichtungen".
„*Moderne dramatische Dichtkunst*, über" (aus „Oper und Drama") 171.
Monatschrift, deutsche (Ad. Kolatschek) 171.
Montmartre, rue (Paris) 240.
Morald (in den „Feen") 8.
Moritz, Schauspieler 17.
St. Moritz (Graubünden) 206.
Mozart „Don Juan" 143. 144.
Müller, Alexander 159.
München 256. 257. 258. 259. 260. 271.

Napoleon III. (231). (239).
Neukomm 122.
Newton, rue 231.
Nibelungen-Ring 192. 194. 196. 198. 207. 211. 215. 226. 229. 237. 238.
Nietzsche 269.
Nizza 205.
Nordsee 125.
Nürnberg 17. 18. 19. 255. 264. 266.

Oehlenschläger, Charlotte (Fräul. Lottchen), Tochter des dänischen Dichters Adam O. 5.
„*Oper und Drama*" 167. 274.
„*Operndichtungen*, drei" 176. 177. 178. 181. 274.
Orléans, Herzog v. 59. 67.
Ostra-Allee (Dresden) 121. 125. 137.
Ostsee 125.

Pachta, Carl Graf 12.
Papo (Papagei) 154. 185.
Paris 23. 24. 25. 26. 28. 30. 33. 36. 37. 38. 41. 43. 44. 50. 52. 56. 62. 64. 70. 71. 79. 90. 95. 97. 98. 99. 101. 102. 112. 120. 128/29. 132. 133. 135. 136. 142. 146. 147. 155. 157. 158. 159. 160. 186. 187. 188. 199. 209. 211. 226. 229. 232. 234. 236. 237. 239. 242. 243. Conservatoire 160. Grosse Oper 158. 186. 231. 236. Italienische Oper 186.
Pariser 240.
Penzing (bei Wien) 254.
Peps (Wagners Hund aus der Dresdner Zeit) 71. 114. 118. 130. 154. 185. 195. 210.
Petersburg 252.
Petersstrasse (Leipzig) 208.
Pietro (in der „Stummen") 143.
Pillau 64.
Pillnitz 107. 108. 112. 134.
Planer, Charlotte 101.
Planer, Natalie 49. 56. 95. 98. 101. 102. 112. 141. 210.
Pohlenz, Musikdirektor 103.
Poliergasse (Dresden) 168.
Polizei-Anzeiger, Sächsischer 203 Anm. 205 Anm.
Portius, Madame 155. 174.
Prag 12. 13. 17. 91. 94. 95. 110. 138. 252.
Pravonin (Pachta's Landgut) 12.
Promenade (Dresden) 60.
Prossen (Brockhaus'sches Landgut) 175. 211.
Pusinelli, Dr. Anton 131.

Quai Voltaire (Paris) 242. 243.
Quergasse (Leipzig) 52.

Rastrelli, Musikdirektor 87. 88. 91. 93.
Raupach „König Enzio" 5.
Redern, Wilhelm Graf von 45. 48. 80. 144.
Reichenhall 246.
R......, Auguste 12.
R......, Jenny 12.
Reissiger, Chr. Gottlieb 50. 57. 58. 61. 74. 93. 105. 106.
Reitzenstein, Oberhofmarschall 108.
Rhein 238.
„*Rheingold*" 211. 229. 230. 231.
Richelieu, rue (Paris) 104.
„*Rienzi*" 38. 46. 49. 55. 57. 61. 70. 71. 72. 73. 74. 75. 76 ff. 81. 85. 86. 89. 90. 91. 92. 93. 94. 95 (an zwei Abenden). 105. 106. 115. 118. 121. 129. 132. 134. 135.

238. Ouvertüre: 113. Adriano: 61. 118. Irene: 115. 135.
Riese, Fräul. 197. 198. 204.
Rietz, Julius 272.
Riga 21.
Ring des Nibelungen 196. 198. 207. 211. 215. 226. 229. 237. 238.
Ringelhardt, Theaterdirekt. 13. 14.
Ritter, Alexander (Sascha) 249. 252. 257. 285.
Ritter, Emilie 198.
Ritter, Familie 183. 249.
Ritter, Franzisca, geb. Wagner (Tochter Alberts) 162 ff. 182 ff. 186 f. 197. 199 f. 200. 248 f. 250 ff. 257.
Ritter, Carl 164. 185. 202. 205.
Ritschl, Prof. 269 (im Text steht durch Druckfehler: Ritschel).
Robber (Neufundländer) 72.
Rochow, v. 40. 99.
Röckel, August 138. 208. 210.
Roger, Tenorist 186.
Rom 106.
Rosenlaube (Teplitz) 54.
Rothorst 109.
Rue Jakob (Paris) 104.
Rue Montmartre (Paris) 240.
Rue Newton (Paris) 231.
Rue Richelieu (Paris) 104.
Rumohr 215.
Russland 24. 64. 253. 274.

Sachs, Hans (in den „Meistersingern") 266. 272.
Sachsen 120. 134. 208. 226. 236.
Sächsischer „Polizei-Anzeiger" 203 Anm. 205 Anm.
Salzburg 57.
Schandau 228.
Schiffner, Mathilde 204.
Schlackenburg (Teplitz) 54. 69.
Schlesinger, Heinrich (Berliner Musikalienhändler) 147.
Schlesinger, Moritz (Pariser Musikalienhändler, älterer Bruder des vorigen) 33. 34. 35. 44.
Schletter 46.
Schlossberg (Teplitz) 54. 69.
Schmetzer 87.
Schmidt, Theaterdirektor 143.
Schnorr v. Carolsfeld 251. 258. Schnorr's 256.
Schott, Franz (Musikverleger) 229. 253.

Schröder-Devrient, Wilhelmine 10. 13. 38. 57. 61. 65. 73. 76. 86. 87. 92. 94/95. 97. 113. 115.
Schuster 74.
Schweiz 159. 165. 166. 169. 183. (188). 192. 195. 198. 202. 270. 271.
Schwerin 184. 187.
Scribe, Eugène 83.
Seegasse (Dresden) 60.
Seine-et-Marne, Departement 156.
Senta (im „fliegend. Holländer") 92.
„*Siegfried*, der junge" 211.
„*Siegfried's Tod*" 169. 171. 173. 211.
„*Siegfried*"-Dramen 185.
Sitten 214.
Soden, Bad 237.
Soult, Marschall 67.
Spohr, Ludwig 113. 116.
Spontini 21.
St. Cloud (bei Paris) 120.
St. Dénis, Barrière (Paris) 26.
Steche, 195. 209.
Steche, Frau 195. 197. 198. 204. 206. 209. Steche's: 250.
St. Moritz (Engadin) 206.
Stocks 187. 190. 197. 200.
Stöger, Theaterdirektor 17.
Stör, Musikdirektor 250.
Striezel (=Peps, Hundename) 71.
Striezelmarkt (Dresden) 72.
Struve 111.
Sulzer, Dr. Joh. Jakob 213. 215.

„*Tannhäuser*" 106. 116. 139. 146. 154. 184. 186. 192. 196. 231. 236. 238. 239. Ouvertüre 195.
„*Tasso*" (Goethe) 234.
„*Tayia*" 269.
Teplitz 12. 17. 46. 49. 52. 53. 54. 55. 69. 107 Anm. 110. 111. 114. 117. 133. 138.
„*Theaterchronik*" 110.
Thiers 145.
Thüringen 154.
Tichatschek, Joseph 38. 57. 61. 73. 76. 78. 86. 92. 105. 120. 126. 186.
Töpfergasse (Dresden) 47.
Töplitz, siehe: *Teplitz*.
Tribschen (bei Luzern) 267. 273. 275. 276. 278. 279.
Tribunal de commerce (Paris) 129.
„*Tristan und Isolde*" 218. 222. 226. 236. 251. 256. Aufführung in München: 257.

Tröger 102.
Troupenas (Musikverleger) 62.
Türk (Hundename) 59. 66. 114.
*Turna*er Wiese (Teplitz) 53/54.
*Turna*ischer Garten (Teplitz) 54.

„*Ueber moderne dramatische Dichtkunst*" (aus „Oper und Drama") 171.
Uhlig, Theodor 168. 179. 183.
Ullrich, Dr., Badearzt in Teplitz 59. 66. 69. 111.

Vachette 239.
Vaerst 215.
Vaterlandsverein (Dresden) 151 Anm.
Vaulabelle, Achille de 145.
Venedey, Jakob 99.
Venedig 222. 223. 226.
Vevey 275.
Viardot-Garcia, Pauline 27.
Vieweg 40. 99.
Vierwaldstätter See 214.
„*Villa Rienzi*" 195.
Voltaire, Quai (Paris) 242. 243.

Wagner, Albert 8. 10. 11. 39. 46. 55. 84 ff. 103. 114 ff. 135. 137. 138 ff. 146. (183). 188. 189. 276.
Wagner, Clara, siehe: Clara *Wolfram*.
Wagner, Cosima, geb. Liszt 227. 269. 278. 279. 281. 283. 284.
Wagner, Franzisca (verm. Ritter), Tochter Albert's 162 ff. 182 ff. 186 ff. 197. 199 f. 200. 248 f. 250 ff. 257.
Wagner, Johanna (verm. Jachmann), Tochter Albert's 55. 89. 103. 106. 107. 115. 135. 139. 140. 182. 183. 186. 187. 188. 189.
Wagner, Julius 14. 43. 49. 81. 207. 227.
Wagner, Luise (verm. Friedrich Brockhaus) 4. 5. 14. 30. 32. 43. 46. 55. 62. 81. 143. 190 ff. (212). 239 ff. 259 f. 263 f. 270. 272 f. 280/81.
Wagner, Ottilie (verm. Hermann Brockhaus) 3. 43. 45. 48. 55. 81. 119. 137. 165. 166. 224. 254. 267 ff. 271. 279 ff. 282. 282 ff. 285.
Wagner, Rosalie (verm. Marbach) 4. 5. 6 ff. 12 ff. 18 f. 39. 123.

Wagner, Siegfried (Helferich Siegfried Richard) 280.
Wagner, Wilhelmine, geb. Planer (Minna) 23/30. 41/46. 50. 51. 56 ff. 59 ff. 63 ff. 68. 69. 71. 72. 76. 81. 82. 95. 103. 118. 119. 122. 123. 126. 128. 129 ff. 133. 135. 137. 139/142. 143 f. 146. 147. 150/57. 160. 161. 167. 170. 172. 173. 175. 187. 195. 200. 204. 207. 209. 210. 212. 215. 217 ff. 224 ff. 228. 231. 234. 236. 237. 239. 241. 244. 245/46. 247/48. 252. 254. 255. 261. 271.
Waisenhausgasse (Dresden) 61.
Waldheim (Zuchthaus) 210.
Waldschlösschen (b. Dresden) 109.
„*Walküre*" 211. 214.
Walpurgisstrasse (Dresden) 249.
Walther (in den „Meistersingern") 272.
Weber, Dionys 13.
Weber, J. J. (Verlagsbuchhändler) 167. 168. 169. 171. 172. 173. 179. 208. 232. 238. 274.
Weber, Karl Maria v. 117. 136. 140. „Freischütz": 110.
Weimar, 154. 198. 250.
Werder, Prof. Karl 144.
Wesendonk, Mathilde 218 ff.
Wesendonk, Otto (213/14). 218.
Widemann, Tenorist 210.
Wien 14. 38. 91. 116. 250. 253. 254. 255.
Wiesbaden 237. 243. 244.
Wigand, Otto (Verlagsbuchhändler) 162. 167. 179. 208.
Winkler, Hofrath (Th. Hell) 38. 83. 97.
Wohlbrück, Schauspieler 21.
Wolfram, Clara, geb. Wagner 18. 21. 22. 46. 55. 81. 137. 151. 152. 156 ff. 170. 174. 215. 217 ff. 225. 227 ff. 242. 244 ff. 247 ff. 253. 255. 256 f. 258. 260 ff. 263. 264 ff. 267. 270. 278 f. 287 f.
Wolfram, Heinrich 18. 19. 21. 55 (156 f). (162). 253 f. 254 ff. 258. 288.
Wolfram, Marie (Clara's Tochter) 244. 246.
Wolfram, Rosalie (Röschen) (Clara's Tochter) 288.
Würzburg 6. 285.
Wüst, Henriette 115.

Zech, Frau v. 64.
Zeitung, Illustrirte 239.
Zeitung, Leipziger 97. 118.
Zeltweg (Zürich) 176. 182.
Ziegelgasse (Dresden) 111.
Ziegengrund (bei Dresden) 109.
Zirges (Buchhändler) 67.
Zürich 155. 156. 157. 159. 160. 161. 164. 166. 167. 169. 170. 172. 173. 176. 182. 186. 188. 190. 193. 196. 197. 199. 200. 203. 205. 206. 208. 210. 212. 214. 223.
Zürich (Canton) 173. 179. 180.
Züricher See 175. 195.
Zwickau 95. 102. 215.
Zwinger (Dresden) 114. 116.

www.ingramcontent.com/pod-product-compliance
Lightning Source LLC
Chambersburg PA
CBHW021343300426
44114CB00012B/1064